U0940484

初心

ORIGINAL ASPIRATION

Stories of the Patriotism and
Strivings of Thirty-Five Wuhan Intellectuals

三十五位
在汉知识分子的家国情怀和奋斗故事

中共武汉市委组织部
长江日报报业集团 著

长江出版传媒
湖北人民出版社

图书在版编目(CIP)数据

初心：三十五位在汉知识分子的家国情怀和奋斗故事

中共武汉市委组织部，长江日报报业集团著.

武汉:湖北人民出版社,2019.9

ISBN 978-7-216-09790-1

Ⅰ.①初… Ⅱ.①中… ②长… Ⅲ.①先进工作者—生平事迹—武汉

Ⅳ.①K820.863.1

中国版本图书馆CIP数据核字(2019)第212896号

选题策划：李汶怡　刘　佳　胡心婷
责任编辑：刘　佳
封面设计：张　弦
责任校对：范承勇
责任印制：王　超

出版发行:湖北人民出版社　　**地址**:武汉市雄楚大道268号
印刷:武汉中远印务有限公司　　**邮编**:430070
开本:787毫米×1092毫米　1/16　　**印张**:21.75
版次:2019年9月第1版　　**印次**:2020年9月第2次印刷
字数:320千字　　**定价**:38.00元
书号:ISBN 978-7-216-09790-1

本社网址：http://www.hbpp.com.cn
本社旗舰店：http://hbrmcbs.tmall.com
读者服务部电话：027-87679656
投诉举报电话：027-87679757
（图书如出现印装质量问题，由本社负责调换）

我国知识分子历来有浓厚的家国情怀，有强烈的社会责任感，重道义、勇担当。一代又一代知识分子为我国革命、建设、改革事业贡献智慧和力量，有的甚至献出宝贵生命，留下了可歌可泣的事迹。

——习近平

前　言

习近平总书记强调指出：“我国广大知识分子是社会的精英、国家的栋梁、人民的骄傲，也是国家的宝贵财富。”在推动经济社会发展、推动社会文明进步中，知识分子是重要的人才支撑、智力支撑、创新支撑。全面建成小康社会、实现中华民族伟大复兴的中国梦，必须依靠知识，必须依靠广大知识分子，这是我们国家和民族发展的力量所在，也是我们事业成功的力量所在。

我国知识分子历来有浓厚的家国情怀，有强烈的社会责任感。从孟子的“富贵不能淫，贫贱不能移，威武不能屈”到张载的“为天地立心、为生民立命、为往圣继绝学、为万世开太平”；从屈原的“路漫漫其修远兮，吾将上下而求索”到文天祥的“人生自古谁无死，留取丹心照汗青”；从范仲淹的“先天下之忧而忧，后天下之乐而乐”到林则徐的“苟利国家生死以，岂因祸福避趋之”，这些宝贵的思想为一代又一代知识分子所尊崇，成为广大知识分子的精神坐标。特别是新中国成立以来，以邓稼先、钱学森、南仁东为代表的新时代知识分子，始终胸怀大局、心有大我，生命不息、奋斗不止，为我国革命、建设、改革事业贡献智慧和力量，有的甚至献出宝贵生命，展现了新时代知识分子爱国奋斗的赤子之情和建功立业的责任担当。

武汉人杰地灵，文化底蕴深厚，特别是改革开放以来，在这片热土上涌现出众多社会精英、时代楷模，他们矢志爱国奉献，勇于创新创造，谱写了武汉高质量发展的新篇章。为更好地引导广大知识分子传承家国情怀、弘扬担当奉献精神，根据中央和省市委关于深入开展“弘扬爱国奋斗精神、建功立业新时代”活动的部署要求，中共武汉市委组织部联合长江日报共同编撰出版《初心——三十五位在汉知识分子的家国情怀和奋斗故事》，从不同层次、不同角度总结提炼改革开放以来在武汉工作生活的具有时代性、先进性、代表性的优秀知识分子先进事迹和崇高精神。他们中，有的缔造“大国重器”，用核心科技代言中国名片；有的为国谋策，用思想火花照亮改革发展前进道路；有的倾情为城市铸基，让武汉更加美好；有的践行理想信念，用热血和生命诠释担当；有的永立时代潮头，坚持“产业图强”报效国家；有的以精湛医术守护群众生命健康，用仁心大爱谱写生命华章；有的用毕生心血润物无声，开启无数学子心智。他们是时代的脊梁，是广大知识分子的杰出代表，是我们这座城市的骄傲。

进入新时代，武汉迎来千载难逢的历史机遇，正致力于建设“三化”大武汉和国家中心城市、世界亮点城市，朝着复兴大武汉的征程阔步前进。伟大的事业呼唤爱国奉献的各方面优秀人才。我们要以优秀知识分子为榜样，学习他们心有大我、至诚报国的爱国情怀，敢为人先、追求卓越的敬业精神，淡泊名利、甘于奉献的高尚情操，牢记“为人民谋幸福、为民族谋复兴”的初心和使命，坚持国家至上、民族至上、人民至上，切实增强“四种意识”，坚持“四个自信”，做到“两个维护”，始终与党同心同德，始终与国家和民族发展同向同行，把爱国之情、报国之志融入改革发展的伟大事业之中、融入人民创造历史的伟大奋斗之中，将爱国奋斗精神转化为投身新时代武汉高质量发展的行动和贡献，创造无愧于时代和人民的功绩。

知识就是力量，人才就是未来。各级党委和政府要高度重视知识分子工作，切实尊重知识、尊重人才，充分信任知识分子，努力为广大知识分子工作学习生活创造更好条件。在政治上关怀，加强思想联系、感情交流和团结凝聚，争当知识分子的挚友、诤友，强化政治引领和政治吸纳，提升知识分子政治待遇和社会地位，实现“增人数”与“得人心”的有机统一。在工作上支持，实施更加积极、更加开放、更加有效的人才政策，着力搭建创新创业的平台和实现梦想的舞台，让广大知识分子把聪明才智充分发挥出来。在生活上关心，坚持用感情、事业、环境引才留人，当好知识分子的“娘家人”和“后勤部长”，解决好实际困难和问题，营造良好的人才服务环境，增强广大知识分子的认同感和归属感，为武汉高质量发展作出新的更大贡献。

目　录

壹 「大国重器」篇

黄旭华｜以身许国 30 年，他选择“赫赫而无名”的人生　2

赵梓森｜四十余载低调筑梦，见证从“一束光”到“一座城”的传奇　12

刘经南｜曾向总书记当面汇报，“要用自己的碗，装自己种的粮”　22

闫大鹏｜致力“中国创造”，他为“卡脖子”产业发声　32

崔　崑｜一件衬衣穿 30 年，却拿出毕生积蓄 600 万元助学　42

贰 「为国谋策」篇

张培刚 | 家国情怀著华篇，矢志报国终不悔 54

查全性 | 最先建言恢复高考，这改变了千千万万人的命运 66

章开沅 | 他的辛亥史研究影响世界，四次请辞“资深教授”头衔 76

马克昌 | 追求知识和真理，鞠躬尽瘁推进国家法治化进程 86

陶德麟 | 播撒思想解放火种，做好马克思主义中国化 94

叁 『城市筑基』篇

朱九思 | 自我评价做了“两件半事”，奠定华中科技大学发展基础 104

杨叔子 | 教育要先“育人”后“制器”，高校文化素质教育重要倡导者 114

李崇淮 | 首倡“两通”起飞战略，打开武汉发展思路 124

李德仁 | 引领中国测绘居世界“三强”，推动科技成果转化 134

方秦汉 | 义无反顾迎难而上，长江上座座大桥都有他的心血 142

熊朝辉 | 从早生华发到满头银丝，用实践推翻“武汉不能建地铁”的结论 152

肆 「诠释担当」篇

李德威 | 心中有座喜马拉雅，留下“开发固热能，中国能崛起”遗愿 162

余功茂 | 两肾坏死跪守课堂，把教师的尊严刻在讲台 170

杨小玲 | 献身特殊教育，为聋哑孩子“鼓舞”人生 178

华农“五老” | 扎根基层，40年来接力进行科技扶贫 188

伍 『产业图强』篇

艾路明 | 当代集团掌舵者，“公益是企业家的最终归宿” 198

黄　立 | “理想主义+责任感”，高德红外的密码 206

马新强 | 高校走出的企业掌舵人，引领武汉激光军团迈入国际前沿 214

陈莉莉 | 不断走出“舒适圈”，演绎知识女性科技创富传奇 224

朱敦尧 | 以“创新”为种子，打造智慧出行新生态 232

陆 『医者仁术』篇

裘法祖 | 百姓眼中的“人民医学家”，医学界的不朽丰碑　240

桂希恩 | 唤醒社会良知，大医情怀“感动中国”　248

蔡常春 | 妙语回春，用“语言处方”点亮希望之灯　256

王争艳 | 扎根基层，社区里的“小处方医生”　264

江学庆 | 既治病又疗心，精湛医术让更多患者获新生　272

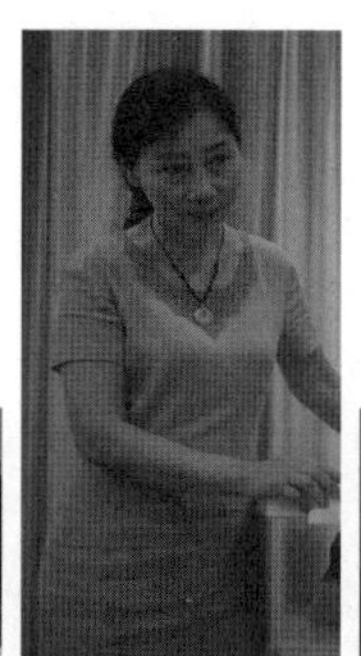

柒 『润物无声』篇

桂贤娣 | 家访 30 年从未间断，只有幸福的教师才能教出幸福的学生 282

耿喜玲 | 心灵成长守护者，萤火之光也能光芒万丈 292

万玉霞 | 化茧成蝶背后，用心血和汗水浇灌“常青树” 300

朱公瑾 | 版画艺术成终身追求，和学生在一起才感到踏实 310

张　龙 | “看不见”的世界里，用音乐唤醒封闭沉睡的心灵 318

壹

“大国重器”篇

大海碧波，以身许国，他是中国第一代攻击型核潜艇和战略导弹核潜艇总设计师黄旭华；总书记点赞，四十余载低调筑梦，追光前行，他是“中国光纤之父”赵梓森；“要用自己的碗，装自己种的粮”，他是北斗定位专家刘经南；填补万瓦光纤激光器的中国空白，他是海归创业和科技报国的代表闫大鹏；一件衬衣可以穿 30 年，一生致力于我国特殊钢发展，他是“钢铁院士”崔崑……

这些大国重器背后的缔造者都有着共同的特点，那就是把生命中最多的时间献给了他们热爱的科研事业，都有着把自己的技艺，乃至生命都献给国家的决心，都有着祖国利益高于一切的信仰。

黄旭华，中国工程院院士，中国船舶重工集团719研究所名誉所长，被誉为“中国核潜艇之父”。

黄旭华

以身许国30年，他选择“赫赫而无名”的人生

试问大海碧波，何谓以身许国；青丝化作白发，依旧铁马冰河。在大国崛起的风雨征程中，他选择了“赫赫而无名”的人生，恰如那深海中的潜艇，海面无影无声，却有无穷无尽的力量。痴迷核潜艇工作60年，再多惊涛骇浪也乐在其中，一个“痴”，一个“乐”，他的人生就概括在这两个字里。

他的人生够特别了。

他曾是离国家机密最近的人，30 年以身许国，从青丝到白发，只给家人留下一串信箱号码……

他的人生又足够简单。

一个甲子的时光，他只做了研发核潜艇这样一件事。

时间回溯到 2017 年 11 月 17 日，习近平总书记与全国精神文明建设表彰大会代表合影时，拉着全国道德模范黄旭华的手，邀请年事已高的他坐在自己身边。这一幕，通过镜头广为流传，直抵人心。

直至此时，时年 91 岁的黄旭华功成名就天下晓。

黄旭华，中国第一代攻击型核潜艇和战略导弹核潜艇的总设计师，被誉为“中国核潜艇之父”。在他“赫赫而无名”的人生背后，是中国研制核潜艇那些隐秘、艰辛又无比壮丽的往事。

一万年太久，只争朝夕

湖北省武汉市中山路 450 号，中船重工 719 所行政楼。

已是鲐背之年的黄旭华每天准时走进办公室。

办公桌上一大一小的两个核潜艇模型总会第一时间吸引到访者的目光，宽一些长一些的是中国第一代“夏”级弹道导弹核潜艇，窄一些短一些的是中国第一代“汉”级攻击型核潜艇。

“你信吗？我们搞核潜艇是从玩玩具开始的。”他说。

故事还要从六十多年前说起。

核潜艇诞生于 1954 年。但彼时的中国国力薄弱，尖端技术基础差，只能寄希望于苏联的技术援助，然而时任苏联领导人赫鲁晓夫在访华时傲慢地拒绝了。他认为核潜艇技术复杂，要求高、花钱多，所以当时中国没有水平也没有能力来研制。

事后，毛泽东作出指示：“核潜艇，一万年也要搞出来！”

掷地有声的一句话，改变了黄旭华的一生。

1958 年，我国研制核潜艇的“09”工程诞生，32 岁的黄旭华奉命进京，开始了我国第一代核潜艇的论证设计工作。

这一年，被称为中国核潜艇事业的元年。

包括黄旭华在内，“09”工程研制团队共29人，平均年龄不到30岁。除了他和另外两三人结过婚，“其他人都是光棍”。

后来，又有一批大学毕业生经过审查加入研究室。在那个人才严重匮乏的年代，一些还未毕业的上海交通大学三年级学生也被选中参与核潜艇研制任务。

当时，有关核潜艇的一切都是核心机密，黄旭华和他的年轻伙伴们，没有人见过核潜艇，也很难从国外拿到一点关于核潜艇的现成技术资料。在没有任何参考文献的条件下，大伙儿大海捞针般从国外的新闻报道中搜罗有关核潜艇的只言片语，仔细甄别这些信息的真伪，拼凑出一个核潜艇的轮廓。

后来，有人从国外带回来两个核潜艇的玩具模型，大家如获至宝。

他们将玩具拆解，玩具里密密麻麻的设备与他们构思的核潜艇结构基本一致，这就验证了他们此前的探索。

黄旭华至今还珍藏着一个“前进”牌算盘。他回忆，首艘核潜艇的几万个数据，都是通过算盘和计算尺推算出来的。“比如，核潜艇的稳定性至关重要，太重容易下沉，太轻潜不下去，重心斜了容易侧翻，必须精确计算。”

“核潜艇的数据，要运用到各种复杂、高难度的运算公式和数字模型。”中船重工首席技术专家张锦岚在接受媒体采访时感慨，用算盘算数据简直“不可想象”。

更令人不可想象的是——磅秤称设备。为了确保潜艇的重心严格控制在设计范围内，黄旭华便在船台上放了一个磅秤，每个设备进艇时，都得过秤，记录在册。施工完成后，拿出来的管道、电缆、边角余料，也要过秤，准确登记。

这样“斤斤计较”的结果，是数千吨的核潜艇下水后的试潜、定重测试值和设计值完全吻合。

两个玩具模型、一个算盘、一台磅秤，29个年轻人顶着葫芦岛基地的风沙，连续突破了核潜艇中最为关键、最为重大的七项技术，并最终铸就一段大国重器的传奇。

一万年太久，只争朝夕。

中国陆续实现第一艘核潜艇下水，第一艘核动力潜艇交付海军使用，第一艘导弹核潜艇顺利下水，成为继美、苏、英、法之后世界上第五个拥有核潜艇的国家。

大海碧波，以身许国

虽然造出了核潜艇，但故事仍要继续。

1988 年，时年 62 岁的黄旭华再一次见证了中国核潜艇发展历程上的“史诗级时刻”。

这年 4 月，中国南海，中国核潜艇首次进行深潜试验。

所谓深潜试验，就是考验核潜艇在极限情况下结构和通海系统的安全性，在核潜艇的所有试验中，此项试验最具风险与挑战。

“艇上一个扑克牌大小的钢板，潜下数百米后，承受水的压力是一吨多，一百多米长的艇体，任何一个钢板不合格、一条焊缝有问题、一个阀门封闭不严，都可能导致艇毁人亡。”黄旭华清楚地知道深潜试验的危险性。

事实上，所有参试人员都熟知的历史是，20 世纪 60 年代，美国王牌核潜艇“长尾鲨”号在深潜试验时曾经失事，160 多人一去无回，葬身海底。

“也许我告别，将不再回来……”有参试人员在宿舍里唱起了《血染的风采》，有人向亲人嘱托了后事。

“我对深潜很有信心，将与大家一起下水！”已是花甲之年的黄旭华召开试验前动员会，他宣布和潜艇官兵们一同下潜。

作出这个令人意外的选择，一方面是稳定人心，鼓舞士气，另一方面是如果下潜过程中真的发生不可预测的状况，他能够第一时间采取措施，解决问题，避免更大的灾难发生。

试验当天，天公作美。五级偏东风，浪高一米多，是南海难得的好天气。

艇慢慢下潜，先是 10 米一停，再是 5 米一停，接近极限深度时，潜艇开始一米一米地往下潜。深海寂寂，只听到巨大的水压压迫潜艇发出“咔嗒咔嗒”的响声，所有人都屏息静待。100 米，200 米，250 米……核潜艇到达了极限深度，然后上升，等上升到安全深度，艇上顿时沸腾了。

试验成功了。

黄旭华，这个世界上第一个参与核潜艇极限深潜试验的总设计师当场挥毫落纸："花甲痴翁，志探龙宫。惊涛骇浪，乐在其中。"

九十余载岁月如歌，寄情大海碧波，痴迷核潜艇一生，无怨无悔，纵有惊涛骇浪依旧乐在其中，苦中有乐，苦中求乐。一个"痴"，一个"乐"，他说这两个字成了他一生的写照。

媒体多称他为"中国核潜艇之父"，他对此表示反对。在他心中，核动力专家赵仁恺、彭士禄，导弹专家黄纬禄，都是"中国核潜艇之父"，全国千千万万人的大力协同工作才有了中国第一代核潜艇。

2014 年，黄旭华被评为中央电视台 2013 年度"感动中国"十大人物。颁奖词写道："时代到处是惊涛骇浪，你埋下头，甘心做沉默的砥柱；一穷二白的年代，你挺起胸，成为国家最大的财富。你的人生，正如深海中的潜艇，无声，但有无穷的力量！"

赫赫而无名的人生

事实上，直到 1987 年元旦，《人民日报》才正式将我国已成功研制尖端导弹核潜艇的消息公之于世，这一消息迅速引发轰动。

当年年中，上海《文汇月刊》刊登长篇报告文学作品《赫赫而无名的人生》，文中讲述了一个隐去姓名、隐去影像的导弹核潜艇的总设计师的故事，"他，恰是有为而埋名的人生，就像他负责设计的潜艇（而且是核动力的），久久地潜进深深的海洋，是赫赫的存在，又是无影的存在"。

故事的主角正是黄旭华，作家祖慰在文中回忆，"我想给他的大额头拍照，可采访过他的一位女记者提醒我说：不行。他从事的工程，荣获国家颁发的科学进步特等奖。他本人有一单项获国家科学大会奖，他还是船舶总公司的劳模。你注意到了没有？报纸发表时，其他劳模都有照片，唯独他没有。他的影像保密，可看而不可拍照，就像珍贵文物一样，挂有'请勿拍照'的牌子。"

黄旭华和中国第一代核潜艇研究者的 30 年隐秘岁月，至此才渐渐显露于世。

杂志刊发后，黄旭华寄了一本给广东老家的母亲。母亲看到文章后，才知道离家多年的儿子这些年的去向。

时间再度退回到20世纪50年代，那个国际政治云谲波诡的特殊年代。

时任上海船舶工业管理局设计二处潜艇科科长的黄旭华，突然接到去北京出差的通知。走进了海军舰船修造部和第一机械工业部船舶工业管理局联合组建的核潜艇总体设计组，他这才知道是“天字第一号”绝密工程选中了他。

“领导告诉我，北京需要你去帮忙，没有告诉我是什么任务。什么行李都没带，背了个包就出发了，到了北京，听说要搞核潜艇研究，就觉得高兴。”

时隔多年，黄旭华接受媒体采访时回忆，报到时领导谈话说了三条：一是“你被选中，说明党和国家信任你”；二是“这项工作保密性强，这个工作领域进去了就出不来，即使将来万一犯了错误，也不能离开，只能留在里面打扫卫生，因为出来了就泄密了”；三是“一辈子出不了名，当无名英雄”。

黄旭华毫不犹豫地答应了。

曾有老同学问他：“一般的科学家都是公开提出研究课题，有一点成就就抢时间发表，而你们秘密地搞课题，越有成就越把自己埋得更深，你能承受吗？”

“我能承受。”在年轻的黄旭华看来，与“党和国家信任你”相比，“当无名英雄，是小事情！”

然而，隔了几十年的岁月再从头看当年的选择，黄旭华也坦承，“隐姓埋名当无名英雄，也有难以忍受的痛苦。”

1957年，他因公出差广州，顺道回老家汕尾3天，探望父母兄妹。此后30年，他再没有回家，唯一的联系方式是一个海军的信箱。“我的小学同学、中学同学、大学同学，从此都没有联系了。此后30年里，他们不知道我，我也不知道他们。”黄旭华说。

《赫赫而无名的人生》一文中没有提到黄旭华的名字，但写到了“他的妻子李世英”。母亲就此推断，“中国核潜艇黄总设计师”就是30年不回家的三儿子呀！

后来妹妹告诉黄旭华，母亲把文章看了一遍又一遍，满脸都是泪水，

激情燃烧的岁月，黄旭华开始了我国第一代核潜艇的论证设计工作

2018 年 4 月黄旭华在新时代讲习所寄语年轻人

黄旭华获评“感动中国”年度人物颁奖现场

黄旭华指挥大合唱

她特地把家里的子子孙孙叫到一块，说："三哥的事情，大家要谅解。"而讲述这件事时黄旭华也是泪流满面。

事实上，不只是父母，他和妻子李世英以及三个女儿亦是聚少离多。黄旭华是客家人，妻子和他开玩笑："你是真正的'客家人'，你是到家里来做客的。"

总有人问他："忠孝不能两全，是否后悔？"他在做客中央电视台时作出了回应——

自己是中华民族的儿女，此生属于祖国，此生属于事业，此生属于核潜艇，此生无怨无悔！

誓言无声，初心永恒

2014年，词作家闫肃为黄旭华写词："试问大海碧波，何谓以身许国。青丝化作白发，依旧铁马冰河。磊落平生无限爱，尽付无言高歌。"

黄旭华是个十足的音乐爱好者，他不抽烟，不喝酒，最大的爱好是听交响乐。

音乐陪伴了他一生。

1926年，黄旭华出生于广东海丰县的一个乡医之家，幼年时，黄旭华目睹父亲弹奏扬琴，常常模仿父亲弹奏一二。

后来在核潜艇研制最困难、最紧张的时候，黄旭华总能在音乐中舒缓压力、获得灵感。

在中国核潜艇首次进行深潜试验时，他鼓励参试队员："我们不是要唱《血染的风采》，而是要唱'雄赳赳，气昂昂，跨过鸭绿江'这种雄壮威武充满决心的进行曲。"

黄旭华的办公桌上有张彩色照片，照片上的他白衣黑裤，站在舞台上，正在指挥一场大合唱。

从2006年开始，中船重工719所只要搞文艺晚会，最后一个节目都是全体职工合唱《歌唱祖国》。而总指挥这个角色一直是黄旭华。

有人问他："对你来说，祖国是什么？"

他总是回答："我还记得当初入党时的誓言。只要党和祖国需要，我可以一次流光自己的血，也可以让血一滴一滴地流淌。"

心有大我，至诚报国。

笔者手记

干惊天动地事，做隐姓埋名人。

多么矛盾的两句话，却是以黄旭华为代表的大国重器缔造者最真实的写照。

写作这篇稿件的时候，查阅了许多历史文献，其中一篇刊登于20世纪80年代，名为《赫赫而无名的人生》，文中讲述了一个隐去姓名、隐去影像的导弹核潜艇总设计师的故事。

这是关于黄旭华最早也是最著名的一篇报道，然而多年之后，大众才知道文章的主角是黄旭华。

2016年，黄老现身中央电视台《开讲啦》，为了这次演讲，已到鲐背之年的黄老手写了十几页演讲稿。主持人撒贝宁说，做这个节目4年，今天这场开讲，也许是他听过的最震撼人心、最让人心情无法平复的一场演讲。

“这一生没有虚度，此生属于祖国，此生属于事业，此生属于核潜艇，此生无怨无悔！”这是黄老演讲的最后几句话，从中我们可以真切地理解“以身许国”四字的含义。

向黄老致敬。

赵梓森，现为中国工程院院士、武汉邮电科学研究院高级技术顾问，被誉为“中国光纤之父”。

赵梓森

四十余载低调筑梦，见证从“一束光”到“一座城”的传奇

他的一生都在跟“光”打交道，四十余载低调筑梦，追光前行，他见证了中国的光纤事业从无到有，从蹒跚起步到世界先进水平，也见证了中国光谷从“一束光”到“一座城”的传奇。

从 1988 年到 2019 年，从第一根具有实用价值的光纤到“芯—屏—端—网”万亿级光电子产业链，中国光谷，这个曾经的荒野之地，已经成为武汉最耀眼的明珠。

因光而生，聚光成谷。这里是全球最大的光纤光缆生产基地、最大的光电器件研发生产基地、最大的激光产业基地、最大的地球空间信息产业基地，也是中国最大的光电子产业基地。

一切传奇的背后，都起源于“一束光”。

1979 年，东湖之畔，南望山下，47 岁的赵梓森在武汉邮科院一个简陋的清洗间里，拉制出中国第一根具有实用价值的光纤。

2018 年 12 月，“改革开放 40 周年暨光谷 30 年创新 30 人”评选名单正式揭晓，中国工程院院士赵梓森高票当选。颁奖词写道：中国光纤之父，研制出中国第一根实用光纤。一生坚守科技报国初心，他让这片土地得以成为“中国光谷”。

四年和四十年

武汉洪山区邮科院路 88 号是武汉邮科院宿舍区，这里依山傍水，林木森森，赵梓森院士在此安享晚年。

在他的日常生活中，拉小提琴是一项重要日程——这个爱好，他从年轻时一直坚持到年老。

时间回溯至 1932 年，赵梓森出生于上海卢湾区，家人经营一个小型制衣作坊。他自幼兴趣广泛，特别喜爱理科和手工制作，尚在小学和初中阶段，就因陋就简制造过氢气球、矿石收音机、滑翔飞机模型和小提琴等。

1937 年淞沪会战爆发，山河破碎，年仅 5 岁的赵梓森随家人一起辗转到了英租界避难，母亲做些缝缝补补的活补贴家用。

80 余年过去，他对“亡国奴的生活”仍是记忆深刻。“住的阁楼很矮，实际上就是一层楼中间夹了块板子，只有小孩能站着，大人必须一直弯着腰。”

“我们这代人经历过战火形成的人生观，不为名，不为钱，就是要为振兴中国努力。”赵梓森接受长江日报记者采访时说。

1949 年，中华人民共和国成立，赵梓森恰逢高中毕业，高考在即。

他最初选择了浙江大学农学院，这是公立大学，学费相对较低，可以减轻家庭负担。

农学院的细胞学、生物学课程的难度让 17 岁的赵梓森有些措手不及。“我的性子急，记忆力不太好，我觉得自己一定学不好，就决定重考。”

1950 年，赵梓森最终入读以理工科实力雄厚著称的上海大同大学，之后这所大学与上海交通大学合并。赵梓森最终选择了自己感兴趣的电子学、电机学、通信学，为他日后接触和研制光纤打下了基础。

四年后，大学毕业的赵梓森被分配到武汉邮电学校（武汉邮科院前身）当老师，繁杂的基础教学工作之外，他依旧醉心于自己感兴趣的制作和技术发明。

1973 年，他采用太阳光做平行光源，主导完成了立项研究多年而鲜有突破的国家级大气激光通信项目，武汉邮科院为之欢欣鼓舞。

此时，距离他研制出中国第一根光纤还有三年。

多年之后，已经当选中国工程院院士的赵梓森参加了一次上海交通大学的同学聚会，有同学不解：“赵梓森，我们在上海交大才学了那么点通信知识，你又没读过研究生，而且被分配到武汉邮电学校那么小的单位，最后是怎么搞出那么多成就，当选为院士的？”

赵梓森给了一个“四年和四十年”的答案。“当时跟我一起分配来的大学生，有清华大学的，有其他名牌大学的，他们都觉得在中专教书很容易，不在话下，平时都在打牌下象棋。但我在思考，新中国刚成立，需要大建设，你只要有本事，就一定有事情可做，有大事可做。所以那时候我就天天学习，把研究生课程学了，把日语、英语、俄语都补上了。我不觉得自己的才能没有得到发挥，因为教书不容易，我以前不是考第一名的人，但我当老师，我教的班级学生平均分数第一。不要觉得自己只是个中专教师，将来会有大事给你做的，一切都会变的。你读四年大学有什么用啊？我是四十年天天都在学。”

成为“中国光纤之父”

这根神奇的“玻璃丝”的故事已经无数次被媒体记录——

1976 年 3 月，武汉邮科院一个厕所旁的简陋实验室里，一根长度为 17 米的“玻璃细丝”——中国第一根石英光纤，从科研人员赵梓森手中缓缓流过。

这束光，拉开了传奇的大幕。

时间回到三年之前，赵梓森偶然在图书馆的一本外文杂志上看到消息，美国在搞光纤通信。

“玻璃丝”还能通信？痴迷科研的赵梓森很快意识到光通信有希望。

事实上，改变世界的光纤技术，是同样出生在上海的华裔科学家高锟提出的。

1966 年，高锟发表论文，开创性地提出了利用石英玻璃制作光学纤维（简称“光纤”）并在通信上应用的基本原理，一场划时代的通信方式变革得以诞生，对人类社会产生了重要和深远的影响。高锟被誉为“世界光纤之父”，并在 2009 年获得诺贝尔物理学奖。

1970 年，美国康宁公司花费 3000 万美元制造出了 3 条长 30 米的光纤样品，这是世界上第一次制造出对光纤通信有实用价值的光纤。

“我提出要发展‘光纤通信’的科研项目，大多数人反对，包括邮电部、武汉院和北京院的领导。有领导在几十人的会上说：‘玻璃丝怎么能通信！赵梓森你不要胡搞，要花几千万元，你负得了责吗？’因为，当时美国的光纤通信尚未投入使用，又因为当时中国与世隔绝，难怪大家不知道。”赵梓森在《中国光纤通信发展的回顾》一文中回忆。

赵梓森和学院的一位化学老师还有另外几名同事开始了研究光纤之路。

没有正规的实验室，就在实验楼厕所旁的清洗室内做化学实验。

没有现成设备，就用旧机床加工。

没有精密调准器，就用螺丝钉加橡皮泥拼接。

在一次试验中，四氯化硅从管道中溢出，生成的氯气和盐酸冲进赵梓森的眼睛和口腔，他的眼睛肿得只剩一条缝，口腔也发炎，直淌黄水。

同事将已经昏迷的赵梓森送进医院急救。“医生都愣住了，他们没见过这样的情况，不会治。”赵梓森刚好苏醒，他说：“蒸馏水冲眼睛，打吊针。”两小时后，身体恢复正常，赵梓森又回到了实验室。

大学毕业时的赵梓森

1973 年，赵梓森在熔炼车床前工作

参与京汉广光缆工程

赵梓森观看球赛

多年后，已经成为中国工程院院士的赵梓森登上由长江日报和武汉市民之家联合举办的“市民大讲堂”，他的演讲PPT上写着一行大字：要有献身精神。

1976 年，原邮电部组织“邮电工业学大庆”展览会，要下属部门提供新技术展品。赵梓森带着刚刚熔炼出来的石英光纤来到了北京。

两个星期后，武汉邮科院收到邮电部来文——“光纤通信是邮电部重点项目”。

1979 年，赵梓森团队拉制出中国第一根具有实用价值、每公里衰耗只有 4 分贝的光纤，就此拉开了中国光纤通信事业的序幕，而他也因此被称为“中国光纤之父”。

从实验室走向市场

利用被派到美国参观访问的机会，赵梓森与美国半导体激光器的发明人、华裔科学家谢肇金进行商谈，达成了技术合作协议。

1979 年 9 月，受邀来华访问的谢肇金与武汉邮科院签订正式合作办厂协议，在中国开办长江激光电子股份有限公司，后更名为武汉电信器件公司，这被认定是中国第一家中外合资的高新技术型企业。赵梓森担任中方技术代表和负责人。

赵梓森清醒地意识到，引用技术是为了更好借鉴，决不能单纯依赖。他大胆起用了公司里年轻有为的李同宁为课题组组长，领导激光器的自主研发。

两年后，由中方主导的长江激光电子股份有限公司研制出我国第一个享有自主知识产权的长波长半导体激光器，摆脱了对美国技术的依赖。

同年，邮电部和国家科委确定在武汉建立一套光缆通信实用化系统，意在通过实际使用，完成商用试验以定型推广。赵梓森在项目建设中负责后台指挥。

由于其限于 1982 年完成，所以简称“八二工程”。

按照设计方案，这是一个市内电话局间的中继工程，跨越长江、汉水，贯穿武汉三镇，连接武汉四个市话分局。

为了铺设线路，赵梓森手绘了武汉地图，在每个重要节点处标注，并与负责设计的郑州邮电设计院、负责施工的邮电三公司协调。

赵梓森印象最深的还是那一次次不分昼夜、不分寒暑随叫随到的检修。每次都是相关人员一齐出动，他和二十多个同事挤在院里分配的一辆小面包车里，到处奔波。

1981年12月28日，中国第一条实用化的光纤通信线路在武汉开通，“八二工程”宣告成功。

次日，时任邮电部副部长侯德源前来武汉视察。赵梓森回忆，视察之前出了个小插曲，有工作人员为了改进电源端子板，用钢皮尺去量电源端子板的尺寸。“砰”的一响，机器烧了！大家吓得目瞪口呆。赵梓森紧急抢修，调动试验机盘，拼凑了一个系统，保证通话质量，最终大受赞赏。

“八二工程”之后，赵梓森及团队又先后完成了数十项由短及长的光纤通信架设工程。其中，1987年完成的全长244.86公里的“汉荆沙工程”（武汉—荆州—沙市），被看作全国同类行业的示范工程；1993年完成的全长3046公里的“京汉广工程”（北京—武汉—广州），跨越北京、湖北、湖南、广东等6省市，是当时中国以及世界上最长的架空光缆通信线路。

不过十年光阴，赵梓森及团队就将大容量、高传速的光纤通信线路连通到天南海北，完成了中国的信息高速公路建设工作。

从“一束光”到“一座城”

“五、四、三、二、一！”鸣锣！随着礼花四溅，2018年7月20日早上9时30分，上海证券交易所，长飞光纤正式登陆A股。

长飞光纤就此成为湖北第100家境内上市公司，也是湖北首家同时登陆A股与H股的上市企业。

时间回溯至1984年，邮电部、湖北省和武汉市三方达成协议，在武汉建设邮电部武汉通信光纤厂，赵梓森担任光纤引进小组技术负责人。

1985年，中国与荷兰达成合作协议，1988年中外合资公司——长飞公司宣告成立，1992年即建成投产。

中外合资的好处显而易见，赵梓森回忆，中方的光纤制造车床是普通车床改造的，不耐腐蚀，使用一两年后就无法保证精度，“借用飞利浦公司的技术后，我们一同研发了不锈钢车床，拉出的玻璃丝质量非常好”。

有趣的是，青出于蓝而胜于蓝，长飞公司在技术上很快胜过了飞利浦公司。

2018 年 5 月，长飞公司迎来 30 岁生日。这家中国最早的光纤光缆生产商之一，经过 30 年发展，迅速成长为全球最大的光纤预制棒、光纤和光缆供应商，光纤光缆产品遍及全球。

时至今日，得益于长飞的快速发展带动，武汉东湖高新区以光纤光缆、光电器件为代表的光通信产业整体实力跃居全国首位，在光通信、激光、新型显示等产业的支撑下，光谷正在成为中国的光能力中心。

东湖高新区与长飞同龄，于 1988 年创建成立，1991 年被国务院批准为首批国家级高新区，2001 年被原国家计委、科技部批准为国家光电子产业基地，即“武汉 · 中国光谷”。

“光谷的概念不是我最先提出的，而是华中科技大学的黄德修教授。1998 年，他就提出中国应该有个光谷。”赵梓森回忆道。

2001 年 5 月 7 日，赵梓森等 26 位在汉院士联名签字，请求党中央、国务院批准在武汉建设国家级光电子信息产业基地——“中国光谷”；同年 5 月 31 日，武汉“中国光谷”建设领导小组聘请赵梓森院士为“中国光谷”首席科学家；同年 6 月 30 日，国家信息产业部正式作出答复：支持以国家级的武汉东湖新技术开发区为基地，建设集研究开发、产品生产、企业孵化、人才培养等为一体的光电子产业基地。至此，“武汉 · 中国光谷”正式诞生。

时至今日，大浪淘沙，“光谷”已专指“武汉 · 中国光谷”。从“一束光”到“一座城”，这块曾经被戏称为“武汉地图外的两厘米”的荒野之地，已经成长为 518 平方千米的国家自主创新示范区。

“40 年前，我只是希望中国能有自己的光纤通信，跟上世界潮流；没想到，40 年后，中国已经成了世界光纤强国。”86 岁的赵梓森感慨万千。

笔者手记

在光谷生活多年，也写了许多与光谷相关的新闻报道，很难不熟悉赵梓森院士的名字。

毕竟，从“一束光”到“一座城”，光谷一切传奇的开始，都源于他在40多年前拉制出的那一根光纤。

在那个一穷二白的年代，这根光纤的诞生可以想见其中的艰辛。

“要有献身精神。”这句话我曾经在许多的主旋律报道里听过看过，然而听老院士娓娓道来仍觉震撼。

“中国光纤之父”的盛名在外，此次与赵梓森院士联系，心中难免惴惴，然而，老院士却是出人意料的平易近人。

他说，“如果每个人都有一个事业梦想，那么我的梦想不仅实现了，而且还超额完成了”。这样的人生令人何其羡慕。

刘经南，中国工程院院士，曾任武汉大学校长、昆山杜克大学校长，我国卫星大地测量领域的著名专家。

刘经南

曾向总书记当面汇报，“要用自己的碗，装自己种的粮”

他是中国研究 GPS 广域差分技术的第一人，也是我国第一个 GPS 商品化软件的研制者；他是著名大地测量与卫星导航专家、中国工程院院士，也是献身“树人”事业的大学校长。“苟日新，日日新，又日新”，古稀之年的他用实际行动，向我们诠释了新时代创新的含义。

2016年6月，在全国科技大会、科协大会和院士大会召开的第二天，科技部点名让刘经南院士给习近平总书记当面汇报全国北斗导航应用的发展现状和成果。“初定4分钟，我又讲了10分钟”。

时间回溯至2013年7月，在光谷展示中心，刘经南院士向习近平总书记介绍了当时北斗导航的高精度应用成果，“那是我第一次近距离和总书记交流”。

原本初定4分钟的内容，70岁的刘经南讲了10多分钟，总书记听完频频点头，还打了一个比喻：“我们要用自己的碗，来装自己种出的粮食。”

刘经南反复琢磨总书记的话，“这就是告诉我们，作为一个大国，一定要有引领性、原创性的科学技术，我们一定要有自己的、像构建北斗系统这样的、自主可控空间基础设施的本事和相应的撒手锏”。

“诺贝尔奖情结，是一辈子的影响”

刘经南有时会不自觉地将自己的少年时代与孙辈作比较。

显著的不同体现在书包的重量上，从小学三年级开始，孙女就拉上了带轮子的拉杆书包。“这是应试教育带来的。”

“我不是应试教育培养出来的。”他在接受《中国青年报》采访时回忆，后来这句话成为该篇报道的标题。

刘经南的中小学阶段在湖南省长沙市度过，那是20世纪50年代，教育环境相对宽松，讲究学习与生产劳动相结合，甚至整个学校都下乡办学，半天学习，半天干农活。

他的兴趣爱好广泛，参加过航模组、摩托车组等课外兴趣小组，甚至加入了长沙市中学生歌舞团，演唱《拉兹之歌》曾在长沙获奖。他的动手能力也很强，自己做过笛子、琴，做收音机。他自制的显微镜，放大倍数可达到100倍左右，吸引了很多同学。

因为喜欢读书的缘故，刘经南还兼职做起了图书馆“馆员”。在他看来，这段经历培养了自己信息获取、分类的能力以及快速猎取知识的能力。

1957年发生了一桩大事，李政道和杨振宁获得诺贝尔物理学奖，此事对 14 岁的刘经南冲击很大，他后来自称有诺贝尔情结就是来源于此。“那时我觉得获诺贝尔奖非常光荣，中国人第一次得了诺贝尔奖！大家都自豪极了，宣传得很厉害。”

“那会儿认为最为玄妙的便是天文，小时候奶奶喜欢对着天空讲牛郎织女的故事，指着天上的星星说：‘这颗是牛郎星，那颗是织女星，旁边两颗小的，一颗是儿子，一颗是女儿’。当时我觉得特别神奇，幼时的记忆影像能够影响一辈子，既然想得诺贝尔奖就学习天文吧。”刘经南回忆。

1960 年，刘经南已经是长沙名校明德中学的一名高中生，这一年，他在湖南省图书馆看了许多关于研究双螺旋体和思维神经传导机理的书籍。此后，探知生物体遗传机理和思维机理就成了他感兴趣的科学领域。1962 年刚刚走进大学的刘经南又得知发现双螺旋结构的沃森和克里克获得了诺贝尔生理学奖。和天文一起，生物也成了青年刘经南最喜欢的科目。

1962 年，刘经南落榜北京大学生物学专业，进入武汉测绘学院（1985 年更名为武汉测绘科技大学）天文大地测量专业读本科。

因为诺贝尔奖情结，此后四五年里他一直琢磨着研究测绘如何能得诺贝尔奖。“我想到了学习引力场，引力场一直是我们专业的主课，如果能证明引力是个波，能得诺贝尔奖！地球是一个椭球体，靠地球自转产生的离心力和引力形成现在的椭球形状，引力场是我们很重要的一门基础课程。”

多年后，刘经南成为老师，带学生研究星体运动的测量方法。他想验证哈勃提出的宇宙膨胀学，既然宇宙是膨胀的，如果能把膨胀的速度或它是加速膨胀还是减速膨胀研究清楚，也可能会得诺贝尔奖。再后来他成了博士生导师，就鼓励学生开展这一领域的研究。2011 年，诺贝尔物理学奖颁发给三位来自美国和澳大利亚的科学家，以表彰他们发现“通过超新星宇宙加速膨胀”，正是验证了刘经南的预言。

“我想做科学研究工作”

1968 年，本科毕业一年多的刘经南被分配到湖南的煤田物探测量队，负责外业测绘，这一干就是 11 年。

刘经南自称是个随遇而安、简单乐观的人：“我最怀念的正是这段在三湘四水从事测绘工作的经历。虽然苦，但苦中有乐，这是我一生中最宝贵的财富。”

1979 年，刘经南 36 岁，已是两个孩子的父亲。他依旧没有忘记自己年轻时候的志向，“我想做科学研究工作”。凭借扎实的基本功，匆匆备考的刘经南顺利回到母校武汉测绘学院大地测量专业读研。

因 11 年高强度的外业工作击垮了身体，刘经南无奈选择在学校边养病边自学。即便如此，读研期间他不仅成绩优秀，还解决了一个有关卫星测量基准的地心坐标系与地面大地坐标系的转换关系的国际性学术难题，此研究后来被列入国家“六五”期间重点项目。著名大地测量学家周忠谟教授感慨：“在国内这样的环境下能做出这样的结论，不简单！”

此后十几年，刘经南一心扑在科研道路上。

其后，刘经南还为已发射的北斗导航卫星广域差分系统的建设提供了最早的技术思路和技术方案，是国内该研究领域的第一人，亦至今仍参与这个被称为“中国 GPS”的北斗导航卫星系统的建设。

或许是刘经南在卫星大地测量与 GPS 技术上的建树太过丰富，有媒体将其誉为“中国 GPS 之父”。他坚决反对这一提法。1999 年，56 岁的刘经南当选中国工程院院士。

“北斗精度提升至厘米级”

2019 年 6 月 25 日，中国在西昌卫星发射中心用长征三号乙运载火箭，成功发射第 46 颗北斗导航卫星。

作为中国自主创新的一张响亮名片，中国北斗正以领先全球的速度部署全球导航的“大棋局”。

“我国的北斗系统历经三代，卫星越来越多，精度越来越高，技术服务功能越来越强大。”据刘经南介绍，中国的北斗系统是 2000 年以后开始建设的，从一代到二代到现在的三代。时至今日，北斗系统在中国已有广泛应用，特别是在交通行业、海上渔业、军事、应急救援、城市规划和工程建设等领域。

上：刘经南曾任昆山杜克大学校长一职

中：刘经南现身昆山杜克大学（筹）揭牌仪式

下：生活中的刘经南

在刘经南的推动下，全国已有一半以上省份启动了将原来的各省建立 GPS 连续定位服务系统升级改造为以北斗为主、兼容 GPS 的高精度实时定位连续服务系统，在各省提供厘米级导航定位服务。

同时，北斗正实实在在地造福百姓生活、助力智慧城市的建设和演进，提升老百姓的幸福感、获得感和安全感，提升城市管理治理能力。如刘经南团队推出的“北斗即时判”警保联动智慧系统，它能在交通事故发生后自动远程报案，由交警在线定责、保险公司远程审核定损，几乎同步进行。2017 年 9 月，在武汉市第二批科技成果转化签约大会上，该项目获得 10 亿元投资，成为“院士经济”的典型代表。

近年来，武汉北斗卫星导航产业蓬勃发展，与刘经南等一批武汉科学家的努力不无关系。2018 年 10 月，国际卫星导航服务组织 2018 年年会在武汉大学举行，这也是这一行业盛事首次在中国举行。会上，刘经南作主题报道时透露了一个振奋人心的消息：武汉大学参与设计和建设的“微厘空间”低轨卫星通信和导航一体化系统实验星发射成功。实验成果表明，北斗能实现更精密的导航定位，此前导航定位对用户实时服务的精度，可从米级提高至厘米级。

据刘经南介绍，利用武大科研团队的核心技术，北斗近地卫星实时定轨精度可达 10 厘米，后处理精度 2 ～ 3 厘米。

献身“树人”事业，培养世界公民

“老骥伏枥，志在千里”，最近几年，这位年过七旬的院士，在北斗之外，又多了一重挑战：创办一所凝聚中美文化精华、扎根中国大地的新型世界一流大学。

刘经南曾在 2003 年至 2008 年担任武汉大学校长。2012 年，他再度出山，掌舵美国杜克大学与武汉大学联合在江苏昆山打造的昆山杜克大学。

昆山杜克大学坐落于江苏省昆山市，由美国杜克大学、武汉大学、昆山市合作举办。学校于 2012 年 9 月获教育部批准筹建，2013 年 9 月获批正式设立，其目标是构建一所倡导通识博雅教育的世界一流研究型大学。

刘经南在接受新闻采访时称，自己在当公立大学校长时，对公立大学存在的问题有体会也有遗憾，“总觉得有些东西可以解决，但是却没有解决得很好，或者来不及解决”。

此外，他说：“我在武汉大学任校长时就有这样一个想法，也开始了实际探索，即通过引进国外的大学合作办学来改善我们大学的理念，来促进我们教育的现代化和国际化、教师的国际化水平提升。”于是，在卸任武汉大学校长 4 年后，当武汉大学推荐刘经南担任昆山杜克大学校长时，他仅仅考虑了 10 天就答应了。

在 2014 年 8 月欢迎首批学生入学的迎新致辞中，刘经南特别谈到昆山杜克大学这所全新模式的大学旨在培养什么样的学生。

他说：“培养具有本民族文化之根的世界公民就是我们昆山杜克的人才培养目标。我们对世界公民的定义就是：尊重、理解、包容、欣赏不同民族的文化和习俗，遵守各个国家的法律，坚守自由、平等、公平、正义的信念，具有国际通用交流语言的沟通能力，具备为全球人类社会服务能力和责任意识的公民。”

6 年过去，他交出了一份漂亮的成绩单：

先后开设了全球健康、医学物理、管理学和环境政策 4 个硕士学位项目以及面向其他高校本科生的“第二校园国际化”学习项目。

2018 年 8 月正式启动本科学士学位教育，迎来了首届本科生。

组建了全球一流的国际教师团队。

…………

2018 年 8 月底，在首届本科生开学典礼的半个月后，刘经南从昆山杜克大学校长职位上卸任，回归教学和科研岗位。

履新上任的武汉大学冯友梅教授评价他：“刘校长带领昆山杜克大学取得了很大成就，为未来发展筑就了良好基础。值此接棒，我深感使命光荣和责任重大。”

年过七旬，只有春节 7 天是休息日

因为院士与校长的头衔、科研与行政的担子，忙碌成为刘经南生活的常态。有长江日报记者回忆：“采访当天的早上 9 点，在武汉大学信息学部卫星导航定位技术研究中心，73 岁的刘经南院士正在办公

室里和几名老师探讨着相关课题，门口还等着三四个学生。直到送完师生们，记者才得知，刘院士还没顾得上吃早饭。”

任昆山杜克大学校长时，刘经南的日程五分之三的时间忙于昆山杜克大学的学校管理建设，五分之一的时间在武汉大学带领团队进行有关北斗卫星导航技术的研究，五分之一的时间周转于全国各地参加研讨会，周而复始。熟悉他的同事和亲人介绍，一年 365 天，刘经南每天从早上 9 点工作到午夜 12 点，只有春节 7 天是他的休息日。

人生七十古来稀，多数人在这个年龄已在家含饴弄孙、颐养天年，刘经南仍凭着身体里的一股子冲劲、闯劲和韧劲奋勇前进。

在女儿刘汇慧眼中，父亲是“有着钻石般意志的学者、教育家”。她讲了一个故事：“那是我们在武汉过的第一个春节，爸爸突然在大年三十的下午说有工作需要去一次实验室。结果等到晚上，妈妈把年夜饭都做好了，爸爸都没回来。后来，妈妈特别担心，就差遣哥哥去找爸爸，却发现实验室所在大楼的门都锁住了，妈妈还想去找的时候，爸爸自己一瘸一拐地回来了。”

刘经南也对这件事情记忆深刻，笑着说：“我当时因为忙着工作，结果忘了时间，等忙完出来发现大门锁了，思来想去，我只好从二楼的窗户沿着雨水管道爬下去，结果扭了脚。”

刘经南强调激情，他曾寄语即将毕业的武大学生：“我不担心你们知识贫乏，担心你们激情缺乏；我不担心你们智慧不足，担心你们毅力不坚。”对科学探索的激情和兴趣是推动刘经南在北斗导航领域不断深入研究的动力，坚持不懈的努力是让他获得一个又一个成功的关键。

“苟日新，日日新，又日新。”中国的先贤们早在数千年前就意识到了创新的重要性，可以说，创新精神是中华民族最鲜明的禀赋。恰如昆山杜克大学官微文章《刘经南院士：创新之路上的探索者》所说：中华民族生生不息，也正是因为在民族的精神气质中内生了这种创新精神。刘经南院士用实际行动，向我们诠释了新时代创新的含义。

笔者手记

2012 年 4 月，湖北日报采访刘经南院士，问了一个问题：您和您的团队在北斗系统建设中，作出了哪些贡献?

文章最终的标题就来源于刘院士的回答，“我们知道卫星每个瞬间的位置”。这个标题我至今印象深刻，掷地有声的 13 个字背后，可以想见其中付出的时间和心力。

关于刘经南的文章颇多，多数都谈及了他的忙碌。“刘院士还没顾得上吃早饭”，“熬夜至凌晨两三点”，“只有春节 7 天是他的休息日”，诸如此类的文字比比皆是。

刘经南身兼多重身份，除北斗定位专家的身份之外，他还是一位大学教育的探索者，60 岁出任武汉大学校长，又在退休 4 年后再挑重担，掌舵武汉大学和美国杜克大学联合打造的昆山杜克大学。

年过七旬，几乎天天都在工作。老而弥坚，不坠青云之志。

闫大鹏，武汉锐科光纤激光技术有限责任公司创始人、副董事长、总工程师，首批“武汉城市合伙人”。

闫大鹏

致力“中国创造”，他为“卡脖子”产业发声

他是海归创业和科技报国的榜样，填补了万瓦光纤激光器的中国空白，实现了武汉激光产业从应用领域向技术源头的创新延伸。他是科学家，也是创业者。他不只是锐科激光的代言人，更是为大功率激光器这个长期被“卡脖子”的产业发声。现在，他毅然挑起重担：进一步提高高端制造业大功率激光器的国产化比例，实现关键技术自主可控。

2019 年 3 月 8 日上午，中共中央政治局常委、国务院总理李克强来到十三届全国人大二次会议湖北代表团，同代表们一起审议政府工作报告和计划、预算报告。

全国人大代表、中国航天科工武汉锐科光纤激光技术有限责任公司（以下简称“锐科激光”）副董事长、总工程师闫大鹏在审议结束后，向李克强展示了团队最新自主研发的半导体激光器、特种光纤和激光芯片等产品。

闫大鹏说：“这些产品都具有国际先进水平，这次带来的高功率半导体激光器，可以直接用于激光制造，也可作为高功率光纤激光器的泵浦源”。

听了闫大鹏的介绍，总理满意地点头说：“很好！很好！”

此次“两会季”，首次以人大代表身份进京的闫大鹏，罕见地接受了多家媒体的采访。这一次，他不再只是锐科激光的代言人，而是为大功率激光器这个长期被“卡脖子”的产业发声。他是科学家，也是创业家。现在，他的肩上还有一个重任：进一步提高高端制造业大功率激光器的国产化比例，实现关键技术自主可控。

时间回溯至 2007 年，51 岁的海归教授闫大鹏在武汉创办锐科激光，并用 11 年的时间将公司送上深交所创业板，一路走高的股价背后是一系列耀眼的成绩……成功研发我国首台万瓦连续光纤激光器，重构全球激光产业版图；牵手航天科工集团，推进军民融合发展，2018 年锐科激光营业收入 14.6 亿元，成为光纤激光器行业的国内龙头。

40 岁赴美当“学徒”

1996 年，教授闫大鹏已在华东工学院任职十多年，当年他 40 岁。

1991 年破格晋升副教授，1992 年破格晋升教授，1993 年成为博士生导师。40 岁之前的人生，闫大鹏顺风顺水。

1996 年，闫大鹏申请到一次公派机会，去美国学习。

“去了美国才真正感到，工业光纤激光器产业具有巨大发展前景。”闫大鹏说。

彼时，美国的工业光纤激光器研究也才刚刚起步。为了学习新技术，闫大鹏在美国双包层光纤激光器的发明人之一——Hong Po 创办的 LaserSharp 公司谋得一个职位，开始了光纤激光器的学习和研究。

在此之前，闫大鹏对光纤激光器的接触不多，只能将勤补拙。闫大鹏经常是早上第一个到公司，下班最后一个走。即使是过感恩节、圣诞节，闫大鹏也“泡”在实验室工作。

谁也没有想到，两年后，投资者关闭了 LaserSharp 公司，闫大鹏生平第一次“失业了”。

闫大鹏没有放弃。他和同时失业的三位同事一起凑钱，租用教堂的地下室继续进行光纤激光器研究。为了生计，周末他还要去跳蚤市场摆摊，兜售从国内批发的手机配件。

“但是光纤激光器这个行业太烧钱了。十年前，光纤激光器的原材料和器件都很昂贵，我们几个人凑的钱很快就花光了。”闫大鹏回忆。

幸运的是，一台 10 瓦脉冲光纤激光器原理样机总算被他们研制出来了。就在“地下室创业”停摆之时，闫大鹏看到美国实力雄厚的特种光纤及光纤激光器公司 Nufern 招人，便投了简历。

“Nufern 公司派人到我们的地下室一看，感到非常惊奇，没想到在地下室里竟然也能捣鼓出一台脉冲光纤激光器。”闫大鹏因此顺利进入 Nufern 公司工作。

50 岁为梦想转身

进入美国 Nufern 公司进行光纤激光器研究工作后，年薪虽然不低，闫大鹏却总觉得自己是个“外人”。

“尽管贡献了技术，但始终是个高级打工仔。”闫大鹏说，那个时候，英美等国家已经垄断了光纤激光技术产品。“每当看到自己参加研发的产品被国内厂商高价买回国，心里就有些不是滋味。”

一颗回国发展的种子，已经在闫大鹏心里开始发芽。

“地下室创业”的经历让闫大鹏意识到，真想做光纤激光器这一行，一个有应用背景和资源的合作伙伴必不可少。要先找到这样的合作单位，就要先找到一个广阔的平台。

2006年，抱着试试看的想法，闫大鹏和海外高端人才代表团一起到武汉参加“华创会”，借此平台寻找国内合适的合作伙伴。

其时，国内光纤激光器基本依赖向国外高价进口，很多国内激光企业都对闫大鹏这个“海外技术大牛”的新技术感兴趣。“但不少公司也担心我是回国‘玩票’的，没能最终达成合作。”

华工科技恰巧正苦苦寻觅一位激光领域的领军人才。

得知闫大鹏的到来，华工科技董事长马新强专门从外地赶回武汉。不巧闫大鹏去了北京，第二天就要飞回美国。回到武汉的马新强脚还没落地，又急匆匆连夜飞往北京，在北京的旅馆见到了闫大鹏。一番长谈后，闫大鹏当即就同意了与华工科技开展合作。

回美国后，闫大鹏立刻着手在自己家里对当年“地下室创业”做的光纤激光器样机进行改进，并托岳父带回国到华工科技进行测试。

虽然那台样机工作了不到一个小时就熄火了，但时任华工科技副总裁、激光专家闵大勇拍板：“能工作将近一个小时，可以了。”

为了让华工科技感到自己的诚意，闫大鹏除了技术入股，又凑了1000万元的现金，和华工科技合作创立了武汉锐科光纤激光器技术有限责任公司（即锐科激光前身）。

2007年年底，闫大鹏辞掉美国的工作，登上回汉的飞机。两年后，他又卖掉美国的房子，带着妻女、岳父岳母彻底落户武汉。

在合适的时间碰见了“对的人”

回国创业后，闫大鹏感觉各方面都“出乎意料”地顺利。

华工科技是国内激光龙头企业，资金、人才等各方面都很有实力，拥有得天独厚的发展条件，对于闫大鹏来说是一个非常好的平台。锐科激光初创时期，产品存在不少不足，在产品的试用过程中，华工科技边使用边反馈，为锐科的产品提出了许多宝贵建议，使产品的品质得到大幅提升。

同时，华工科技还提供光、机、电方面的技术团队支持，并派出

闫大鹏拿着光纤跟员工交流

闫大鹏在实验室做产品测试

管理人才帮闫大鹏负责公司的运行，让他一心一意地搞研究开发产品。

为了让闫大鹏等落户的“海归”安心创业，武汉市也出台了相应政策。闫大鹏一家的住房、医疗、保险问题和闫大鹏女儿的入学问题都得到了比较妥善的解决。

随着产品稳定性迅速提升和产品返修率的下降，锐科激光的产品市场很快打开，并在2009年实现了赢利。锐科激光已逐步成长为国内具有一定知名度的光纤激光器供应商，并打破了国内光纤激光器市场长期由国外企业垄断的局面。

谈起创业心得，闫大鹏总结了三个关键词，“机遇、伙伴、人才”。

在取得“初步胜利”之后，闫大鹏“以才聚才”，吸引一群高端人才纷至沓来。

有了华工科技这个合作伙伴，有了闫大鹏、李成、卢昆忠“三大牛”，光纤激光器领域的人才迅速向锐科激光聚集。徐进林、肖黎明等多位国际一流技术人才陆续加盟华工科技。还有很多年轻的博士，为了能够学到最前沿的技术，参与研发，都赶来武汉，来锐科激光，来华工科技。

“这就是‘人才效应’，你是人才，还要能把人才引进来才行。”闫大鹏说。

研发中国首台万瓦光纤激光器

2013年，锐科激光研发出了中国第一台万瓦连续光纤激光器，也让中国成为世界上继美国之后第二个掌握这一尖端技术的国家。这其实也标志着，中国光纤激光器自主研发能力达到了世界先进水平，打破了国外企业在光纤激光器领域的垄断，对国内的激光器市场意义重大。

以往，一台进口万瓦的光纤激光器售价为700多万元，但是现在同类产品的售价只有80万元。“基本上是锐科自主研发出了多少瓦的激光器，美国的同类产品就得降价。”闫大鹏说，锐科激光的技术攻关直接让进口光纤激光器的价格大幅度下降，拉低了国内光纤激光器价格，让国内用户用得起。

2016 年，中国光纤激光器研发产业链基本成型，锐科激光是这个产业链中极为核心的一环。闫大鹏又陆续从美国、英国、德国、澳大利亚、加拿大等国引进了多位海外高层次人才，对光纤激光器产业链进行垂直整合，实现工业光纤激光器的国产化。

到 2018 年，锐科激光的相关产品的国内客户超过 1000 家，并出口美国、德国等四十多个国家和地区。

“目前，我们还在研发国家重点专项——3 万瓦光纤激光器。只有技术不断地发展、创新，国内的光纤激光器产业才能真正有底气。”企业高歌猛进之下，闫大鹏仍保持思路清晰，“就在 2017 年，美国依旧对中国禁运 1000 瓦以上的单模大功率光纤激光器。但是锐科已经可以做到 1 万瓦及以上了，整合好了上游产业链，现在要多少瓦就可以做多少瓦，这样还会担心国外的技术封锁吗？”

2018 年 12 月，闫大鹏入选“改革开放 40 周年暨光谷 30 年创新 30 人”，颁奖词是：“海归创业和科技报国的光谷榜样，填补了万瓦光纤激光器的中国空白。”

有挑战才有成就

真正闲下来的时候，闫大鹏一定要约上几个朋友去钓鱼。锐科激光周边的鱼塘、水库，他都基本跑遍了。

闫大鹏并非是想通过钓鱼来寻求内心的宁静。“我最享受鱼儿上钩的那一刹那，有挑战才有成就。”

2018 年 6 月 25 日，无疑是闫大鹏一生中最享受的“一刹那”。在深圳证券交易所，他和伙伴们敲响了上市钟鼎。刚满 11 岁的锐科激光登陆深交所创业板。

个人价值实现之外，接轨资本市场亦进一步助力锐科激光的发展。激光产业科技含量高，前期投入大，需要大量资金支持。上市将为锐科激光的技术研发提供低成本的融资平台，让产业发展更快；公司加强现代管理体系的同时，未来发展也将更加规范和可持续。

锐科激光上市之后，63 岁的闫大鹏依旧干劲十足。“锐科激光虽已是全球有影响力的光纤激光器企业，但和欧美的一些巨头相比还有较大差距。拿国内市场来说，经过这 11 年的努力，锐科激光的客户数量有 1000 多家，依然还有很大的提升空间。”闫大鹏说，持续研发新品和扩大产能，是不变的战略。“我尽量确保每周有一定的时间，能够投入到产品研发和生产中，一天不到实验室和生产线，我就觉得浑身难受。”

教师出身的闫大鹏也没有丢掉自己的“老本行”。

“近年来，国内提倡产、学、研、用相结合，这是很好的路子。做企业没有精力去研究基础的东西，学校做研究的又缺乏动手能力。”现在，闫大鹏等锐科激光的几位“大牛”专家都在华中科技大学当兼职教授、博导，带硕士、博士研究生。“在带学生的过程中，把课堂搬到了公司研发生产的一线，让学生亲自参与光纤激光器产品从研制到出产的每一个环节，通过亲自演练、实习操作的方式让他们学到真正的知识和技术。到学期末的时候，每个学生都能做出一个实实在在的东西出来，这样的课程才是实用的，这样的学习才有收获。”

现在，锐科有近 2000 名员工，绝大多数是 80 后、90 后。“和他们打交道感觉特别好，觉得自己也越来越年轻了。”闫大鹏说，工作忙时，熬夜加班，年轻人都比不过自己。他认为只有这样肯加班的新一代人才越来越多，公司和这个产业才会越来越有活力，才会看得见未来。

未来，闫大鹏希望带领学生和更多的年轻人，把“中国制造”的品牌打出去。

“2007 年以前，国内没有光纤激光器，而且进口产品价格非常昂贵。现在我们自己能生产了，但大家对国产品牌还有一些偏见，在核心器件选择上仍习惯性依赖进口产品。”闫大鹏说，“这鞭策我们还要更努力，锐科还有很长的路要走。”

笔者手记

闫大鹏是科学家，也是创业家，但这还不足以鲜明地概括闫大鹏。同事们讨论的结果是，闫大鹏是一位产业科学家。

如今，创业的教授很多，但能用产业科学家来定义的并不多。闫大鹏当属其中的一个。

40 岁赴美当“学徒”，到 50 岁为梦想转身，因为一次偶然的机会到武汉创业，闫大鹏的经历，有些不可思议。

锐科激光上市，是闫大鹏的人生的高光时刻。诚然，这能带来荣誉和财富，但对于有追求的知识分子来说，未来的路，还很长。

期待以闫大鹏为代表的产业科学家，“努力实现关键核心技术自主可控，把创新主动权、发展主动权牢牢掌握在自己手中”。

崔崑，中国工程院院士、金属材料专家，华中科技大学教授。

崔崑

一件衬衣穿30年，却拿出毕生积蓄600万元助学

他，一生只有一个信念——为祖国的钢铁事业奉献终身。家国栋梁，初心不改，“钢铁院士”崔崑是当代知识分子践行社会主义核心价值观的生动写照。他生活俭朴，却选择把毕生积蓄捐给贫困学生，他解释这不是“捐”，而是“还”，他这一生，正像锻造钢铁一样，锻造着自己，也报效了国家。

2018年10月，华中科技大学93岁的中国工程院院士崔崑在2013至2017年期间捐赠420万元的基础上再次捐出180万元，注入到已设立的“勤奋励志助学金”中，帮助品学兼优的贫困学子。至此，崔崑院士夫妇共捐资600万元。

然而，对助学一向慷慨的崔崑夫妇在生活上一直节俭。华中科技大学材料科学与工程学院院长周华民感慨：“就是这么一位老人，始终心系事业、心系学子，对自己的生活却一无所求。”

中国一定要有自己的模具钢种

业内人都称他为“钢铁院士”。华中科技大学党委书记路钢评价：“崔老本身就是一块千锤百炼的特殊钢。”崔崑用60年党龄、70年教龄，为国家钢铁事业作出了突出贡献，诠释了一位知识分子的家国情怀。

根据《“勤奋励志助学金”评选规则》，获得该助学金的条件之一是“学习勤奋努力”。崔崑说：“根据我一生的工作体会，一个人要想取得一点成就，首先要勤奋。同时，年轻人要有一生的奋斗目标，要学有所成、报效祖国。”

崔崑年少时，家乡济南被日寇占领，全家返回到老家济宁，崔崑辍学三年。1940年全家又返回济南，崔崑考入济南齐鲁中学高中部。这是一所教会学校，太平洋战争爆发后，被伪政权接管。1943年夏他高中毕业，父亲鼓励他离开沦陷区，到大后方去继续读书。经过半年的准备，打听好路线，1944年春他离开家，步行穿过位于河南商丘附近亳州的封锁线，适逢日本侵略军进犯中原，他匆促赶到洛阳。洛阳火车站已不售票，他爬上了火车头侧面的平台上，经过几天的时间才到西安。沿路火车头冒出的黑烟已把他熏成了黑人。以后辗转到了成都，穿过5省，历时80多天。1944年秋，崔崑考入西迁四川乐山的武汉大学机械系，1946年武汉大学迁回武汉，1948年他留校任教。

刚刚成立的新中国，百废待兴。钢铁是工业脊梁，而高性能的特殊钢，更是托举一个国家钢铁工业水平的巨臂。但当时的武汉大学并没有这方面的专业。1951年秋武汉大学派他去哈尔滨工业大学，随苏联专家学习至 1954 年。1958 年华中工学院（1953 年院系调整时武汉大学机械系并入新建立的华中工学院，现为华中科技大学）安排崔崑前往苏联著名的莫斯科钢铁学院进修，专攻金属学及热处理专业。两年的留学生涯使他有机会了解和熟悉本专业的课程、实验室的建设、研究生的培养，阅读了大量文献，并尽可能利用先进仪器和设备开展研究，为回国后的专业建设和从事特殊钢的研究打下坚实的基础。

1960 年，崔崑学成回国。那时，我国工业生产急需高性能新型模具钢，却无力自主生产，进口价格是普通钢的 10 倍以上。“中国一定要有自己的模具钢种 !”崔崑和同事们加紧建设实验室。买不到仪器设备，就带着同事们自己动手做。4 年后，终于建成了装备比较完整的金属材料与热处理实验室。

“那时电力供应不足，课题组所用盐浴炉等设备耗电量大，只能在用电低峰时使用，夜间上班是常态。”华中科技大学材料学院教授周凤云回忆，因为没有控温自动化技术，当年崔崑常常通宵守在 1200 多摄氏度的盐浴炉旁，手指按着控温开关，眼睛紧盯着仪表数字，丝毫不敢懈怠。

熬夜之后，白天崔崑还要照常上课。最终，崔崑和课题组成员一同研发了低铬模具钢，含铬降低到 4%，代替原用的含 12% 铬的高碳高铬模具钢，节约了我国当时较为稀缺的铬，模具使用寿命延长一倍。

崔崑先后承担国家及省部级科研项目近 20 项，研制成 8 种新型模具钢，解决了许多企业的生产难题。

崔崑介绍，教研室建立之初，经广泛调查，他了解到工业生产急需高性能模具钢，当时国内生产的模具钢已不适应工业发展和新技术发展的需要。“中国一定要有自己的模具钢种！”凭着决心，崔崑将模具钢作为科研方向，研发了一种含铌基体钢，在国内外尚无先例。进入生产实践环节，崔崑在哈尔滨轴承厂住了三个月，带着学生和工人师傅一起，日夜守在实验现场，在不同产品上反复实验，最终达到课题攻关要求。这一新型钢很快在汽车、电子、航天等行业推广，后被纳入国家工具钢标准。

20 世纪 80 年代初，上海一家无线电厂需制作印刷线路板的模具，该模具形状复杂，上有数千个小孔，国内生产不了，只能从国外进口，每副模具约 1 万美元，一年要进口 100 多副。崔崑与钢厂合作，经反复实验，研制了一种易切削模具钢，解决了难题，用他们的钢生产的模具每副只需约 7000 元人民币，该厂每年可节约 100 多万美元的外汇。这种新型钢获广泛应用。此成果于 1985 年获国家发明二等奖，而当年一等奖空缺，二等奖仅 4 项。他先后获省部级以上科技奖励 15 项，其中国家发明奖 3 项，均为第一发明人。他负责研制的钢种在上百家企业获得应用，取得显著的社会和经济效益，有四种钢列入了 2014 年发布的《工模具钢》国家标准。

1981 年，他领导的华中工学院金属材料与热处理专业成为全国高校该学科首批六个博士点之一。崔崑也成了我国首批博士生导师，共培养了 24 名博士、23 名硕士。崔崑一直强调："我不想培养次品和废品。我招的学生，进门时学历有高有低，但都有志于科学探索和创新意识。"

合肥工业大学材料学院教授、博导刘宁回忆，当年求学时，崔老师让研究生参与到他申请的国家自然科学基金与省部级基金等项目中，学生得以快速成长。"严格要求、鼓励创新、学以致用，这是恩师的教学原则。今天，我也这样要求学生。"

由于崔崑在教学和科研工作中的突出贡献，1988 年 4 月湖北省人民政府授予他湖北省劳动模范称号，1990 年中华全国总工会授予他"全国优秀教育工作者" 的称号和五一劳动奖章。1997 年他当选为中国工程院院士。

80 高龄撰写 200 万字钢铁专著

崔崑年逾七十时，学校希望他继续留在工作岗位，于是，他开始自学计算机，很快学会了上网查资料、自己制作多媒体教学课件、利用计算机指导学生等。

80 多岁后，崔崑不再承担科研课题，但依然闲不住。

我国的钢产量在 1996 年已跃居世界第一，多年来钢产量占全世界一半以上，品种、性能和质量已能满足国民经济各部门的需要。但迄

1948年，崔崑毕业于武汉大学

崔崑是我国首批博士生导师

2018年，崔崑的晚年生活

今尚缺乏一部能较全面反映特殊钢学科近年国内外发展和成就的专门书籍。崔崑长期从事合金钢方面的教学和研究工作，他决心努力担当完成这一任务。

2006年下半年，崔崑开始搜集资料着手写书，尽量减少外出活动，克服许多困难，最终在2012年完成了《钢的成分、组织与性能》一书。作为我国首部全面系统介绍特殊钢的“百科全书”，这部书花费了崔崑的大量心血，从参考文献来看，书中引用的文献最早为1926年，最新为2011年，他翻阅了将近一个世纪的相关书籍。2013年，该书上下册陆续由科学出版社出版。至此，我国终于有一部全面系统的特殊钢专著。

“我们想给崔老安排个秘书，帮他整理资料，可是他没有接受。自学电脑、亲自编写和整理书稿。”华中科技大学材料学院原党委书记郑恩焰介绍，该书共10章，1574页，约200万字，含图828个、表646个，全部由一位八旬老人历时6年、独自在电脑前编写和制作，难度可想而知。

该书责任编辑牛宇锋介绍，近年来我国钢铁工业快速发展，但某些高端特殊钢产品与国际先进水平尚有一定差距，业界急需一部全面反映特殊钢发展的书籍。崔崑完成了这一工作。

“如果不是崔崑先生把他收集的这么多的资料毫无保留地贡献出来，我们不知道要看多少资料、查多少文献，而现在有这样一部书就足够了。”西安交通大学材料科学家顾海澄教授称，“这是钢的百科全书，是一座巍峨的丰碑，是一部不朽的传世之作。”

张同俊是崔崑带的第一批研究生，记忆中的导师治学很严谨，也很谦虚。看到《钢的成分、组织与性能》时，张同俊既激动又震撼：“书稿出来后，崔老师专门让我们两位弟子看看有没有毛病，我们将热力学方面数据重新算了一遍，几乎挑不出一点毛病！”

崔崑的坚持造就了这本让行内人惊叹不已的巨著，然而他还是觉得不够。如今，90多岁的他依然把工作安排得满满的，密切关注钢铁行业前沿动态，收集新的资料。由于我国近年来钢铁工业的现代化有了很大的进展，钢的产品在性能上有了明显的提高，并扩大了供应的规格，开发出许多高性能的钢种，大部分主要钢种的国家标准有了更新，2015 年他开始着手修订这本专著，重写了三分之一以上的内容，更新了大部分有关钢种的国家标准，补充了一些新的有关钢种的标准，增加了有关新工艺技术的论述。2018 年底完成了《钢的成分、组织与性能》一书的第二版书稿。2019 年 5 月，科学出版社发行了《钢的成分、组织与性能》一书的第二版。全书字数增至 220 万，1780 页。

生活俭朴，却捐出全部积蓄帮贫困生

“崔崑心里总装着别人，唯独没有自己”，这是同事们对崔老的评价，他生活俭朴，却舍得把自己一生的积蓄捐给寒门学子。

2013 年，为了帮助华中大困难学生顺利完成学业，崔崑夫妇共同捐资 420 万元，在校内设立了“勤奋励志助学金”，受助学生每年获得 8000 元。以崔崑家里的积蓄，这笔助学金无法一次性捐出，但是他执意要将全部积蓄捐出来，有一点结余就捐一点。

“2013 年 11 月 29 日，24 万元；2014 年 8 月 28 日，24 万元；2015 年 8 月 27 日，124 万元；2016 年 8 月 29 日 124 万元……”时任华中科技大学教育发展基金管理处处长的杨筱亮出了崔崑设立助学金后的转账记录：“崔院士手头一下子也没那么多钱，他都是陆续把自己的积蓄拿出来凑齐的。”2017 年已完成全部捐款任务。

2018 年 10 月，崔崑再次捐出 180 万元，注入到已设立的“勤奋励志助学金”，帮助品学兼优贫困学子。这一次，崔崑除了给“勤奋励志助学金”注资，还修改了评选细则，把资助上限由不超过两次变成不超过三次。截至目前，崔崑夫妇共捐资 600 万元。

问及捐款动因，崔崑和夫人解释，他们不讲究吃、不讲究穿，工作中取得了一些成就，这些成就离不开党和国家的教育和培养。目前生活好了，工资有一些结余，就想捐出来，回馈社会，这是很自然的。

除了心系寒门学子，崔崑对校内老同志也无私地奉献着。2016 年，崔崑夫妇又捐赠价值 20 万元的轿车，为校内离退休老同志提供交通应急服务，而自己用车则按照学校规定坚持自掏腰包。崔崑说：“我们受党教育这么多年，如果公家的车私用，心里会感到不舒服。”

材料学院退休教师张杰与崔崑共事20多年，她仍清楚地记着1982年崔崑曾将主编本专业通用教材《钢铁材料与有色金属材料》（机械工业出版社1981年版）获得的全部稿费1800元在他所在的金相教研室为困难家庭老师设立互助基金。20世纪80年代，教师工资不高，有不少老师家庭困难，每当发薪前，常需借钱。“这笔钱当时解决了很多老师的燃眉之急。要是没有这笔钱，一些老师家里可能就揭不开锅了。”张杰回忆道。

2017年春节期间，原材料学院党委书记郑恩焰去他家拜年，老人对自己的私事只字不提，但却说希望能扩大受资助困难学子的范围，从2018年开始，每年资助人数从45人增加到60人。“就是这么一位老人，始终心系事业、心系学子，对自己的生活却一无所求。”崔崑的高风亮节让郑恩焰感触良多。

“崔老师，有什么事情你就给我打电话。”材料学院李德群院士比崔崑小20多岁，搬到院士楼后希望能在生活上为他提供便利。崔崑口上答应了，可半年过去了，却没给他打过一次电话。“有一次我听说崔老师病了，赶紧给他打电话。他连声说，不要紧，已经好了。可是后来我才知道，他当时还病着呢。”材料学院党委书记史玉升说：“崔老师就是不愿意麻烦别人。”他说老同志如果遇到困难可以随时到学院寻求帮助。可是崔崑却从不肯给别人添麻烦，80多岁高龄时还亲自到家具城买家具。如今，耄耋之年的崔崑与夫人依然是为别人考虑得多，却从不愿麻烦别人，包括自己的学生，更不会跟组织提什么要求。

笔者手记

如果说“特殊钢”是中国钢铁史上的史诗，那么崔崑就是为史诗而生的歌者。“我们这一代人，是从苦难中成长起来的，报国是我的信仰。经历过抗日战争、解放战争，经历过贫穷落后、百废待兴，我才更能体会到美好生活的来之不易。”崔崑的话不多，却见心见肝。他说，他常常觉得自己这一辈子是为了“特殊钢”才来到人世上的。

华中科技大学的学生曾写过这样一首诗表达对崔崑的敬佩之情：“华夏有巨擘，中国多英才。科学兴国运，技术耀喻园。大爱播骄子，学识传后代。崔巍人品立，崑仑比胸怀。”喻家山脚下，这位“钢铁院士”周身散发出璀璨的光芒。

“为国谋策”篇

赤子情怀学术梦想，他是发展经济学奠基人张培刚；最先建言恢复高考，他是“倡导恢复高考第一人”查全性；辞去“资深教授”头衔，他是中国近代史学界之泰山北斗章开沅；追求知识和真理，他是新中国刑法学的主要创立者和奠基人马克昌；播撒思想解放的火种，他是主张“让马克思主义说中国话”的陶德麟……

风云雄气象，笔墨辟鸿蒙。他们的学术成果，无一不包含着深沉的家国情怀，无一不清晰而直接地回答时代之问。他们的思想火花，照亮了改革前路，也为中国未来提供更多有益启迪。

张培刚，著名经济学家，发展经济学奠基人，杰出教育家，曾任华中科技大学经济学院名誉院长兼经济发展研究中心主任。

张培刚

家国情怀著华篇，矢志报国终不悔

张培刚的一生，爱国不甘为人后，求知立志作人先，穷且益坚，不坠青云之志。始终以一颗赤子爱国之心，执着追求学术，追寻他的经世济民梦想，尽管道路坎坷，他始终笑对人生，无怨无悔。在长达八十年的学术生涯中，他对我国乃至世界经济学作出了杰出的贡献。

他是武汉大学历史上著名的“四个一”学生：毕业时成绩全院第一；三年一次的庚款留美考试全国第一；第一个拿到哈佛大学经济学博士；第一个获得哈佛大学最高奖“大卫·威尔士奖”的中国人。

对发展经济学这门学科而言，他是一个无法逾越的名字，他的博士论文《农业与工业化》是发展经济学理论的奠基之作。

他是张培刚，发展经济学创始人，经济学界的一段传奇。

2011 年 11 月，张培刚病逝于武汉市协和医院，享年 98 岁。

恰如他的墓志铭上所写：“立足中国，面向世界，开放式地借鉴人类文明的成果，探索一个贫穷落后的农业大国，如何转变为工业强国的可行途径。张培刚”。

这位从将军辈出的红安走出的一代宗师，终其一生，都在为探索中国这个一百年受列强欺凌贫穷落后的农业国家，如何走上富国强兵工业化道路而呕心沥血。

风华正茂

1913 年，张培刚出生于湖北省红安县的一个普通农民家庭，从小就随家人放牛、砍柴、插秧、割稻谷，亲身感受到了农民生活的困苦和农业劳动的艰辛；在他幼小的心灵里，立下志愿要为改善农民生活、改进农业耕作寻觅一条出路。

20 世纪初叶和中叶，国内军阀年年混战，外侮日亟，特别是日本帝国主义亡我之心益炽，“五七”“五九”“五卅”国耻接连不断。

张培刚常常自问：有悠久历史的中华民族，近百年来，为何屡受欺凌，任人宰割？这种民不聊生、民族危亡的情景，促使他日益发奋读书，从无懈怠地探索富国强兵、振兴中华的途径。可以说，这是张培刚日后形成的人生观和学术观点的最早根源。

1929 年春，张培刚考入武汉大学文预班；次年秋，进入武汉大学经济系本科学习。

师从周鲠生、杨端六、皮宗石、刘秉麟、陶因、任凯南、李剑农、刘博平、袁昌英、陈登恪、何定杰等名师。

1934 年，张培刚毕业于武汉大学经济系，以优异成绩被选送到由陶孟和先生主持的中央研究院社会科学研究所，任助理研究员，从事农村经济调查研究工作。

在此后的 6 年时间里，除分别应千家驹和竺可桢之邀在广西大学和因战乱迁至广西的浙江大学短期任教外，张培刚深入农村进行实地考察和调查，走遍了河北、浙江、广西、湖北等多个省份的农村，相继撰写了《清苑的农家经济》《广西粮食问题》《浙江省食粮之运销》、《中国粮食经济》4 部著作，此外还发表了 40 多篇农村经济、货币金融等方面的论文，这一系列著作和论文深深植根于中国农业社会的土壤之中。20 多岁的张培刚在国内学术界崭露头角。

值得一提的是，在 1940 年出版的《浙江食粮之运销》中，张培刚注意到当时从江西、湖南等内地农村运到宁波的粮食成本居然比从泰国运来宁波的还高。他仔细地分析了运输成本之后，发现原因在于内地的“纯商业费用”偏高。

他文中所说的“纯商业费用”其实就是诺贝尔经济学奖得主科斯在 1937 年提出的“交易费用”。经济学家周其仁至今还记得自己初读该书时的惊喜：“这是一位中国学者对交易费用及其经济影响的独立发现与独立运用。”

哈佛岁月

1941 年，张培刚考取“第五届清华庚款公费留美”，他是武汉大学毕业生中考上庚款公费留美的第一人，也是本次考试所录取的仅有的两名文科考生之一。

关于张培刚的哈佛岁月，武汉大学经济学教授谭崇台有过一段颇为传奇的描述：1945 年，24 岁的谭崇台和武汉大学同班同学陈文蔚到哈佛留学，遇到一位“中等身材、风度翩翩”的胡博士，听说他们从武汉大学来，胡博士马上问：“那你们是否知道张培刚？他在这里很有名气。”后来谭崇台得知，胡博士就是曾任驻美大使的胡适。

谭崇台回忆说：“我还没有到哈佛，早就知道张培刚，因为能够考上庚子赔款出国深造是 20 世纪上半叶中国国内有志知识青年共同的向往。自 1933 年公开招考以来，武汉大学多年来考取庚款留美的就只有张培刚一人，而清华、北大考取的则不少，正由于此，武汉大学一直引以为骄傲和光荣，常以此来勉励历届学生。”

张培刚面临博士论文选题时，如以他在出国前所发表的著作和论文为基础，可以驾轻就熟，比较轻松地完成任务。但他想到战后中国必将面临如何实现工业化这一复杂而迫切的任务，遂将“农业与工业化”作为论文题目。他以国际之视野，理论之思维，立足中国，从历史和理论上系统地探讨贫穷落后的农业国家和地区如何转型为工业强国的可行途径。他花费了将近一年半的时间，用英文、法文、德文和中文，翻阅和仔细阅读了有关书刊、资料，摘录了几个小铁盒卡片，以严肃认真的态度，又花费了大约九个月的时间，每天坐在英文打字机旁，全神贯注、极其辛劳地根据草拟的提纲，边思考、边打字，终于在 1945 年 10 月完成了《农业与工业化》英文论文稿。此文获得哈佛大学 1946—1947 年度经济学专业最佳论文奖和“大卫·威尔士奖”。诺贝尔经济学奖设立于 1969 年，在此之前，国际经济学界最具权威性的就是“大卫·威尔士奖”。

1949 年，《农业与工业化》被列为“哈佛经济丛书”第 85 卷，由哈佛大学出版社出版（1969 年，诺贝尔经济学奖成立，1969 年《农业与工业化》美国再版）。这一“丛书”学术地位很高，后来获得诺贝尔经济学奖的萨缪尔森等人的著作也收入这一丛书。消息传回国内，有报刊以“哈佛论经济　东方第一人”的标题作了报道。

获悉这一消息，张培刚国内导师、早年哈佛博士、经济学泰斗陈岱孙先生万分欣喜。陈岱孙说：“当我得悉培刚同志的论文于 1947 年获得‘威尔士奖’时，我觉得十分高兴。高兴的是终于看到了有一个中国学生跻身于哈佛大学经济系论文最高荣誉奖得主的行列。”

《农业与工业化》被誉为发展经济学“开先河的著作”，张培刚也被誉为“发展经济学之父”。1982 年，时任世界银行副行长、著名经济学家钱纳里（H. B. Chenery）到访中国时说：“发展经济学的创始人是你们中国人张培刚先生，这是中国的骄傲。”

上：1941 年第五届清华庚款留美学生香港合影

中：2010 年，张老与第三届优秀成果奖四名获奖者合影

下：1992 年，与研究生巴曙松合影

重返珞珈

1946 年 10 月，张培刚获得哈佛大学博士学位。受武汉大学校长周鲠生的邀请，他第一次回国，担任武汉大学教授兼经济系主任。与此同时，受周校长的邀请，韩德培、吴于廑相继回国，到武汉大学分别主持法律系和历史系。当年，他们三人被中国学术界誉为“哈佛三剑客”。

这是武汉大学的一段群星璀璨的时光，张培刚的学生，被誉为“一代经济学大师”的经济学家董辅礽曾回忆说：“1946 年秋，张培刚先生从哈佛回到武大，凝聚了一批人才，有哈佛的吴纪先、刘涤源、谭崇台，耶鲁的李崇淮、周新民，威斯康星的朱景尧。可说是群星灿烂，光华四溢。”

武汉大学 1945 级校友周熙文回忆，这位年纪轻轻的先生讲课，没有讲义，少有板书，往往是旁征博引，“他的讲课，将我从大一的经济学课程中所学的包括消费、生产、交换、分配四大块的传统经济学领域跨入现代经济学领域，懂得了亚当·斯密、李嘉图、马歇尔、凯恩斯等各个学派经济学知识，令我耳目一新，如醍醐灌顶。”他称其为“一次让我受益终身的高级经济学启蒙教育”，“打下了牢固的经济学理论基础”。

第二次世界大战结束，联合国成立，总部设在纽约，邀请张培刚出任联合国亚洲及远东经济委员会顾问及研究员，仍兼任武大经济系主任。

他早年的学生孙鸿敞记忆犹新地说，1948 夏天，当时尚年轻的孙鸿敞和同乡青年陈应椿一起去上海拜访老师。孙鸿敞回忆道：“联合国驻上海机构在外滩。过完白渡桥，就是百老汇大厦（Broadway Mansions），在那个上面，楼顶上有四个国家的国旗高高飘扬——中国、美国、英国、苏联。我们进去时，是有美国大兵在那里把门、通报的。到了楼上，看见是一个很大的办公室，张老师坐在那个地方办公。从窗户向外面一看，就是黄浦江那大大小小的、像玩具一样往来航行的轮船——那时我心里想，他是一个普通的湖北农民的孩子，能够做这样的工作，他是远东经济委员会的顾问啊！就是负责东南亚，那时叫南洋群岛，负责研究这些国家的发展啊！作为他的学生，让我感到非常骄傲。我们在大楼里还遇到了来看望张老师的吴于廑老师，他笑着对我们说：‘张培刚在这里当国际官员呢！’”

1949 年，新中国成立。张培刚考虑到第二次世界大战后中国必将走向工业化，遂毅然辞去联合国职务，放弃个人的荣华富贵，并婉言谢绝导师布莱克和厄谢尔要他回哈佛大学教书的两次来函邀请，放弃了可获得更高学术成就的机遇，怀着满腔爱国热忱、报效祖国的一片赤子之心再次归来，回到珞珈山，继续任教于武汉大学。

一个甲子之后，张培刚的九十华诞庆典在华中科技大学举行，来拜寿的张五常在演讲中讲道："好难出一个张培刚，我也做不到，我没可能进哈佛……而如果张培刚不回国——那就是另外一个故事了……"

中科院院士杨叔子也感慨道："在执着于事业的背后，是他对国家的热爱。当初他完全可以在国外不回来，如果他不回来，如果他得到比如今更好的科研条件的话，我想张先生可能获得诺贝尔奖。"

张培刚从未后悔过自己的选择。2006 年，记者钟心采访张培刚时问："如果生活可以让您再做一次选择，您从哈佛学成后是否还会选择回国？""我想还是会回国的。"张培刚几乎是不假思索地回答，"我出国学习知识的目的就是为了报效自己的祖国。"

盛年蹉跎

一心报国，渴望学以致用的张培刚没有想到，时代随即和他开了一个玩笑。

1952 年，张培刚从讲台下来，被调任负责华中工学院（华中科技大学的前身）建校筹备的基建工作。如今具有规模的华工校园，山上碧绿葱茏，山下高楼栉比、马路纵横、绿树成荫、桃李争妍、桂花飘香，无不凝聚了张培刚带领首批基建职工，在当年光秃秃的喻家山下的田野荒坡，筚路蓝缕、艰苦创业的滴滴汗水。

从写论文到搞基建，从武汉大学经济学系的课堂到华中工学院人声鼎沸的工地，张培刚的经济学研究自此画上了休止符。

1956 年发生了一段小插曲，两位智利学者来中国访问，要求见"Pei kang Chang"，几位外事工作人员听成了"背钢枪"（谐音）的学者，后经北京大学严仁赓教授提示，才知道是位于武汉市的华中工学院的张培刚。两位学者辗转来到武汉，得知张培刚忙于砖瓦、灰沙、石和钢筋水泥的基建事务中时，大为不解。而此时的张培刚才知道，《农业与工业化》一书，已于1951年被译成西班牙文，在墨西哥出版，并引起南美国家学者的广泛关注。

1952年底到“文化大革命”时期，张培刚长期远离教学科研岗位。国际学术界一直在寻找他。张培刚在国内的学术界却销声匿迹……

“文革”期间，作为“反动学术权威”，张培刚被发配到湖北咸宁向阳湖农场劳动，负责养牛。一头大牯牛陷进污泥，大家奋力用木杠将牛的大肚子抬起，才使这头牛免于污泥之陷。这一经历使他思考到祖国的发展，遂创造性地提出了“牛肚子理论”，主张中部一定要发展起来，才能带动整个中国经济的发展。在逆境中他依然保持着乐观性格，关心祖国的前程。他后来在讲座上笑称，自己“放牛都放得比别人好哟”。

“牛肚子理论”的诞生是这一时期经常被提及的一段经历——对于后人来说，这是一个极富象征性的情节，一个在下放劳动中仍然不忘思考的经济学家形象跃然眼前。

张培刚提出，要振兴我国经济，就像首先要推动最庞大沉重的牛肚子一样，必须在发展沿海的同时开拓中国经济，促进中部的社会经济发展。这个“牛肚子理论”后来成为“中部崛起”理论的主要依据。

弹指一挥间，年华已逝，从36岁到65岁，整整30年的宝贵时光蹉跎了。

老牛奋蹄

“文化大革命”结束，党的十一届三中全会召开以后，属牛的张培刚早已年过花甲，其锐气和智慧已消失殆尽，但还留有一股牛的韧性，他无怨无悔，不待扬鞭自奋蹄，以老牛奋蹄的精神回到了阔别近30年的学术界。

1978年，中国改革开放，引进市场经济理论，张培刚和厉以宁教授率先引进西方经济学，在北京分别讲授宏观经济学、微观经济学。

张培刚又应中国社会科学院要求，参加我国第一部《政治经济学词典》的编撰，主持撰写近 30 万字的外国经济思想史部分。

1979 年秋，张培刚在华中工学院重新登上讲台，在这所工科院校里开设了经济学专业。张培刚说，自己一直站了 30 年，总算有张凳子可以坐下歇歇脚了。

“蹉跎岁月，壮志不酬”，张培刚远离学术界数十年，为了把失去的时光给补回来，他省掉了节假日、寒暑假，在书房奋笔疾书，“我现在深深感到时间不够用，只有拼命干，把一天当两天来使用。”

80 年代，华中工学院经济研究所成立，张培刚担任所长。之后，他艰苦地创立华工经济学院，培养经济学人才，并积极参加国内外的学术活动。他不顾年迈体弱，随着历史的发展，继续探索新发展经济学。

1983 年，张培刚积劳成疾，几度病危，经多方抢救，始脱险境。病榻上的张培刚从抽屉里找出他的学生曾启贤和万典武早已翻译完，却一直“雪藏”的《农业与工业化》，花了近 10 个月的时间将其修订、整理，《农业与工业化》中文版于 1984 年由华中工学院出版社首版。之后陆续由武汉大学出版社以《武汉大学百年名典》于 2013 年元旦出版，中国人民大学出版社 2014 年 11 月出版。湖北省委、省政府为传承和弘扬优秀传统文化，决定编纂大型历史文献丛书《荆楚文库》，该编撰出版委员会将《农业与工业化》列为《张培刚集》下册，作为《荆楚文库》丛书之一，2017 年 5 月由华中科技大学出版社出版。《农业与工业化》又选入“中华现代名著”，由商务印书馆于 2019 年 5 月出版。经济学家梁小民说：“张先生只留下了一部著作，却足以传世。”

同年，张培刚与厉以宁合作的 53 万字专著《微观宏观经济学的产生和发展》脱稿。该书紧密结合四化建设实践，第一次系统地探讨了微观经济学和宏观经济学在社会主义条件下应用的可能性。

1998 年，张培刚挂帅的华中科技大学西方经济学专业博士点获得批准，这年他已经 85 岁了。张培刚调侃，自己在中国 85 岁才当博导是史无前例，也不会有第二个人了。

2004 年，《经济日报》报道称，“作为早期以理工科为主体的华中科技大学，在短短的 20 多年时间内竟然培养出许多蜚声海内外的经济学家，被经济学界称之为奇特的‘华中科大经济学家现象’。培养出这么多经济学家，对综合性或者以文科为主的知名大学也许算不了什么，但对像华中科大这样新型的理工科大学竟然培养出如此多经济学家的确不多见。”

为了推动我国对发展经济学的研究和传播，立足中国，面向世界，以严谨的科学态度，不断探索包括我国在内的发展中国家，如何快速实现工业化的理论，1992 年华工经济学院成立了“张培刚发展经济学研究基金会”。每两年评选优秀成果奖一次，已评选 7 届。基金会的理事长是张先生的学生，现任香港交易所首席中国经济学家巴曙松。

2018 年为促进中国经济学学术进步，推动经济学学科建设，鼓励经济学青年人才成长，提高中国经济研究水平，又设立了“张培刚发展经济学青年学者奖”。此奖每年评选一次，已评选两届。

迄今已有老中青多名学者获得此奖。基金会还举办系列讲座和开展学术活动，在学术界已产生广泛的影响。

此外，基金会还开展了对张老家乡红安县县一中贫困学生助学的公益活动。

2011 年 11 月 23 日，张培刚在武汉溘然长逝，终年 98 岁，全国各网站和多省市报纸均发布了发展经济学奠基人张培刚逝世的消息，澳大利亚华人报也报道了这一消息。27 日追悼会上，社会各界代表及张培刚亲属和生前友好千余人，为他作最后的送别。

张培刚一生光明磊落，对人真诚豁达，从不计较个人得失。在学术上，他勇于创新、追求真理；在生活上，乐观向上，待人宽厚。面对一生坎坷，他的总结是“认真，但不能太认真，应适时而止；看透，岂可以全看透，须有所作为”。

张培刚的一生，是爱国无悔的一生，是献身于经济学理论创新的一生，是献身于中国教育事业的一生。他为人师表，德高望重，堪称一代楷模！

一代宗师，垂范千古。

笔者手记

写作这篇文章之前，我接连翻阅了《张培刚画册》和《张培刚传》，两本书的封面均采用了张培刚暮年时期的照片，照片上的老先生面带笑意正视前方。

其中，画册由130余幅老照片组成，追溯回顾了张培刚的人生轨迹。令人印象深刻的是，无论是风华正茂的青年时期，还是经历30年蹉跎的暮年时期，张培刚永远都是笑着。

从哈佛毕业后，张培刚怀着赤子之心两度回国，共赴国难。常有人问他是否后悔，毕竟，如果他不回国，可能会得到更好的科研条件，会在学术之路上走得更远。张培刚的回答永远都是“不后悔”，即使历经磨难，依旧无怨无悔。

晚年的张培刚喜欢在笔记本上写林则徐的两句诗：“苟利国家生死以，岂因福祸避趋之。”以张培刚为代表的这一代中国学人，不论顺逆、无悔报国的家国情怀，“认真，但不能太认真，应适时而止；看透，岂可全看透，须有所作为”的处世智慧，正是值得我们这代年轻人学习和尊崇的。

查全性，中国科学院院士，武汉大学教授。他首先提出恢复高考的建议，被誉为“倡导恢复高考第一人”。

查全性

最先建言恢复高考，这改变了千千万万人的命运

帮助一个人，可以称为“善良”；帮助一群人，可以称为“博爱”，帮助千万人，则足以堪称“伟大”。

他怀着对历史潮流的判断，和对国家、民族前途的忧虑，首先建言恢复高考。事后，他却一再强调，当年只是说了几句真话而已。

圣者无名，大者无形。

“我们这一代人都感谢您！”2017 年 12 月 27 日，武汉珞珈山，在一位白发苍苍的消瘦老人的家中，著名投资人、IDG 全球董事长熊晓鸽流下眼泪，深深鞠躬。

这位老人，便是时年 93 岁的著名电化学家查全性。1977 年，是他首先向邓小平建言，使高考得以恢复。

熊晓鸽是恢复高考后第一届大学生。那一年，有 570 万人报名参加已中断长达 10 年的高考。熊晓鸽所在的 1977 级，也是唯一一届在冬季入学的大学生。

熊晓鸽曾是湘潭钢铁厂的一名电工。正是高考，改变了他的命运。

高考改变的，远不止是熊晓鸽的命运。正是高考，为中国轰轰烈烈的改革开放拉开序幕，为中国 40 年来波澜壮阔的民族复兴进程奠定了人才基础。

今天中国各行各业精英和中坚力量，很大一部分都是当年恢复高考的受益者。他们的心中，都牢记着同一个名字——查全性。

一门三代人流传家国情怀

安徽泾县，古称猷州，地处长江中下游平原与皖南山区交接地带，自古文风昌盛、名人辈出，如无产阶级革命家王稼祥、经济学家吴半农、文学家吴组缃。

桃花潭镇，查济村倚山靠溪，处处雕梁画栋，翘角飞檐。这里是中国现存最大的古村落。有诗这样描述：“十里查村九里烟，三溪汇流万户间。祠庙亭台塔影下，小桥流水杏花天。”

在村里，有一座保存最完整的祠堂，名为“二甲祠”。祠堂大门上方，有一块匾额，上面写着：“钦点翰林”。

这位被“钦点翰林”的人，名叫查秉钧，就是查全性的祖父。在光绪二十四年（1898 年）五月举行的朝考中，他获得一等第四十八名，被光绪皇帝钦点为翰林院庶吉士。

庚子国难后，查秉钧被外派到贵州省兴义府普安县任知县，后出任贵州省学政（省教育厅厅长）、贵州省劝业道（主管贵州省工农商业及交通官署的主官）。

辛亥革命后，查秉钧回到老家安徽，先后担任安徽都督府秘书长和安徽省议会议长。1914 年，他创建了芜湖芜关中学并担任校长，以后把主要的精力用在教书、教学生书法和研究书法上。

但他仍时刻不忘忧国。1931 年，大水为患，流经泾县的青弋江灾情严重，查秉钧夜以继日，写字义卖，捐助灾民。

抗战爆发后，查秉钧在芜湖长街设摊卖字，得款捐献给政府，购买飞机抗日。1941 年 7 月 10 日，日本侵略军的飞机又一次轰炸了重庆，查秉钧不幸被炸殒命。

查全性的父亲查谦是华中工学院（现华中科技大学）的建校规划委员会主任委员并担任第一任院长，是中国近代知名的物理学家。

查谦热爱祖国。他 1919 年毕业于南京金陵大学，时值五四运动爆发，受此影响，他在著名的《少年中国》杂志发表过《恢复哲学的必要》等两篇译作。这一杂志由李大钊任主编，毛泽东、邓中夏、恽代英、张闻天等也曾参与编辑工作。

1923 年，查谦在获得美国明尼苏达大学物理博士后，回国担任国立东南大学教授，是中国最早的“海归”物理学博士之一。

在民族危难之时，他从没有忘记自己的责任。日军侵华初期，他在武汉大学作过“国耻与我们的责任”“国防与科学”“科学中国化的问题”等专题演说，提倡科学教育，号召全国人民团结起来，一致抵抗外国侵略者。

1941 年年底，日军占领上海租界。因其所在的中华教育文化基金董事会停止工作，查谦失业。曾有人劝他，去日本人在上海办的交通大学谋职，查谦宁愿去当家庭教师，也不为日本人服务。

对民族饱含热爱，对国家充满感情，从查秉钧到查全性，查家三代人的人生，从 19 世纪下半叶，跨越了整个 20 世纪，经历、见证了中国未有之巨变，一家人血脉里，流淌着浓浓的家国情怀。

“中华民族的智商决不输于别人”

查全性出生于 1925 年 4 月。两年前，他的父亲查谦刚刚获美国明尼苏达大学研究院物理学博士学位，回国任国立东南大学物理系教授。

当时的中国并不平静。军阀混战，风潮四起。1932 年，查谦受邀到武汉大学任教，创建物理系，全家迁至武汉。那时，查全性年仅 7 岁。

查家就居住在珞珈山东南麓的“十八栋”。这里曾经是武大第一代教授的住宅区。叶雅各、杨端六、陈源、刘秉麟、刘永济、王世杰、王星拱、周鲠生等著名学者等都曾入住这里，一时群星璀璨。

当时，武汉大学还处于拓荒期，珞珈山上光秃秃的。在山脚下设有附小，包括查全性在内，教授们的孩子都在这里上学。

2015 年 5 月，刚刚度过 90 岁生日的查全性，在武大见到了久别的“十八栋”小伙伴。当年还是孩童，再见时已是耄耋老人。这批小伙伴中，出了两位院士，其中一位是查全性，另外一位是杨弘远——中国被子植物胚胎学的开拓者之一。

童年的时光是欢乐的。据《武汉大学报》2004 年刊登的一篇文章回忆，当时的武汉大学地处偏僻，查家每年只能“进城”去一次汉口，那就是 4 月 4 日——当时的儿童节。

“每年的那一天，我们都会在汉口走走，一起下饭馆吃饭，一起看电影，共享天伦之乐。”查全性回忆，父亲对待子女很宽松，很少作刻板要求。“我父亲很少管我，我也不大喜欢他管，我最后选择了化学，而没有选择物理，部分原因就是不想受到他的约束。”

1938 年，武汉沦陷，查全性随武汉大学迁到四川乐山。祖父、伯父均死于日军轰炸，叔父在逃难中身亡，国仇家恨，萦绕在十几岁的查全性的心头。

青年时代，查全性一腔热血。

1947 年夏，由于参加“反内战”学生运动，22 岁的查全性被上海大同大学除名。他重新参加高考，以第一名的成绩，转入了武汉大学化学系。1950 年毕业后，以优异的成绩留校任教。

1957 年，他被派往苏联莫斯科大学留学，学成归国后，查全性与很多科学家一起，填补了当时电化学研究的空白，研究成果广泛运用于化学电源、材料保护等领域，为我国经济和国防建设作出了重要贡献。他所编著的《电极过程动力学导论》成为我国电化学界影响最广泛的学术著作和研究生教材之一。

1978 年的全国科学大会授予他“全国先进科技工作者”称号，后来他还获得了国家自然科学三等奖，以及中国电化学会授予的第一届“中国电化学成就奖”。

建言献策恢复高考

“文革”中，高考制度被废除，全国高等院校停止招生长达 11 年之久，中国大学教育几近瘫痪。“文革”中，查全性没有机会上讲台，很长时间内也不能进实验室搞科研。

1977 年 8 月，在人民大会堂召开了“科学与教育工作座谈会”。参会的有吴文俊、邹承鲁、王大珩、周培源、苏步青等科教界代表，时年 52 岁的武汉大学副教授查全性，是最年轻的与会者之一。

查全性回忆，当时正值武汉盛夏。武汉大学领导崔建瑞和蒋浦约他到行政大楼谈话，通知他到北京参加一个座谈会。“当时我对会议内容一无所知，也不知道有哪些人参会，会议日期有多长。”

8 月 1 日下午，查全性在武汉南湖机场乘坐一架安 –24 小型客机，经停郑州到达北京，来接他的，是当时在教育部任高教司司长的武大教师刘道玉。查全性等人被安排住在北京饭店的旧楼，他与吉林大学的唐敖庆教授同住一室。

后来才知道，是邓小平让中国科学院院长方毅组织这个会议，要求找一些敢说话有见解的、不打棍子、不戴帽子、不是行政人员、在自然科学方面有才学的、与“四人帮”没有牵连的人参会。刘道玉深知查全性敢讲真话，特意安排他出席这一会议。

8 月 2 日，座谈会开幕，参会的有四十多人，来自北大、清华、复旦、中科院等各家单位。

当时，“文革”刚刚结束，知识分子们心有余悸。会议刚开始，代表们面面相觑，没有人发言。

“大家都知道，有些情况肯定会发生变化，大家也期望能够有好的变化。但是这个到底到什么时候变，需要多长时间真正拨乱反正，大家都还捉摸不定。人们对未来充满期望，但又不敢存有过于乐观的奢望。”查全性回忆，一开始，会议的气氛十分微妙。

后来，专家们也尽说些小问题，而且还都是纯粹的专业话题。

但这次会议却始终透着一股不寻常的味道。

邓小平坚持出席会议坚定了大家的信心，座谈会的气氛也一天天变化着。

8 月 6 日下午，清华大学党委负责人忧虑地说，现在清华的新生文化素质太差，许多学生只有小学水平，还得补习中学课程。

这席话令查全性深有感触，他开始发言："招生是保证大学质量的第一关。就像工厂一样，原材料不合格，就不可能生产出合格的产品。当前新生质量没有保证，原因之一是中小学教学质量不高，二是招生制度有问题，主要矛盾还是招生制度。现行招生制度的弊端首先是埋没人才，一些热爱科学、热爱文化、有前途的青年选不上来，一些不想读书、文化程度又不高的人反而占据了招生名额。"

查全性越说越激动，痛陈当时的招生制度有四大弊端：埋没人才；卡了工农兵子弟；助长不正之风；严重影响中小学学生和教师的积极性。"今年招生还没开始，就已经有人在请客、送礼，走后门。甚至小学生都知道，今后上大学不需要学文化，只要有个好爸爸。"

他建议："从今年开始就改进招生办法。一定要当机立断，今年能办的就不要拖到明年去办。"查全性一言既出，举座惊讶。

就在这次座谈会召开前夕，当年的全国高等学校招生会已经开过，招生办法依然沿用十六字方针——"自愿报名，群众推荐，领导批准，学校复审"。有关文件也在座谈会开始的当天送到邓小平手中。也就是说，1977 年按照老办法招生几乎已成定局。

查全性的话引起了与会专家的共鸣。时任教育部部长刘西尧，吴文俊、王大珩等科学家都表示赞同查全性的意见。

邓小平听了专家的意见，当场决断恢复高考。

1977 年 10 月，《人民日报》头版头条发表《高等学校招生进行重大改革》，宣布恢复高考，全国上下一片欢腾。

一个通过公平竞争改变自己命运的时代回来了！

"当年只是说了几句真话"

2009 年，电影《高考 1977》在武汉上映，查全性作为特邀嘉宾出席。

1962年，在实验室给学生们讲解自制的旋转圆盘电极。同年，由查全性主持自行研制的全电子管恒电势仪在第一次全国电化学会议展出

查全性1985年在实验室

查全性在进行间接氢 - 空气燃料电池研究

1992年，查全性出访阿根廷参加国际电化学学会年会时与以色列同行在一起

在首映式的最后，所有人向查老深深鞠躬，表达感激之情。

查全性反复说一句话：当年只是说了几句真话，真正决定恢复高考的人，是小平同志！“我偶然参加了推动历史进程的活动，其实我也是受益者。”

停止了 11 年的高考恢复后，查全性又回到了他热爱的实验室，事了拂衣去，深藏功与名。他曾为一本画册题字：“科学的成就来自千万科学工作者的默默耕耘，然而由此建成的科学大厦却如此辉煌。每念及此，心旷神怡。身为科学一兵，其乐融融。”

此后的人生中，查全性始终怀着赤子之心，关注着中国高等教育的发展。

1984—1992 年间，他担任了世界银行中国大学发展计划顾问组成员，为有效利用世界银行贷款，奔走于世界各地进行调查研究。

“中国大学现在还没走上正路。即便到了现在也还在摇摇晃晃，前前后后转了不少弯。我们国家发展现代教育，整个历史就一百来年，相对西方发达国家而言，还是很短的。我们现在办教育、办科学，还没有真正形成一个自己的传统。我们还有很长一段路要走。”他说。

笔者手记

在我写完查全性老人的故事不久，一个消息传来：8月1日5时8分，中国科学院院士、武汉大学教授、博士生导师查全性先生因病医治无效，在武汉去世，享年95岁。

我沉默良久。作为一名80后年轻人，恢复高考是在我出生前近十年发生的事，我并没有亲身经历，也没有切身感受到其在当时的划时代意义。

然而，我也是一名高考的受益者，也了解其对于国家发展和社会公平，以及个人成长的意义，深深对这位建言者表示感谢。

国家要发展，民族要进步，教育是最重要的基础之一。查全性先生顺应历史潮流，仗义执言，造福了千千万万人。

我们应当继承先生遗志，尽力培育人才，努力发展科学、人文教育，造福国民，让中华民族的科技、文化跻身世界顶尖水平之列。

章开沅，著名历史学家、教育家，原华中师范大学校长，被誉为中国近代史学界的“泰山北斗”。

章开沅

他的辛亥史研究影响世界，四次请辞“资深教授”头衔

他生长在战争年代，是历史的亲历者，又成为历史的研究者。他是一位纯粹的学者，治学圆融通达，不作媚时之语，笔耕不辍，著述等身；他曾身处乱世，人生经历跌宕起伏，却坚韧弘毅，不折不挠；他淡泊名利，甘为人梯，桃李满天下。

“桃李满天下，文章鬼神惊。讲学广会友，寻道每怀情。侃侃谈国事，谆谆励后生……”

这是20世纪80年代，章开沅从美国耶鲁大学访学归国时，一位海外学人赠他的诗。

这首诗对章开沅的描写恰如其分：60多年的治学生涯中，他笔耕不辍，取得了一大批卓越的学术成果，培育了一代又一代的史学人才。

少年遭逢家国难

安徽芜湖，大砻坊，一幢120多年历史的老建筑在岁月中巍然矗立，这是芜湖最早的工厂——益新面粉厂的旧址。

面粉厂的创始人名叫章维藩，是章开沅的曾祖。他早年随父出征，在左宗棠麾下襄理军运粮饷，参与收复新疆，成为章氏家族的英雄。

19世纪末兴起了“洋务运动”，章维藩辞官“下海”，投身“实业救国”，在芜湖开办面粉公司，成为中国面粉界的龙头老大。

辛亥革命后，章维藩还投资过铁矿、电力、家具等产业，同时投资育婴堂、公堂等，是当时颇具影响力的实业家、慈善家。

章开沅就出生在这样一个大族世家里。

从小，章开沅便与武汉有缘。1932年，章开沅的父亲章学海被上海一家银行聘用，到汉口筹备鄂豫皖赣四省农民银行，一家五口首次来到武汉。6岁的章开沅，便是在武汉上的小学。

他11岁那年，抗日战争爆发。小学毕业典礼上，老师指挥全体师生高唱当时流行的电影《桃李劫》的主题歌：“同学们，大家起来！担负起天下的兴亡。我们今天是桃李芬芳，明天是社会的栋梁……”

唱着唱着，11岁的章开沅热血沸腾，仿佛真已担负起国家安危、天下兴亡。

1937年8月，日军进攻上海，芜湖也开始遭到轰炸。一家人扶老携幼，挤上了西行的轮船。

逃难的第一站是武汉，继而转往重庆。在逃难中，章开沅的八弟出生并夭折，外祖母、六弟和他都生了病，最后只有他活了下来。

到重庆后，章开沅在江津九中继续上学。教室是临时盖起来的茅舍，地面都是泥巴。晚上自修，学生们人手一盏桐油灯。平时吃的是含着稻壳、石沙、米虫的“八宝饭”。

在这样的艰苦环境中，章开沅和同学们仍弦歌不绝。

章开沅语文成绩出众，做着文学梦，对骈体文、“二李”（李后主、李清照）诗词、俄罗斯文学等，尤其喜爱。

1942 年，“皖南事变”后，国民党加强了党化教育，校长邓季宣愤而辞职。次年，章开沅也因受学潮牵连，被校方开除，理由是“思想不纯”。

走投无路之下，17 岁的少年章开沅进入重庆战区学生计政专修班，学会计。早年，他的父亲也曾在上海一家有名的会计事务所学过函授班。因为与军训教官激烈冲突，他再次被开除，成为无业游民。

之后有两个多月时间，章开沅浪迹川江运粮船上，与船工为伍，“同吼川江号子”。这段流浪生活对他的一生都有极深的影响，给予了他历史学家的使命感和悟性。

随着抗战进入白热化阶段，国民政府发出“十万青年十万军”的号召，组建了远征军，赴缅甸作战。1944 年，热血青年章开沅参军入伍。但还没来得及上前线，抗日战争胜利了。

1946 年，章开沅退伍复员，带着一口旧皮箱、一块二手表、一把二胡回到了家。亲人中，他最后一个到家。全家人历经多年战火分离、骨肉凋零，终于得以团聚。

与历史结缘，与革命结缘

1946 年，20 岁的章开沅进入金陵大学学习。虽然有个文学梦，但他却不肯做“空头文学家”。于是他报考了金陵大学的王牌专业——农业经济系，却被分配到了历史系，从此与史学结缘。

与章开沅一起被保送进大学的青年军复员人员有不少，但大部分都因学业不达标而退学了。章开沅成绩不错，顺利过关。

他的导师是中国近代史专家陈恭禄。在大学期间，章开沅如饥似渴地学习，选修了俄国史、世界通史、社会学、逻辑学、美国史甚至地质学等课程。他还去听过罗隆基、马寅初、梁漱溟、周小燕等名家的讲座。

在大学里，章开沅参加了进步学生社团，经常与伙伴们一起阅读马克思主义书籍，并开展激烈讨论。1947 年 5 月，国内爆发了“反饥饿、反内战、反迫害运动”，章开沅也积极参加。他和伙伴们经常把写好的时评、诗歌等，在半夜时分悄悄贴到学校的宣传栏。

1948 年秋，章开沅等人参加金陵大学举办的“中国往何处去”讨论会，因观点偏向共产党，被当局盯上，只好逃离南京，投奔解放区，参加革命。在许昌，他发现中原大学正在招生，而校长是历史学家范文澜。于是他决定进入中原大学学习。

此时，三大战役正先后展开，前线捷报频传。章开沅热血澎湃，一心想渡过长江，投身战场，即使不能冲锋陷阵，也要做一名战地记者，在枪林弹雨中发回报道。

然而，1949 年结业分配工作时，章开沅被安排留校，分在政治研究室中共党史组。他的领导李光灿这样解释：马上，全国就要解放了，现在的主要任务不是打仗，而是将来的建设。为建设新中国正规大学而奋斗，也是革命的一部分。

1949 年 5 月，武汉解放。章开沅随中原大学南迁到武汉，被安置在武昌千家街。两年后，他所在的教育学院并入武昌华中大学，改为公立华中大学。这便是华中师范大学的前身。

1954 年，28 岁的章开沅正式登上了华师历史系的讲台，对史学的兴趣逐渐增长。此后一心教书育人，培养了一届又一届的学生。

初期，他的科研工作大半结合教学工作进行，涉猎比较广泛，对太平天国尤感兴趣。一次外事活动，让他的研究重点转移到辛亥革命史上来，奠定了一生的研究方向，也让他成为中国近代史研究领域的顶尖级学者之一。

1954 年秋冬之交，德国贝喜发博士专程来武汉，搜集辛亥革命史料。外事部门邀请了武汉大学的两位教授和章开沅一起出面接待。除学者之间的交流及参观外，还举行了辛亥老人座谈会，江炳灵、章裕昆、

章开沅把毕生心血都投入在治学和育人之中

熊秉坤、李西屏等首义风云人物都参加了座谈。

这次活动，让章开沅与辛亥革命结下了不解之缘。“一个外国人，都不远万里来搜集辛亥革命史料，而我就在首义之地，从事历史教学，为什么对辛亥革命史漠不关心呢？”

1960 年，辛亥革命即将迎来 50 周年。章开沅萌生了大胆的想法：举办一个全国性辛亥革命学术讨论会。这在当时是很难的，属于“放卫星”，在武汉，还没有任何一位教师堪称辛亥革命史专家。于是，章开沅带领华师历史系师生，开始做相关课题研究，撰写论文。当时，正值经济严重困难时期，口粮不足，章开沅常常在下乡做历史调查时，饿得走不动路。

1961 年，经党中央同意，中国史学会和湖北省社联联合举办了这次学术讨论会，李达、吴玉章、范文澜、白寿彝、邵循正、刘大年、陈旭麓等著名学者都到会。章开沅的《武昌起义与湖北革命运动》等两篇论文受到学术界前辈们的赞赏，也成为新中国早期辛亥革命史的代表性研究成果。

此次会后，章开沅深感史料不足，便四处抄写资料。1963 年，他被借调到北京，在全国政协从事文史资料工作，与许多当时健在的历史人物如章士钊、末代皇帝溥仪等成了同事。

“有时，我在办公室审稿，与同属北洋组的溥仪面对面坐，研究者与研究对象成为同事，这也许可以算是史坛奇遇吧！”章开沅后来回忆说。

艰苦岁月仍满怀希望

在“文革”中，章开沅被关进了“牛棚”。

1969 年，章开沅被下放到梁子湖农场，种植水稻，起早贪黑，很是辛苦。他却苦中作乐，心情十分愉快。

“文革”结束后，他的学术理念、方法、路径与风格都发生了很大变化。50 多岁的章开沅，迎来了一生中精力最为旺盛、成果也最为丰硕的时期。

1981 年，他出版了《辛亥革命史》三卷本、《辛亥革命与近代社会》、《开拓者的足迹——张謇传稿》、《离异与回归——传统文化与近代化关系试析》、《辛亥前后史事论丛》等专著，并在国内外重要刊物上发表了许多论文，前往美、欧、澳、亚等各大洲访学，将中国辛亥革命研究成果推向世界。

“我一生在学术上做了两件事。一是把中国的辛亥革命史研究推向世界，并把国外的研究引入到中国；二是让国际教会大学史研究走进中国，又让中国的研究走向世界。”在访谈中，他这样评价自己的学术成就。

独寻真知启后人

2011 年 12 月，历时 4 个月公开征集、经过 20 万市民投票，武汉城市精神诞生：“敢为人先、追求卓越”。

鲜为人知的是，这一城市精神的确立，背后也有章开沅的一份功劳。在讨论中，他率先提出，首义精神，乃是“敢为天下先”的精神。

在章开沅的学术人生中，不止一次“敢为人先”：作为近代史学界的泰山北斗，他先后四次请辞“资深教授”头衔，并终于在 2014 年 4 月完成夙愿，成为中国社科界辞去“资深教授”头衔第一人。

“资深教授”是人文社会科学领域的最高头衔，待遇与两院院士等同。2002 年获评“资深教授”，章开沅是我国主动请辞“资深教授”第一人。从 2011 年到 2014 年，他 4 次请辞，其所作所为，堪称学术界的一股清流。

他说：“我带头自我革命，不当这个资深教授，更多的是希望对打破学术头衔终身制有点推动。现在醒悟和改革还来得及，否则大学没有希望。”

章开沅非常欣赏清代大儒戴震的名言，并将其作为自己的座右铭：“治学不为媚时语，独寻真知启后人。”

他总结，做学问的最佳精神状态，就两个字，一个是“虚”，一个是“静”。

虚即虚空，脑中没有丝毫杂念，没有柴米油盐酱醋茶的羁绊，没有项目，没有考核，甚至没有自己以前的一切理论知识，将自己完全放空。静即宁静，不生活在热闹场中，才能宁静；心不为外界诱惑所动，才能宁静。

作为教育家，他严格要求学生脚踏实地做学问，不急功近利，不趋附世俗，以学术精品来追求更高层次的真、善、美。

2018 年 12 月，章开沅获“吴玉章人文社会科学终身成就奖”。现任华中师范大学校长赵凌云在致辞中这样评价这位前辈：作为学者，他治学为文，寻史求真；作为校长，他扎根中国大地，开放办学；作为前辈，他甘为人梯，无私奉献，真正体现出好老师、杰出历史学家和优秀教育家的追求与本色。

笔者手记

在写作中，首先吸引我的，不是章开沅先生高山仰止的学人情怀，和卓越突出的学术贡献，而是他精彩的人生经历。

他曾在战火纷飞中逃难，骨肉凋零；也曾浪迹川江之上，与船工为伍；还曾当过会计，后来又参军入伍上大学；成为历史研究者后，还曾与末代皇帝成为同事。经历之丰富，使人眼花缭乱，这是时代的赠予，后人不再可能复制。

不媚俗，敢直言，是章开沅的品格，不管是在为人处世中，还是在治学上。上中学时，他敢于反抗国民党的党化教育，导致被开除；大学时，他敢讨论“中国往何处去”，被国民党当局盯上；“文革”中，他被关在“牛棚”里，却仍保持乐观，并不曲学阿世；名满天下时，他首先请辞“资深教授”，为推动教育改革，不畏惧既得利益者们的评价。

不媚时、寻真知，这是章开沅先生给我们的启示。

马克昌，我国刑法学的主要创立者和奠基人之一，与中国人民大学高铭暄教授合称为我国刑法学界的“北高南马”。

马克昌

追求知识和真理，鞠躬尽瘁推进国家法治化进程

生于乱世烽火中，长在革命风潮下，他是新中国第一批法学专业人才；遭受政治运动冲击，批斗、下放、劳改，他始终不放弃对知识和真理的追求；他一生皓首穷经，著书立说，是一个一生追求良知和善意的思想者。

法律是正义与善良之术。古人云：立善法于天下，则天下治；立善法于一国，则一国治。建设现代法治国家，是中华民族走向复兴的最强助力。

在武汉，有这样一位知识分子，60 多年来，为推进国家法治化进程孜孜不倦，鞠躬尽瘁。他就是马克昌。

他去世时，人们这样怀念他："明月清风怀旧貌，斯人已乘黄鹤去。公去大名留青史，嘉志留存励世人。"

乱世炮火中艰难求学

虽然生在殷富之家，马克昌的成长历程却十分坎坷。7 岁那年，父亲染病去世。12 岁那年，家乡遭遇兵灾、水灾。

战争、饥荒，灾祸连连，风雨如晦，但马克昌没有放弃对知识的渴望和对理想的追求。

1941 年，他考入周口联中。背负国仇家恨，马克昌学习特别刻苦。十五六岁的年纪，他和同学们白天冒着军机轰炸，晚上在昏暗的油灯下勤奋苦读。他还积极参加学生宣传队，到乡下演出抗日话剧，教唱《流亡三部曲》《大刀进行曲》《义勇军进行曲》等歌曲。

1945 年，抗战胜利。

1946 年，《民国日报》刊登了各大学招生的消息。马克昌选报了武汉大学、河南大学、西北师范学院，并奔赴武汉、开封、兰州应考。

那一年，他先被河南大学录取，入学三周后，又得知也被武汉大学、西北师范学院录取。20 岁的他，背起行囊，来到武汉，成为武汉大学从乐山回迁武汉之后的第一届本科生。

那一届学生中，还有后来著名的经济学家董辅礽等人。此后，他在武汉度过了一生中的大部分时间。

不但会讲课还能赢官司

后来，马克昌在访谈中回忆，最初报考武大法律系，直接原因是不用交学费、就业有保障。"那个时候还年轻，不太懂事，当时没太大的期待，也没有蛮高的理想，能够找到一份工作就够了；当时的法官是终身制，法律系司法组包分配，毕业后能够进法院工作，要说我当时的理想，就是这个了。”

在大学期间，马克昌却真正与法学结缘。受蒋思道等教授的影响，他对刑法情有独钟。

1950 年，留校任教的他，被派往新成立的中国人民大学法律系研究生班学习，师从苏联刑法学家贝斯特洛娃教授。这是中华人民共和国的第一届研究生。

第二年，23 岁的浙江青年高铭暄也进入了人大法律研究生班，与马克昌同门，两人从此建立了长达 60 年的友情。日后，两人均成为中国刑法界的权威，被称作“北高南马”。

在人大的两年，马克昌的大部分时间是在阅览室度过的，其间只和同学去过一次颐和园。课程修完时，除俄语成绩是“良”之外，他的成绩全是“优”。

1954 年，回到武大担任法律系讲师的马克昌，接到一项特殊的任务：为学校的一名司机辩护。这位司机开车轧死了一位骑自行车的人。

当时，中华人民共和国成立不久，刚开始建立辩护与律师制度。这也是马克昌第一次担任辩护人。

通过调查，马克昌了解到，骑自行车的那位遇难者，刚刚学会骑车，自己不慎摔倒在机动车道内，被车轧死。司机不存在越线、超速、酒驾等情况。

基于这些事实和证据，马克昌凭借扎实的刑法功底，为司机辩护。最后，司机被判无罪，马克昌却没有为此收取任何费用。这件事情一下子轰动了武大校园。

在学术方面，年轻的马克昌屡有建树。1956 年 6 月，他在《法学》杂志上发表了《如何解决刑法学科中的因果关系》一文，引起了法学界的关注，在学术界崭露头角。

当年 10 月，应全国人大常委会法制工作委员会的邀请，马克昌还参与了中华人民共和国刑法的起草工作。由于在教学、科研方面的出色表现，年仅 30 岁，马克昌便获得讲师职称，工资连升三级。

光明的前途似乎正在向他招手。

农场和书斋之间来回

1958年，风云突变。一场大规模的“反右”运动席卷全国，知识分子首当其冲。

马克昌毫无悬念地被打成“右派”，原因是他与“右派”、著名法学家韩德培关系密切。

原来，1957年5月，武汉大学发出通知，校全国人大代表即将赴京参会，需要征集提案。马克昌认为：这是一个机会。

8年了，我国在审判刑事案件时还无法可依：虽然移植了苏联的刑法学体系，但法院的审判依据，除了50年代初颁布的《惩治反革命条例》《惩治贪污条例》之外，主要还是依靠经验办案，审案人员判案随意性大。

马克昌提出，应尽快制定一部完备的刑法，保障人民的权利不受侵犯。他很快便提交了一份《建议全国人大尽快制定刑法》的提案。

然而，这份提案不仅没有被采纳，反而成了他被打成“右派”的“铁证”，呼吁立法保护人权的马克昌，自身难保。

1958年5月，马克昌被下放到蕲春县八里湖农场劳动改造。这个农场位于蕲春西南部，中心是一片沼泽，筑坝修田才有了农场。

在八里湖，马克昌天不亮就下地干活，天黑才收工。插秧、割草、挑粪，各种农活他都学会了，干得有模有样。他甚至还参与设计了一座中型水库。

由于表现好，1959年，马克昌从农场调回学校。当时，武汉大学法学系已经解散，合并到湖北大学，再次恢复，已是21年后的事了。马克昌和同事们变成了没人要的“包袱”，无事可干。他便到学校伙食科当出纳员，后来又主动申请去了图书馆。

原武汉大学校长刘道玉回忆，头一次见到马克昌，是在图书馆，“我问他：马老师，在这里工作感觉怎么样？他说：很好，使我在为读者服务之余，有机会读到过去读不到的书。”

后来，武大图书馆李玉安老师在整理“武汉大学师生著述文库”时，发现了一份马克昌当年在图书馆工作时留下的手稿——《略论古今图书集成》。他惊奇地发现，马克昌对图书馆学的研究也有过人之处。

暮年的马克昌，仍在为推动共和国法治化进程孜孜不倦，鞠躬尽瘁

学生们回忆，马先生后来给法律系学生上的第一堂课，不是刑法专业课程，而是讲授如何使用工具书和古代典籍，这一成果，就来自于他在图书馆 20 年的经历。

他对浩如烟海的图书如数家珍。由于他所取得的成就，1979 年被评为武汉大学图书馆副研究馆员。

“慎用死刑”影响我国刑事法治走向

马克昌是中华人民共和国刑法学的主要创立者和奠基人之一，数十年来，他潜心研究，笔耕不辍，写下了大量经典著述，推动了中国法治化进程。

作为武汉大学法学院首任院长，马克昌培养了大批优秀学生，他们中的不少人都成为司法界、学术界的精英，被国外学者称为法学界的“马家军”。

马克昌个性方正，不畏权贵、仗义执言。在担任武汉市人大常委会委员时，他克尽职责，提出了武汉市人大常委会第一个“质询案”。

1989 年底，南航进口汽车修理厂经理卢某找到马克昌反映，武汉市公安局刑警大队以涉嫌投机倒把罪为由，把他关进看守所，并没收 5 辆大卡车，罚款 11 万元。他请求马克昌，通过法定程序还他公正。问明情况后，马克昌报请人大常委会，并请武汉市工商局查看案卷。武汉市工商局认为：投机倒把行为不成立。1990 年 1 月，马克昌联合其他 7 人在人大常委会上，对此案提出书面质询。不久后，武汉市公安局纠正了这起错案。

晚年的马克昌，仍然笔耕不辍。去世前一年，在病重住院期间，他还拟定了《百罪通论》一书的编写计划，并撰写了 5 万余字的书稿。直至去世前，他还时刻惦记着尚未完成的著作《宽严相济刑事政策研究》，并不时感慨已经没有精力去撰写构思已久的《刑法总论》。

2010 年 7 月 8 日，马克昌因白血病入住湖北省人民医院，2011 年 6 月 22 日去世，享年 85 岁。

去世的前两个月，4 月 12 日，马克昌在病房中给博士生上了最后一节课。在生命的最后时刻，他仍在强调，保障人权、限制国家刑罚权是大势所趋。

笔者手记

成长之路艰难坎坷，却不懈追求，最终有所成就，这是马克昌的经历给我最大的感受。

他原本生在一个殷富之家，却因天灾人祸，遭遇坎坷。他刻苦学习，高中毕业后，一时没有出路，卖过纸烟，在中小学代过课，没有固定工作，可以说是歧路彷徨。

然而命运却特别眷顾这位上进者。20岁，他能同时考上三所大学，可见少年立志，一直没有放弃学业。

历史的机缘，让他成为中华人民共和国刑法学的先行者，哪怕遭遇“文革”，他仍不为所动，找一切机会提升自己，成就自己。比如，他在图书馆工作，就成了图书馆学专家。

他几十年来不懈地追寻，不断地求索，不停地努力，更值得我们后来人学习借鉴。

陶德麟，曾任武汉大学校长，被称为“我国理论界拨乱反正和思想解放的领路人”之一，主张“让马克思主义说中国话”。

陶德麟

播撒思想解放火种，做好马克思主义中国化

在雾霭沉沉、万马齐喑之时，他笔绽惊雷，释放思想解放的浩荡春水；在国家、民族发生关键转折，人们思想迷惘之时，他仗义执言，发出真理的声音。求真，求实，六十多年的哲学生涯里，他始终怀着一颗炽热的赤子之心。他怀着对国家和人民的深情，他信仰坚定、襟怀火热，追求真理的脚步，永不停歇。

20世纪，是中国历史上最风云激荡的时代。在屈辱、苦难和抗争、求索中，古老的中华民族，命运几次发生大转折。

时势造就英雄，也造就了孜孜沉思、上下求索的哲人。

陶德麟便生活在这变革的年代中，他的人生与国家和民族的命运紧紧联系在一起。

他说，爱智求真与忧国忧民的统一，是他为之神往而不敢不勉的箴言。“我中华民族之血泪史断不可忘，立吾国于当代之志断不可夺。为学之鹄，舍此无他。”

战争、苦难和鲜血，激起了少年的思考

陶德麟出生在一个知识分子家庭。

陶德麟幼年时期，抗战烽烟正炽。在日寇侵凌之下，神州大地一寸山河一寸血，中华民族到了最危险的时候。

在恩施，从未上过小学的陶德麟，考进了省立实验中学（现武昌实验中学）。

每天清早，学生们要下山到清江河边，用河水洗脸。没有餐桌，大家就蹲在操场上进餐，有一次在风雨中，校舍损坏了，师生只好在操场上上课，搬几块土砖当板凳。

国势危急，风雨如磐。全校师生却迸发出更加炽热的爱国热情，书声琅琅，弦歌不辍。他们组织了抗日合唱团，排演歌剧，表达对抗战胜利的坚定信心。

战争、苦难和鲜血，激起了少年陶德麟深深的思考，让他思想更加早熟，更加感受到了一代青年人对国家和民族的责任。

初中时，他写下《青年应有的态度和精神》：“地球上的每一个人，对于人类多少应当有些贡献……尤其是我们青年，正是国家的柱石，世界人类的改进者，所以我们对于人类的幸福，要努力地建设、创造，以期日新又新……”

在武大，遇到了影响自己一生的恩师

1947年5月，一场“反饥饿、反内战、反迫害运动”迅速在全国开展。6月1日，国民党军警包围武大校园，大肆搜捕师生，造成3名学生被枪杀，酿成轰动一时的“六一惨案”。

这极大地刺激了当时还是一名高中生的陶德麟。他在诗里悲愤地写道：“举国膏腴肥‘四大’，满城箫鼓唱‘三民’。哀鸿遍野无衣食，白日青天何处寻！”

他渴望学习新的理论，来解决心中的苦闷。于是，他和一些志趣相投的同学组织了读书会，努力研读艾思奇的《大众哲学》、胡绳的《思想方法论》和武大地下党秘密油印的毛泽东的《唯物辩证法提纲》《新民主主义论》《在延安文艺座谈会上的讲话》，开始接受和学习马克思主义。

“马克思主义犹如壮丽的日出，照亮了人类探索历史规律和寻求自身解放的道路。”70年后，已是耄耋老人的陶德麟，回想当年，仍然心潮澎湃。

1949年，中华人民共和国成立前夕，18岁的陶德麟被清华大学、武汉大学和华中大学同时录取。因父亲病逝，母亲无人照料，他进入武汉大学经济系学习。

在武大，他遇到了影响自己一生的恩师——李达。李达是著名马克思主义哲学家、中共一大代表，把马克思主义引入中国的先驱者。毛泽东曾称赞他在20世纪30年代发表的《社会学大纲》是“中国人自己写的第一本马克思主义哲学教科书”。

1953年2月，李达任武汉大学校长，在学生中发现了陶德麟，他发现这位校刊《新武大》的编辑组组长，锋芒锐利，经常撰写短评和社论，积极投身于土地改革等各种实践活动。

在李达家中，两人促膝长谈。李达以父辈的深情，鼓励陶德麟献身马克思主义哲学事业：我相信你能成为理论家。

这次长谈，改变了陶德麟的人生路径。对李达的邀请，他欣然领命：马克思主义哲学给了他批判的武器，照亮了他苦心求索的道路。

1956 年，武大哲学系重建，陶德麟任助教，成为学校最“叫座”的教师之一。

初生牛犊不怕虎。1955 年，年仅 24 岁的陶德麟撰写论文《关于“矛盾同一性”的一点意见》，批评罗森塔尔、尤金所著的《简明哲学词典》，指出其中的“同一性”条目释文的错误。

罗森塔尔、尤金是苏联科学院院士，当时被视为权威。一个初出茅庐的青年教师，便敢于挑战权威，在国内、苏联和东欧理论界引起了强烈反响。

“搞马克思主义的人要有坚持真理的品格，不能像摆摊的小贩，天晴把摊子摆出来，下雨就收摊子。”恩师李达的话，时常浮现在陶德麟心头。面对权威，他也不肯妥协。

事实证明，陶德麟是正确的。1957 年 1 月 7 日，毛泽东在《在省市自治区党委书记会议上的讲话》中肯定了陶德麟的观点。《简明哲学词典》的作者也接受了他的批评，再版时对这一条目作了修改。

雏凤清声，乳虎啸谷。此后，陶德麟在学术界崭露头角。

在此后 10 年中，他先后在《红旗》《人民日报》《哲学研究》《新建设》等刊物上发表了 30 篇哲学论文，成为国内有一定影响的青年理论家。

做好马克思主义中国化这篇大文章

在关键的历史关头，陶德麟不怕难，不惜身，击水中流，力挽狂澜，为他挚爱的国家和民族，发出了真理的声音，传播了思想的火种。

1984 年起，他相继担任武汉大学哲学系系主任、研究生院院长、常务副校长和校长的职务，长达 13 年。

作为一名哲学家，陶德麟不懈探索，发表大量论著，被同行专家公认为“我国马克思主义研究领域最前沿、最有影响的前辈学人之一”。哲学家黄枬森评价他：一生都在努力坚持和丰富、发展马克思主义哲学。

他仿照黑格尔“力求教给哲学说德语”的志愿，致力于让马克思主义哲学“说中国话”，让它成为中国人自己的哲学。

他认为，中国是世界的一部分，不是与世隔绝的孤岛，应当借鉴、

陶德麟说：“哲学不是高悬在空中的太阳，一定要扎根大地；哲学家不能脱离人民，一定要关心人的命运。”

吸收一切有价值的世界文明成果。但同时，必须有自己的立场、自己的坐标、自己的主心骨，决不能盲目崇拜，以西为宗，唯西是从。对那些谬误见解，应该以科学态度和方法仔细鉴别，理直气壮而又实事求是地作出批评。

陶德麟的学生汪信砚介绍，陶先生善于用人们喜闻乐见的语言阐释深奥道理，他多次尖锐地批评："用汉字写洋文"、艰深晦涩、故弄玄虚的文风是一种病态。

2018 年，陶德麟在《人民日报》上发表的一篇文章中说：要让马克思主义说中国话，说中国人民听得懂、喜欢听的话。

陶德麟同时也是一位教育家，站了一生讲台，桃李满天下。2010 年 10 月 31 日，武汉大学隆重庆祝陶德麟先生八十华诞，并设立陶德麟哲学基金，奖励哲学学院品学兼优的本科生和研究生。

著名哲学家陈先达教授称赞他：宝刀至今能削铁，笔有雷鸣道不孤。哲学家、北京大学教授叶朗在给他的信中说："杜甫的诗，是'诗史'，您的文集，可以说是现代当代哲学史，不仅有理论价值，而且有历史的价值。"

面对赞誉，陶德麟一再表示"愧不敢当"。他表示，自己只是一个"在荆棘丛生的小路上蹒跚前进"的"平庸的探求者"，年事越高越深感自己的"无知"，只不过"赤子之心还没有泯灭"，明知"老之已至"而"不敢懈怠"而已。

他赋诗一首，以表心志："浮生能得几回春？八秩难抛赤子心。樗栎自惭非'壮士'，河山只盼有才人。莫愁险隘常横路，且喜繁枝渐满林。我愿天公重抖擞，云开万里月华新。"

笔者手记

历史的进程就像滚滚车轮，渺小的个人，似乎难以改变其方向。

但在写作陶德麟老人的故事时，我却分明感受到，历史发展也取决于每一个个体的努力，需要一大批世事洞明、头脑清醒又敢于仗义执言的人。

陶德麟就是这样一个人。他有理想，不盲从，不随波逐流，不怕失败，不怕危险，是思想上的勇敢者。

敢于坚持真理，简简单单几个字，说易行难。实践起来，不知要面对多少压力和诱惑。

在“文革”中，陶德麟挨过批斗、受过迫害，但他并没有因此变得圆滑世故，放任自流，或者干脆改变自己，去阿附当时的潮流。当黑暗被撕开一角时，他仍满怀赤子之心，笔绽春雷，为真理发声，兼具智慧与胆量。

很庆幸，历史转折关头，我们国家有这样一批人。很希望这样的人越多越好。

“城市筑基”篇

600余名教师皆因他而来，他是“华科校父”朱九思；疾呼先“育人”后“制器”，他是掀起高校“人文风暴”的中科院院士杨叔子；首倡“两通起飞”战略，他是一句话打开武汉发展思路的李崇淮；引领中国测绘学科稳立“世界三强，亚洲第一”，他是摄影测量与遥感学家李德仁；长江上几乎所有大桥都有他的心血，他是桥梁钢结构专家方秦汉；推翻“武汉不能建地铁论”，他是城市轨道交通设计领域的领军人物熊朝辉……

克难奋进，筑梦前行，真抓实干，久久为功，他们让这座城市变得更加美好。

朱九思，著名教育家，1953年起历任原华中工学院副院长、院长、院长兼党委书记等职。

朱九思

自我评价做了“两件半事”，奠定华中科技大学发展基础

他的贡献，在其教育功业，更在其刷新时代认识的教育思想和理念。他是不可多得的教育家，亦是不可忽视的改革家。武汉成为中国教育重镇，他是耀眼的丰碑之一。他在武汉求学，从武汉走向革命，又在武汉贡献其智慧精力，是武汉之幸。

2015 年 6 月 13 日下午，一代教育家朱九思在武汉病逝。他的病逝，在社会上引起了极大的关注。对于朱九思，原华中科技大学校长李培根这样评价："九思先生是当代中国高等教育界屈指可数的教育家之一"，"九思时代，奠定了学校后来几十年学科发展的基础"。对于自己的贡献，朱九思自我评价："我当校长时创造性的工作主要是两件半事情：一是提出了发展新思路，'走综合化道路'和'科研要走在教学的前面'；二是采取超常规的办法广揽了一大批人才；半件事是植树造林。"有人认为，不说"重要工作""主要工作"，独说这是"创造性"的工作，了解当时的历史情境，方能理解朱九思所言不虚，甚至更有感慨：说"创造性"，那是客气了，较真起来，说"石破天惊"都不为过。

"在大干的时候要大干，不要畏畏缩缩"

朱九思的名字取自《论语·季氏》之"九思"：视思明、听思聪、色思温、貌思恭、言思忠、事思敬、疑思问、忿思难、见得思义。这段话的意思是，君子应当有九种思考。

1949 年，中华人民共和国成立。1952 年，全国高校院系调整，全国四分之三的高校涉及其中，华中工学院应运而生。1977 年，高考又开始了。怎样才能把大学办好？这个问题在朱九思的脑海里始终回旋。

2012 年 10 月，华中科技大学校史陈列馆开馆。展品中，华中工学院党委的信件引人注目。1977 年 10 月，华中工学院党委给邓小平写信："照搬苏联的做法，理、工科分了家，发展和提高受到极大的限制，这种体制与赶超世界先进水平的要求严重不适应，必须加以改变。"信中提出高教发展三条建议：实行理工结合；办成教学和科研中心；发展研究生教育。

"逐级是汇报，越级是告状。"研究校史时，华中科技大学现代领导科学与艺术研究中心主任陈海春教授评价此举为"非常大胆"："这些建议现在看来平常，但那是 1977 年啊！这样上书，是要冒风险的。"

1977 年暑假，朱九思带领学校党委组织 700 余名教师和干部对世界科学技术和高等教育的发展情况进行了一次系统的调查研究。朱九思在反思院系调整的同时，还积极向世界求经寻宝，认为要办好大学，就必须了解当今世界科学技术的发展和各国高等教育发展的情况，探索高等教育发展的一般规律。

1979年，朱九思出访了美国、加拿大和日本三国。两个半月的出访，朱九思得到了两大启发：一是发达国家的大学，都是教学与科研并重，甚至以科研带动教学；还有一个，即所有著名大学都是综合性大学。因此在回国后，朱九思于理工科之外，又先后设立了文科和管理学科，在任期内实现了学校从工科大学向理工文管综合性大学的转型。从现在中国高等教育的发展情况看，他的很多观念是超前的。

朱九思在华中工学院办文科，这是率先在全国工科院校走综合大学转型的改革道路，独领高等教育改革新潮流。

2006年，朱九思在一次座谈会上回忆华中工学院综合化这段历史时说："当年要走向综合化，要办文科和理科，教育部这道关是不大好过的。但是，我采取的办法是跟教育部磨，终于磨通了，办了文科和理科。"在朱九思的带领下，华中工学院成了"文革"后我国第一所进行全面改革的大学，这也为后来学校的崛起奠定了基础。对此，朱九思晚年在一篇回忆录中自述："我是人不是铁，我也害怕，但我又是院长，又是党委书记，在大干的时候要大干，不要畏畏缩缩，怕这怕那，否则就一事无成。"

华中工学院建校初期并没有什么名气，跟当时的许多工学院也无法相比。但朱九思三十多年来倾注自己的全部热情和精力，发挥自己的全部聪明和才智，殚精竭虑，不断进取，带领华工党委和行政一班人，立足国情，放眼世界，敢于竞争，善于转化，奠定了华中工学院实力的基础，实现了华中工学院发展的重大战略转变，使这所在院系调整背景下创办的工科大学迅速崛起。

广揽人才，从全国各地调进了600多名教师

"力学之父"钱伟长，与华中科技大学有着怎么样的关系？在华

中科技大学校史馆内，一张泛黄老照片上，有两位头发斑白的长者，无声地记录着岁月背后的故事。照片上的文字介绍，只有寥寥数语："1977 年，开办力学师资班（本科）。1978 年，设置工程力学专业……专业设置后，钱伟长教授来校讲学一个月。"

朱九思的"广积人"的口碑，闻名全国。得知钱伟长"文革"后有意离开清华，他有意邀请其出任华中工学院院长。当时，多所高校都在"抢夺"钱伟长。他后来出任上海大学（原上海工业大学）校长。多年后，朱九思谈起这段往事，难掩遗憾。

然而，钱伟长虽没有出任华中工学院院长，但做了学院的兼职教授，学院在其指导下，建立了力学系。钱伟长的女儿钱开来，还是华工力学系第二届的学生。后来，钱伟长在《八十自述》中，记载了在华工的数次演讲。其中还透露："由华中工学院朱九思院长大力支持提供条件，使我于 1981 年在庐山，编写讲义约 40 万字……"

可以说，钱伟长的经历只是朱九思当时广揽人才的一个缩影。在那个特殊的年代，朱九思以他特有的胆识、魄力和勇气，排除阻力，从全国各地调进了 600 多名教师。更重要的是他尊重教师、关心教师、信任教师、依靠教师，尤其是尊重教师在大学教育中的地位，充分发挥大学教师教书育人的作用，这让华中工学院的师资力量得到了极大的提升。一个细节是，1980 年农历腊月三十晚上，朱九思叮嘱教工食堂为当晚坚持激光科研攻关的中外教师做肉丝面，并派校领导到实验室进行慰问。

传奇教授，是建筑大师也是二战老兵的张良皋，一直是华中科大学子们景仰的人物。1982 年，华工创建建筑系时，聘任他担任教授。打动张良皋加盟华工的，似乎只是一件小事。他应邀去华工，正在开会的朱九思出来迎接。站在门口的台阶上，朱校长深深鞠躬，一手按在胸口，另一只手优雅地向门内画了一个弧，很像西方歌剧里的绅士，张良皋耳边仿佛响起京剧里的念白："先生，请了……"

他心里说："这个学校，我来定了！"多年后说起这一情景，张良皋感到仿佛就在昨天。"有人问，华工给多少钱？我说，每月 1038 元。实际上只有 38 元补贴，比大学毕业生的工资都少。不过，钱不是主要

朱九思青年时期与家人合影

朱九思 31 岁时与夫人合影

朱九思 95 岁时与夫人合影

的，主要是感念这个人、这个学校。”张良皋当时住汉口，每次上课，学校都用车接送，他把这笔费用算作每月 1000 元。

后来担任华中理工大学校长的杨叔子在其《往事钩沉》自传体回忆录中也多次提到朱九思。杨叔子第一次见到朱九思还是 1954 年读大二时。那年 7 月 1 日，21 岁的杨叔子作为华中工学院的大二学生，从桂林分部回到武汉。在学校东三楼 102 室，学生们紧张而兴奋，因为大家即将见到时任华中工学院副院长的朱九思。“‘你们第一次来到校本部，第一次来到喻家山下，学校只准备了一件礼品来欢迎你们，防汛去！这是礼品：畚箕，扁担，铲子，锄头。’那一年正值武汉遭遇大洪水，朱九思没有与学生们客套，要求他们准备上一线防汛。”杨叔子回忆说。

“当时真是求贤若渴啊！就这样，从 1972 年开始，特别是‘文革’之后，到 20 世纪 80 年代初，我校共调进了 625 名教师，他们来自 20 多个省市的 500 多个单位。”朱九思晚年回忆道。

2011 年出版的《朱九思评传》是国内首部描述前华中工学院院长朱九思生平及其教育理念的专著。“华中科技大学差不多把朱九思当作‘校父’看待。”在王炯华笔下，朱九思是个有血有肉的人物，经常批评行政人员，却很少对教师说“不”。

没有朱九思就没有今天华中科技大学“森林式大学”的美誉

朱九思去世后，网上悼念他的文字铺天盖地，一条评论却独树一帜，点赞者众——“没有九思先生，华中科技大学的夏天温度至少高三度”。了解朱九思的人都知道，这说的是他在华中科大种树之事，也是他自认为一生办的“两件半”大事中的半件。

朱九思曾经提出过一个问题：树重要，还是房屋重要？在朱九思眼中，树产生的是氧气，而房屋产生的是污染，他觉得树比房子重要。在他执掌学校期间，大力推行植树造林，朱九思还定下每砍一棵树都要校长亲自签字的规矩。今天，走在华科大校园内，到处郁郁葱葱，绿化覆盖率 72%，而这里的每一片绿海都留下了朱九思的心血。

1983 年 1 月 4 日，回国后的杨叔子来到了朱九思的办公室，谈话还没正式开始，突然有人敲门，是后勤部门的一位负责人。一进来，朱九思劈头就问："你知不知道是树重要还是房子重要？"这位负责人答道："九思同志，我不明白您的意思。"朱九思又问道："不明白？我问你是树重要还是房子重要？"这位干部懵住了，呆呆地站着，回答道："朱九思同志，我真不明白你是什么意思。"朱九思严厉地讲："不明白？我告诉你，树是净化空气的，房子是污染空气的。今天早上，我到校园里走一走，在一个地方，发现你们后勤部门的工人用一块水泥石板，压住了一棵树苗！压死了！你们要负责！立即将水泥板搬开！"

去看看学校树木，是朱九思多数早晨起床后的第一件事。杨叔子说，没有老校长朱九思就没有今天华中科技大学"森林式大学"的美誉。杨叔子回忆，朱九思老校长工作之余最常干两件事，一是查看学校树木生长状况，二是与学校教师谈天。

"除了睡觉，他所有时间都想着学校的事。"李德焕与朱九思一同出差工作时发现，朱九思老校长没有个人爱好，没有业余娱乐，不看电视，一心惦记着学校。即使退出学校领导岗位后，朱九思还常常给李德焕等人打电话，询问一些管理的细节。

李德焕回忆，在职期间，朱九思常常不在办公室，要么去教室听课，要么到实验室看学科新动向。全校上千名教师，他能叫出大部分人的姓名。而且，他清楚每位教授的学术科研方向。每当有国际学术会议邀请，他能马上敲定由哪位专业教师参加。

从领导岗位上退下的朱九思，结合多年办学实践和思考，投身高等教育研究，担任华中科技大学教育科学院的教授、博导，指导了 12 名硕士生和 9 名博士生。华中科技大学教育科学院教授沈红是朱九思指导的第一位博士生。她回忆："我曾经两次提出调到地处我国经济中心和政治中心的大学去，但先生坚决不同意！他希望我能够像他，把自己的一生与'华工'紧密相连。"

到湖南大学参加国际学术会议时，朱九思不乘小车，而是和师生一起乘坐交通车前往。朱九思晚年与夫人吃住会客都在医院的普通病房里。很多人不解，他为什么不住高干病房呢？夫人给出的回答是："九思说的，不用那么大，不能浪费。"

晚年的朱九思更多的时间是在医院的病房中度过的。虽然年纪大了，但他思维很敏捷，每天做治疗时，都要让康复医师给他讲最近的国家大事。每天，护士还会给他读一小时报纸，所有头条新闻都要读，朱九思最喜欢读的是《参考消息》和《长江日报》。"他很关注国家大事，教育动态也关心，尤其是教育制度改革和学校的动态。"其子朱小庆介绍，父亲晚年一直关心着学校的发展，在清醒时有人来看望，他总要先问及学校情况。95 岁时，他就学校发的发展规划在很短的时间里就回复了近 3000 字的意见和建议。

"别看他当时 90 多岁了，思维还特别清晰，经常跟我们讲起以前的工作经历，记得都很清楚。他躺在病床上，依旧关心武汉的建设，时常问我们'地铁修好了没'，'协和医院外科大楼建好了没'。"朱九思虽然是一代教育家，却十分平易近人，一点架子也没有。医护人员说，住院几年，从来没见过朱九思发脾气，他很关心老伴，二老总是一起在医院吃饭，场面很温馨。

这是朱九思辞世后一位校友写下的挽联："能树木能树人建功立业非时久，不盲从不盲目继往开来要深思。"《朱九思评传》的作者王炯华这样评价朱九思：朱九思几十年如一日，一门心思办华工。特别是改革开放后，他在高等教育界率先改革，独领工科大学综合性、研究型发展潮流，为华工的崛起、跻身国内一流和世界知名大学作出了功不可没的贡献。

笔者手记

炎炎夏日，漫步于华中科技大学，绿树成荫，温度要比市区低上好几度，感觉似乎就没有那么热了。

十年树木，百年树人。华中科技大学今日能有“森林式大学”的美誉，这必须要感谢老校长朱九思的卓越贡献。

作为知名教育家，朱九思对华中科技大学的贡献是多方面的，但他自我评价时，谦虚地说，自己仅做了“两件半事”，其中的半件就是“植树造林”。

我曾多次撰写关于朱九思的报道，与他的几名学生也有过深入交流。每一次，九思先生表现出来的勇气和担当精神，都令人感到无比敬佩。

比如，为了推动学校的改革，朱九思领导学校以学校党委的名义上书邓小平。

对此，朱九思晚年时说：“党委书记，在大干的时候要大干，不要畏畏缩缩，怕这怕那，否则就一事无成。”

我想，这就是共产党员在紧要关头作出的选择。这种选择，体现的是勇气，更是担当。

杨叔子，华中科技大学教授，机械工程专家，中国科学院院士，曾任华中理工大学校长。

杨叔子

教育要先“育人”后“制器”，高校文化素质教育重要倡导者

他出生在江西湖口，在南昌走上革命道路，在武汉实现人生理想。从1952年来到武汉，他早已把武汉当成了自己人生的第三个故乡。他积极倡导在全国高等教育特别是在理工科教育中加强大学生文化素质教育，在国内外产生了强烈的反响。作为一位工科院士，他的人文情怀在一定程度上改变了中国的高等教育，影响了千千万万的大学毕业生，他的贡献，历史将会铭记。

“杨老师！你真行！什么都懂！”

“其实我的口才不适合做教师，一是讲话太快，二是也没那么好的表达才能。”晚年，杨叔子这样回忆。

大学毕业前，杨叔子服从学校安排，留校做了一名教师。“这并非我所希望的、最合适的工作岗位。”在杨叔子撰写的自传体回忆录《往事钩沉》一书中，其教师生涯占有较大篇幅。

“不适合做教师”的杨叔子，不仅后来成了全国优秀教师，还成了一位享誉海内外的教育家。

“我一正式登台讲课，就连续两次彻底砸锅。”主要原因是讲话太快，一节课讲了三节课的内容，他站在台上流汗，学生在台下流汗。50 多年过去了，杨叔子对初上讲台的细节仍铭记于心。

但他没有气馁，更没有放弃，他下定决心，总结经验，排除所有困难，一定要把课讲好。若干年后，他这样自我评价：“除了语速稍快外，其他方面应该说都够得上 A 或 A– 的标准。”

李德焕是与杨叔子一起共事多年的老友，曾任华中理工大学党委书记。在他眼里，杨叔子能成为一代知识分子的优秀代表，重要原因之一是他具有良好的学习习惯和优良的学风、勤学苦练的钻劲和拼劲。

杨叔子 1994 年到北京参加国家自然科学基金委员会的课题申报答辩，答辩时他十分沉着，毫不慌乱，语速正常，有条有理，几乎连胶片、屏幕都没看过一眼。答辩完毕，当时的东南大学校长韦钰连说：“讲得好，讲得好！”

作为教师，必须对学生负责。杨叔子一直有写诗词的习惯，但 1976 年 10 月到 1978 年 3 月近一年半的时间，他一首词也没写，这是从未有过的。在撰写《往事钩沉》时，杨叔子问自己：近一年半的时间一首词也没写，原因何在？干什么去了？原来，他当时把时间全部用在了 75113 班上了。

75113 班，有什么特殊之处吗？这是被推荐上大学的工农兵学员，文化基础比较薄弱。“我必须对这批被推荐上大学的工农兵学员负责到底，而且对其中每一个学生我都应尽到我能尽的责任。”杨叔子是这样说的，更是这样做的。

为了负责到底，他把教学上、业务上能做的事情都做了，除外语课外，其他课，他都上过。“没有考试，没有检验，那怎么行？学生作业，老师没时间改的，我来批改。”不少学生说：“杨老师！你真行！什么都懂！”

在全国性的竞争面前，这个班的学生后来有好几个考上了研究生。这背后凝聚着杨叔子的汗水和心血。

“念大学时我从没想到会当教师，当时一心只想学习，搞工业化，去参加工业建设。而到今天，我仍旧如同大学毕业当了教师以后一样，对教师职业的热爱之情一直有增无减。”教师如何才能讲好课呢？在杨叔子看来，教师讲课，不是高级地照本宣科，而应沉心入课中，有所发挥，甚至临时突冒“灵感”，讲出新的见解。

“在大家的共同努力下，我进入院士行列了”

中国科学院院士，是中国设立的科学技术方面的最高学术称号，为终身荣誉。1992 年下半年起，中国将中国科学院学部委员改称为中国科学院院士。

1991 年的院士增选为第四批，之前的三批分别为 1955 年、1957 年和 1980 年。作为华中科技大学历史上的首位院士，杨叔子一再强调：“在大家的共同努力下，我进入院士行列了。”

1991 年，当时的华中理工大学一共推选了三人参评院士，杨叔子是其中之一。为什么要去参评院士？杨叔子认为，这“绝不是个人的事情”，能否申请成功，是评估学校和集体学术水平高低的重要标准，而且一旦成为院士，还可以为学校更好地发展创造条件。他坦诚地说，对院士申报自己有足够的思想准备，“这次不行，下次再来”。

之前打听到的结果是华中理工大学申报的三人一个都没有评上，甚至学校有关领导还打电话告诉这三人，鼓励他们不要丧气，继续努力，争取下次能够评上。

院士增选的正式结果是 1992 年 1 月 4 日公布的，有人在中央人民广播电台播放的新闻中听到了杨叔子的名字。“没听错吧？”“没听错！”

这天上午，正在陕西汉中江汉机床厂进行技术攻关的杨叔子，接到了来自学校的电话：立即回校，参加庆祝会。

对于这一光荣时刻的到来，杨叔子反而显得很淡定，他一点也没陶醉，一点也没疯狂，而是深深地认识到，自己要“从头跃马新程”了。

作为华中科技大学历史上的首位院士，杨叔子也被寄予了更多的期望。正是如此，他和团队也更加齐心、更加相互关心、更加尽心尽力地做好自己的工作。面对博士生们的祝贺，他语重心长地说：“十分感谢你们！你们要好好干！好好干就是最好的祝贺。”

杨叔子所获的国家级奖项中，他的名次并不靠前，何以能当选院士呢？针对议论，国际著名力学家、中国科学院院士胡海昌解释：那是因为杨叔子一贯将荣誉让给别人，所以他的名次在后。这样的解释，不仅起到了力排众议的效果，还让人们看到了杨叔子不为人知的另一面。

所以，杨叔子一直强调：“在大家的共同努力下，我进入院士行列了。”他说，这句话的前提与结论不能错位，因果关系不可倒置，上半句是关键前提，而下半句是重要结论。

2006 年，杨叔子在恩施高中作报告，追忆起自己当选院士时的往事时动情地讲道：“这个荣誉不属于我，属于我们集体，属于我们机械系，属于我们华中理工大学，属于人民，属于我们党。我是个普通教师，是个普通共产党员而已。”

“办学，首先应该在战略上有眼光，同时也必须在战术上可行”

杨叔子的一生有很多传奇之处。比如，破格晋升教授，是湖北省当时最年轻的两名教授之一；从教研室主任直接到大学校长，这也是非常少见的事。

1980 年，杨叔子在只任了两年副教授后，就破格晋升为教授了，是湖北省当时最年轻的两名教授之一。当时，除中华人民共和国成立前留学归来的教师外，学校还没有教授，杨叔子的多位老师也都只是副教授，但大家都支持他先评教授。

杨叔子当选为中国科学院院士之后，他也被寄予厚望并委以重任。1992 年 12 月，杨叔子接替已经担任了两届校长的黄树槐，出任华中理

青年时期的杨叔子

1954 年杨叔子参与武汉防汛

1991 年钢丝绳检测科研试验

1995 年在华中科技大学进行人文讲座

工大学校长。而在此之前，他仅为机械系的教研室主任，从未有过从政经验。

这种由系教研室主任到大学校长的跨越，除杨叔子外，还发生在与杨叔子同年当选为院士的俞汝勤身上。俞汝勤与杨叔子同期被任命为湖南大学的校长。

“我不行！我没有这个能力！”杨叔子在被正式任命为华中理工大学校长前，李铁映在国家教委与他谈了话。杨叔子在谈话一开始就讲，自己不具备担任校长的能力。但李铁映告诉杨叔子，国家教委派人调查后认为他具备担任校长的能力。杨叔子在《往事钩沉》中详细记录了当时的这一幕：“我们派人到你们那里调查：‘怎么办大学？’你讲：‘办学抓思想！’又问：‘怎么抓？’你讲：‘抓三条：一是抓教学，二是抓教师，三是抓干部队伍。’还讲：‘这不是讲学生不重要。学生当然重要，办学就是为了培养人。但没有教学，没有教师，没有服务教学的教师与干部，办学就成了空话。’抓办学思想，你讲得太对了！你完全可以干！”

“你是服从组织的，回去干吧！不会干坏的，我们大家帮你干！”在党委书记李德焕的表态支持和动员下，杨叔子开始担当更大的重任。

担任校长后，杨叔子在学校党委的常委会上讲道：“办这么大的大学，我远不能胜任，不如你们，但既然把我推上了校长岗位，我怎么办？一句话，靠你们！你们主管的工作你们放手管，不必问我，解决不了的大问题，集体决定，少数服从多数。”

杨叔子担任校长时还给自己立下了一个规矩：在校时，每周至少有两个上午在听课，并且要做听课记录。这也为后来华中理工大学在教学评估中加了分。办学，首先应该在战略上有眼光，同时也必须在战术上可行。无前者，是近视；无后者，是盲动。杨叔子担任校长后确定了“强基、扶优、支新、重交”的八字办学原则。“强基”就是要加强基础，“扶优”就是要拿优势学科去竞争，“支新”就是要支持新生学科，“重交”就是要重视交叉学科。

华中科技大学引力中心现在已经成为“世界引力中心”。北京时间 2018 年 8 月 30 日凌晨 1 时，《自然》杂志刊发华中科技大学引力中心的中科院院士罗俊团队测引力常数 G 的实验的论文，该团队历经

30 年艰辛测出了截至目前引力常数 G 的最精确值。据悉，这是我国在这个领域的第一篇《自然》杂志文章。此次罗俊团队采用两种不同方法测引力常数 G，精度均达到国际最好水平，这为提升我国在基础物理学领域的话语权，为物理学界确定高精度的引力常数 G 的推荐值作出实质性贡献。

华中科技大学今天成为“世界引力中心”，这与多位校长对此的重视和支持有着直接关系，这就包括杨叔子。杨叔子在担任校长时，是高等学校经济最困难的时期，但还集中财力在引力实验室的山洞前盖了引力大楼。

我国高校文化素质教育的重要倡导者

当今中国，能够在科学与人文两个领域同时取得卓越成就的，应该非杨叔子莫属。“一个国家，一个民族，没有现代科学，没有先进技术，一打就垮；一个国家，一个民族，没有民族精神，没有人文文化，不打自垮。”网上检索这句话，显示相关结果有 70 多万条。这可能是杨叔子流传最为广泛的一句话。率先倡导在全国高校尤其是理工科高校中加强大学生文化素质教育，是杨叔子对高等教育的重要贡献之一。

1933 年 9 月，杨叔子出生在江西湖口的一个书香世家。杨家十五代人，代代秀才不断，被称为“一线串珠，秀才杨家”。从 5 岁起，杨叔子便在父亲的教导下学习古诗词。直到 9 岁入高小（当时的小学五年级）学习时，他已遍读四书五经，《唐诗三百首》与百篇古文更是烂熟于心。

“人文教育不能从实用主义的角度出发，总在考虑是否有用。”杨叔子认为，高等教育需要帮助学生树立起理想和信念，形成正确的价值取向。在担任华中理工大学校长时，在原国家教委的关怀下，他在华工校园里掀起了“人文风暴”，在全国理工科高等教育中率先举起文化素质教育大旗。学校规定，不论本科生、硕士生、博士生，必须通过学校组织的“中国语文水平达标测试”，不合格者不予颁发学位证书。从 2007 年起，学校将中国语文定为本科生必修课，不及格者不予毕业。同时，杨叔子积极推动学校成立大学生文化素质教育基地，根据高校“人文讲座”整理出版的《中国大学人文启思录》被评价为“重塑中国大学人文精神的力作”。

从1998年开始，杨叔子要求自己的博士生必须会背《道德经》；1999年，又要求加背《论语》前7篇，否则不能参加论文答辩。杨叔子坦言，这其实是在补中学甚至小学的“课”。多年奔走大学、中学讲坛，他有一个一以贯之的观点，那就是“要先育人，后制器”，“两者相辅相成，缺一不可”。这些年来，杨叔子把主要精力放在了教育，特别是文化素质教育上。对此，周围有很多人一开始并不能理解，认为杨叔子是机械工程专家，应该在专业领域继续钻研下去，一下子转到人文教育显得“不务正业”。“我从小受到传统文化的熏陶，从解放那天起受到革命传统教育的哺育，我强烈感到教育之重要、文化之重要、环境之重要、文化育人之重要。”杨叔子的回答掷地有声。

2016年2月20日，早春时节，轻寒袭人，杨叔子做客湖北省图书馆，做主题为“我的第三个故乡”的演讲。他出生在江西湖口，在南昌走上革命道路，在武汉实现人生理想。从1952年来到武汉，他早已把武汉当成了自己人生的第三个故乡。“既然活下来了，就要有用。武汉需要我，我更需要武汉！我要回报武汉，而且还要付‘利息’呢。”病而未倒的杨叔子，抱病去演讲，这是他回报武汉的一种方式。他说，能为武汉做一件事，“我真高兴”。“紫气东来，云雾扫开天地憾；大江东去，波涛洗尽古今愁。”在这次演讲中，杨叔子用这副对联表达了对武汉的热爱之情以及对武汉未来的美好期待。

笔者手记

杨叔子，是大学校长中的一个传奇，更是现代知识分子中的一个传奇。

在我还没有做记者时，就曾听过杨叔子的故事。

更让人想不到的是，一个机械领域的专家，其在诗词等传统文化方面的造诣会那么深。在一所理工科大学掀起的人文素质教育浪潮席卷全国，这是他了不起的贡献。在几次有限的与先生的接触过程中，他的热情、坦诚、儒雅与博学，令人难忘。

在《往事钩沉》一书中，先生详细追忆了自己入党的往事。在很多小事上，他也时刻以一名党员的标准要求自己，这就是所谓的“不忘初心”吧。

李崇淮，著名经济学家，历任武汉大学经济系教授、经济管理系主任、经济管理学院副院长。

李崇淮

首倡“两通”起飞战略，打开武汉发展思路

“培桃育李‘唯真唯实’德业高深堪典范，建言献策‘忧国忧民’胸怀坦荡留英名”是他一生的真实写照。改革开放后，李崇淮第一个提出大武汉地区的“两通”起飞发展战略构想；他勇于为国家的政治民主化、经济建设现代化、教育科学化、法制建设建言献策，是践行多党合作的楷模和旗帜。

1949

李崇淮，作为知识分子中的杰出代表，一生赤诚报国，充满传奇色彩。他的人生之路曾遭遇过坎坷与曲折。自从定居武汉，这里就成了他的第二故乡。从此，这片土地的繁荣昌盛，与李崇淮的学术研究与实践紧紧地联系在一起。

留学耶鲁，毅然回国

1916年10月，李崇淮出生于江苏淮阴一个教育世家。父亲李更生是当地一位广为人们所称颂的爱国教育家。早在1927年，毛泽东在武昌中央农民运动讲习所期间，就曾盛赞过李更生捐家兴学的办学功绩。

李崇淮从小受到良好家教、家风、家传的影响，读书非常勤奋，15岁考入镇江中学读高中，后转入扬州中学续读，并于1934年秋以优异成绩考入清华大学物理系。

日本帝国主义入侵，中华民族面临生死存亡关头，他与热血学子一道投入“一二·九”爱国运动。入学两年因病辍学回家疗养。1938年入华西协和大学研修外国文学。后来，他觉得中国社会贫弱与政治腐败的根源在于经济落后，要想更好地报效祖国，应从研究经济学科入手，由此下决心专攻经济学。1941年他以优异成绩从华西大学经济系毕业。

大学毕业后他到重庆交通银行工作。1943年10月由银行资助赴耶鲁大学研究院攻读经济学硕士学位。回国后，李崇淮被任命为交通银行汉口分行襄理，主要主持外汇部的工作。

1949年5月武汉解放前，武汉大学聘李崇淮为兼职教授，解放后武大聘请李崇淮为专职教授，除了教学科学工作外，他还先后任银行专修科副主任和学校总务长等职，1951年因工作出色，被武汉市人民政府授予“模范教师”称号。

1949年7月10日的《长江日报》，在《武大师生员工热诚协助接管》的报道中提及李崇淮：“在农学院清点工作中，同学们清点档案经验少，李崇淮教授则帮助查阅档案。”1961 年参加武汉市第四届人民代表大会第一次会议有感的李崇淮，以《新武汉颂》的诗歌表达了内心对未来的憧憬。

1949 年 5 月，李崇淮加入中国民主同盟会。1950 年 7 月，在征求统战部门负责人的意见后，他又加入了中国民主建国会。因为他曾在交通银行工作过，与武汉工商界的许多人士都是朋友，而这些人都是中国民主建国会的工作团结对象。

提出“两通”起飞经济发展战略，获颁武汉市第一号嘉奖令

尽管李崇淮的人生之路曾有过坎坷与曲折，但他始终对国家和民族的前途充满信心与希望。武汉是他的第二故乡，这片土地的繁荣昌盛无时不牵动他的心，自然而然与他的学术研究紧密相连。他以改善民生、提高人民福祉为己任，不断为建设大武汉建言献策：“两通”起飞发展战略、建设长江二桥、创建武汉经济技术开发区和武汉港对外籍船舶开放……这些对武汉经济发展具有重大影响的建议，都是由他独立或与他人联合提出的。

“天下有道，则国人议。”党的十一届三中全会的召开，让已经 62 岁的李崇淮好像一下回到 26 岁，浑身充满干劲。他先是出任武汉大学经济管理系教授兼系主任，随后又协助创办了武汉大学经济管理学院，并出任教授兼副院长。这时候李崇淮不再沉默，他重新放飞思想，宏论迭出。1983 年 5 月，武汉市人民政府成立了咨询委员会，李崇淮被聘为咨询委员。

2018 年是中国改革开放 40 周年，李崇淮的名字和事迹又一次次地被各大媒体提及：“……武汉大学教授李崇淮提出‘两通’起飞为突破口，武汉成为全国第一个进行经济体制综合改革试点的省会城市……湖北有改革‘敢为人先’的基因……”

在武汉改革开放 40 周年大事记中，也这样记录着李崇淮与他的奉

献：1983年5月，中国民主建国会武汉市委主任委员、武汉大学教授李崇淮提出武汉市经济体制改革应以交通和流通为突破口（“两通”起飞），把武汉建成“内联华中、外通海洋的经济中心”。武汉市人民政府采纳其建议，并于1985年1月25日向李崇淮颁发第一号嘉奖令。

李崇淮“两通”起飞发展战略理论的开篇之作《从交通和商业入手，加强中心城市建设》，发表于1983年5月26日的《长江日报》。他写道：“如果用一个形象化的口号来表达我们的战略目标：就是要把武汉市变成为仅次于上海的‘东方芝加哥’。”

一个多月后，《长江日报》编辑部就以“从加强‘两通’起步促进武汉经济起飞”为专题召开了武汉经济社会发展战略问题座谈会，李崇淮参加会议并再次阐述了“两通”起飞的构想：从武汉具有天赋的九省通衢“十”字形的战略地位出发，应把武汉建成为华中地区的经济中心也就是地区的“心脏”，这就必须大力改善交通条件（使得血管流通），使得各种商品流通无阻（血液畅通）。只有“两通”发展了，改善了，武汉市的工业生产才会随着商品市场的扩大而发展。

李崇淮说：“这是一个粗糙的、很不成熟的设想，提出来的目的在于‘抛砖引玉’。果然，在此以后听到不少高论，看到不少有价值的文章，对自己认识的提高有很大助益。”李崇淮在《长江日报》撰文首次提出“两翼”起飞之后，引起了社会各界的广泛关注，1983年8月10日，他以《再谈从“两翼”起飞问题》为主题的文章在《长江日报》上发表，相比于第一次，这次的文章更加成熟和系统化。

李崇淮深入调查研究武汉地区当时的经济和地理环境特点，而后又提出三论、四论“两通”起飞发展战略，进一步科学、系统地完善了这一理论。

武汉位于世界第三大河——长江及其最大支流——汉江的交汇处，是中国中部地区中心城市，素有“九省通衢”之称。而李崇淮提出的“两通”起飞战略凸显了武汉的地理优势和特点，是武汉经济腾飞的关键所在。武汉市委、市政府主要领导认真研究了李崇淮的建议后，作出

1945 年留学美国时的李崇淮

嘉奖令
第一號
武漢大學李崇淮教授，爲武漢城市經濟體制改革作出了重要貢獻，特此嘉獎。
武漢市人民政府

1985 年 1 月 25 日武汉市人民政府向李崇淮颁发“第一号嘉奖令”

1997 年李崇淮参加八届全国人大会议

李崇淮 1985 年撰写《大力发展“两通”是具有普遍性和长期性的战略任务》（底稿）

武汉经济发展与经济体制综合改革试点以“两通”为突破口放开搞活的重大决策。

1984 年 6 月，时任武汉市市长吴官正举行记者招待会，公开宣布武汉三镇市场向全国敞开，地不分南北，人不分公私，一律欢迎来武汉办工厂做生意，打破地区和部门垄断，鼓励全民、集体、个体一起兴办商业、服务业和交通运输业，保护竞争主体。随着“‘两通’突破，放开搞活”的改革思路的确立，武汉经济体制综合改革的序幕拉开了。

“两通”突破旧体制重生产、轻流通的传统观念，加快了商品市场的形成和要素市场的发育，促成了城市流通中心、交通枢纽、金融中心、科教中心和信息中心等多功能作用的恢复和发展，同时促使武汉市咬紧牙关上了一批基础设施建设重大项目，改善了城市面貌和投资环境，促进了武汉的对外开放。

1993 年，《长江日报》记者采访李崇淮：“当初，您提出武汉‘两通’起飞的发展战略，曾引发各种议论，您现在如何看？”他回答：“发展‘两通’是发展市场经济为先导。‘两通’是从市场经济出发提出的，它是发展城乡之间、消费者与生产者之间、地区与地区之间相互交流的桥梁和纽带，是发挥武汉多功能中心城市作用的需要，也是把武汉建成国际性城市的基础。交通和流通，如同市场经济的血管和血液，缺一不可。随着全国经济的发展，‘两通’在发展市场经济中的重要性愈来愈为人们所认识。有人认为，敞开三镇，面向全国，引进竞争，优胜劣汰，其结果是打败了本地工业，在我看，那不是‘两通’起飞的错，而是有其他主客观原因。”

他被《武汉改革志》列为第一号改革人物。改革开放 40 年，有报道评价，“两通”突破让半个中国为之活跃起来，大连、青岛等沿海城市纷纷来武汉取经，推行类似改革。中国人民大学商学院教授、中国经济改革与发展研究院副院长陈甬军这样评价“两通”战略取得的明显效果：“以汉正街小商品市场为代表的商贸流通业的繁荣，促进了市场经济的发育和发展。”

被誉为“提案专家”

2016年10月15日，李崇淮诞辰百年纪念活动暨学术思想研讨会在武汉大学召开。年轻的学子、白发苍苍的长者，从世界各地赶来，缅怀这位老人的壮阔一生。

参加李崇淮百年诞辰纪念活动的与会者在缅怀李崇淮的发言中讲道：在20世纪80年代初，围绕着股份制是姓“资”还是姓“社”的问题，学术界曾出现了激烈的争论。在一些人看来，股份制脱胎于西方资本主义，股份制无异于是颠覆社会主义的“洪水猛兽”。面对争论，李崇淮明确指出，股份制经济有两重性。在资本主义制度下，它“嫁”给资本主义，可以姓“资”。在社会主义制度下，它“嫁”给社会主义，应该姓“社”。1984年12月，李崇淮主编出版了《股票基本知识与实践》一书，被誉为“中华人民共和国成立以来我国关于招股集资方面的第一本专著”。后人评价，李崇淮在当时的时代背景下，如此鲜明地提出运用股份制，难能可贵，体现出他的胆识和对祖国对人民的一片赤诚。

与会者还回忆道：李崇淮是经济学家，但他不在书斋中故步自封，他思维活跃、视野广阔、热心参政议政。他曾任第六、七、八共三届全国人大代表，第七届全国人大常委会委员，中国民主建国会中央第五、六届副主席和民建武汉市委员会主委。当了15年的人大代表，李崇淮每年领衔和会签的提案都在10件以上，从而被誉为“提案专家”。在担任七届全国人大常委期间，他曾作了15次大会发言，对国家的政治、经济、文教等方面提出许多建设性意见，并且均被中共中央和国务院采纳。

李崇淮曾经两次提出修宪建议。第二次是在1997年10月，李崇淮建议将“邓小平理论、依法治国和基本经济制度”写入宪法，其中“依法治国”的建议，他已提出两次了之后，李崇淮与时任中国民主建国会武汉市委员会主委、武汉市副市长、武汉大学教授辜胜阻，中国民主建国会武汉市委员会副主委、武汉大学教授王曦三人将此提案联名上书，中国民主建国会中央据此正式向中共中央提出修宪建议。1999年3月，在九届二次全国人大会议上通过的《中华人民共和国宪法修正案》中，这三条修宪的建议均被纳入其中。

1994年全国“两会”，李崇淮怀揣“建立长江中游开放开发带和华中自由贸易区”的大胆设想进京。其观点核心是：以武汉为龙头，选择长江中游华中地区综合条件好的地方分阶段地建立保税区、出口加工区、保税出口加工区、高新技术开发区，形成高层次、大开放、功能全、具有华中特色的华中自由贸易港区。

李崇淮一向认为，只要和民生攸关，不分大事小事。1996年武汉“两会”，李崇淮只带了两件“小提案”：一件是关心知识分子身体健康，支持武汉大学实施“湖改江”供水工程；一件是建议将汉口殡仪馆加以扩建或迁移。

“你对武汉前景怎么看？”多年前，《长江日报》记者这样问李崇淮。他充满自信地回答说：“武汉经济会进一步腾飞，通过大改革、大开放，迈向国际性城市。”今天的武汉，正致力于开启复兴大武汉的新征程。多项重大国家战略和40多项国家级的改革试点在武汉聚焦落地。

李崇淮的一生，充满爱国主义精神和忧国忧民的情怀，他只是一个大学教授，收入不多，但曾多次通过各种渠道向贫困百姓和受灾地区捐款赠物。最后一次是去世前一周，他从电视新闻中得知四川汶川发生强烈地震，当地百姓损失惨重，他心怀悲痛，毫不犹豫捐款2万元给灾区人民，为他一生的爱国主义情怀与实际行动画上了圆满句号。

笔者手记

李崇淮对第二故乡武汉，一直爱得深沉。自定居武汉后，他就再也没有离开过这里。

武汉的发展，凝聚着他的聪明才智。在《长江日报》资料室堆积的泛黄的报纸中，查阅到先生撰写的大量关于武汉经济发展建言献策的文字，其中就包括“两通”起飞的构想。

作为大教授，李崇淮对很多看似不起眼的民生小事也格外上心。这显得非常难得。

比如，针对宴席上的陈规陋俗，他就在《长江日报》上撰文呼吁改革：人的胃口有限，大量菜肴吃不完，作为垃圾倒掉，造成浪费。

我看过李崇淮的一些提案，比较简洁，没有长篇大论，通常也就几百字，有的甚至更短。今天看来，这对改文风有很强的启示意义。

作为知识分子，国家法制进程的道路上，也留有李崇淮的身影。他走出了一条民主党派人士与共产党人风雨同舟的光明之路。

李德仁，摄影测量与遥感学家，中国科学院院士、中国工程院院士、国际欧亚科学院院士，武汉大学学术委员会主任、测绘遥感信息工程国家重点实验室教授。

李德仁

引领中国测绘居世界“三强”，推动科技成果转化

他生于战争年代，长在红旗下，曾在政治动荡中跌入人生的谷底，又在逆境中坚持15年，向学之心不改，努力攀上事业的巅峰。他的人生故事几经变化，不变的是他的坚持与前进步伐。

“爱我中华，兴我家邦。”这句“李氏家训”的开篇句，他是最好的诠释者、践行者。

他对测绘事业矢志不渝，永不停歇地创新：发明“李德仁方法”，解决世界测量学上的百年难题，创造性地取得一项项测绘新成果，引领中国测绘学科稳立“世界三强，亚洲第一”，把我国的“太空之眼”“擦”得更亮……

他就是中国科学院、中国工程院、国际欧亚科学院和国际宇航科学院院士、武汉大学教授李德仁。

一门走出三位院士

江苏泰州，溱潼古镇，自古以来崇文重教。

李德仁在七个兄弟姐妹中排行老二。从小，他在家中便是最受宠的那个。祖父李子宽经常会偷偷把他叫进房间，给他塞上一根鸡腿，或者一大块肉。

从 3 岁起，李德仁便和姐姐一起上私塾，接受严格的教育，背唐诗、古文。母亲李淑华家教甚严，为了让他握笔更有力，李德仁写字时，她常常从后面抽笔，一旦抽走，手上便要沾上一手墨。为了让李德仁多认字，母亲与他约定：认到一千字吃一顿饺子，认到一万字，再吃一顿。在那个兵荒马乱的年月里，平常人家只有过年才能吃到饺子。

几十年后，李德仁对这些细节仍记忆犹新。

1950 年，11 岁的李德仁考入离家 30 里外的江苏省泰州中学。这所中学始建于 1902 年，历史底蕴深厚。胡锦涛、童凯、侯德元、支秉彝、夏道行等，均毕业于该校。

“初生牛犊”质疑苏联权威

1957 年，18 岁的李德仁以优秀的成绩考入武汉测绘学院，从泰州来到武汉，被分在了 5721 班，并被任命为班长。因为个子小、人聪明，李德仁被同学们称作“小班长”。

在武汉，李德仁遇到了恩师王之卓教授、夏坚白院长等名师，奠定了一生的学问基础。

大学期间，他是图书馆的常客，常常早上第一个进门，几乎看遍了馆内所有的专业文献，包括英文的、俄文的。当时他有位同学朱宜萱总是占不到图书馆座位，就找李德仁帮忙。除了占座，还帮忙辅导，两人逐渐熟悉起来。

当时学的是苏联教材，作者是几位测绘遥感界的权威，比如罗曼诺夫斯基等人。但李德仁和几个同学发现，教材里面有错误，于是就大着胆子，写了文章进行批驳，并通过朱宜萱转交给了当时测绘学院的副院长王之卓。

王之卓比李德仁大 30 岁，20 世纪 30 年代在德国取得航空测绘博士学位。他看到文稿后，十分兴奋。他让办公室秘书把李德仁请到家里，面对面交流。两人一见如故，王之卓表示，支持学生们的观点，学生们是对的，是苏联的教材错了。

1963 年，李德仁大学毕业。毕业设计做的是“反光立体镜作解析摄影测量加密制图”。李德仁在文章中又指出：加拿大和英国教授的公式里面有毛病。王之卓先生非常高兴，让他把毕业设计浓缩成一篇文章，在《测绘学报》上发表。

“当时给我了一笔稿费，180 元。那是 1963 年，当时大学毕业生的工资也只有 48 块。”李德仁回忆。他把这笔“巨款”存了定期，结婚的时候交给夫人朱宜萱，这是他结婚时唯一一份财产。

本科毕业后，李德仁报考了王之卓的研究生，三门课，李德仁考了两个 100 分，一个 99 分。王之卓说，想找个地方扣分都找不到，最后有一个地方没写单位——米，扣了 1 分。

在岳父朱裕璧的资助下，李德仁兴冲冲地去了北京游玩。没想到，暑假过后，事情就发生了变化：学校宣布毕业分配，李德仁不能再读研究生，而被分到了国家测绘局地形二队，去新疆。后来没有去成，又去了宝鸡秦岭的一个试验场做测量。

不久后，在王之卓的力荐下，他又回到武汉测绘学院研究所，由于政治问题，他不能直接参与研究，而被派到情报研究室做情报工作。在这里，他不忘恩师教导，默默做研究、编写软件。

留学德国，解百年难题

1978 年，中国恢复研究生招生，李德仁回到恩师王之卓身边，成为一名研究生。

1982 年，43 岁的李德仁以访问学者的身份去了德国。导师王之卓将他推荐给了世界摄影测量领域的领军人物阿克曼教授。

在德国，李德仁每天早上6点多起床，骑自行车到学校，中午吃食堂，成天“泡”在机房或办公室，推公式、做实验，很晚才回宿舍。

遥感测量数据以千万计，区分处理各种误差是测量学界的百年难题。在德国，他首创了测绘的“李德仁方法”，解决了这一百年难题。直到今天，即使是世界上科技最先进的国家，也要用李德仁的理论来校正自己的航测平差系统。

在德国，博士毕业一般需要五年，而李德仁只花了一年八个月，就把论文写出来了，两年四个月，论文答辩就通过了。

1985 年 2 月，李德仁学成回国，成为武汉测绘学院的一名讲师。5 天后，他就站在讲台上，开始给航测系 832 班的学生讲授基础摄影测量学。

之前，有几家德国的研究机构想留他工作，被他一一婉拒。

李德仁回忆说，当时妻子朱宜萱来信写道：“几十年来你一直在学习、在花国家的钱，现在到了该回国‘挤奶’的时候了。”

李德仁回国以后，取得一个又一个创造性成果。回国一年后，他破格升为教授，1991 年当选中国科学院院士，1994 年当选中国工程院院士，1999 年当选国际欧亚科学院院士。

一颗科技界、学术界的明星冉冉升起。

三十多年来，在李德仁及其团队的努力下，武汉大学测绘学科成为我国乃至全球规模最大、学科门类最全、教育层次和办学体系最为完整的测绘类学科，在全国学科评估中一直排名第一，中国测绘科学得以与美、德并驾齐驱，居世界前三。

为了“天眼”更明亮

坐地日行八万里，巡天遥看一千河。在太空中，遥感卫星犹如一颗颗“天眼”，扫描着地球上的资源、环境、气象、海洋等。

兴起于 20 个世纪 60 年代，遥感技术利用传感器对物体的电磁波辐射、反射特性与回波信号，对地球进行探测，让人类拥有一双可以

李德仁院士 WGDC2018 演讲：遥感已进入到对人、对社会观测的新阶段

李德仁院士（左）与国外学者交流

无限感知地球的“千里眼”。

让这些“天眼”更明亮，是李德仁一辈子的追求。

由于核心元器件受制于国外，我国遥感卫星定位精度长期停留在300米左右。20世纪80年代开始，李德仁带着他的团队在误差处理上狠下功夫，并向国家建议，建立高分辨率对地观测系统重大专项。经过近三十年的努力，分辨率从5米、3米、2米、1米，提升到0.5米乃至0.1米水平，从数百公里的高空可以清晰地看到故宫中的游客。

李德仁率先呼吁，发展中国的地理信息系统软件。在他的主持下，经过多年的攻关，一个具有中国版权、达到当代世界先进水平的地理信息系统软件——“吉奥之星”诞生了。

这一软件打破了国外软件“一统天下”的局面。

2008年，汶川大地震发生后，李德仁及其研究团队仅用了两个星期就对灾区的17个村镇进行了地面数据采集，为相关部门了解灾区房屋损毁情况进行评估提供了可靠依据。

“做科研不能跟着外国人走，要走中国人自己的路，要按照国家需求、百姓需要去做。”李德仁说。

依托高科技成果，李德仁先后创办了3家高科技企业，将科研成果转化为生产力，并出任中国光谷首席科学家，为武汉经济社会发展助力。

无论科研工作多忙，李德仁总坚持要为学生上课。每年开学时，李德仁都会如约出现在武汉大学测绘学概论课堂的讲台上，为600名大一新生上课。

曾有记者问他打算什么时候退休，他说：“我的老师王之卓先生93岁去世，他工作到最后一分钟。我也要学老师，人退休了，还要活到老，学到老，干到老。”

“人不能虚度一生，要为国为家作点贡献；顺境也好，逆境也好，都要自信自尊，正如一块白布，可以做顶帽子给别人戴头上，也可以做块垫子，让人坐在身下……”在接受采访时，李德仁这样说。“当上院士不是人生的终点，而是起点，要不忘初心，牢记使命，带动更多的青年人，为中国和世界进步作贡献。”

笔者手记

把李德仁称作“天才”，应当不算过分：

大学时，他就敢质疑挑战苏联院士写的教科书，而且事实证明他是对的；下放农村，在水泥厂干苦活，他竟然能研究出新型水泥，并获国家科技发明奖；留学德国，他提出的测绘方法，竟然解决了百年难题，并沿用至今。

并不是每个人都能像他那样智商出众，但李德仁有不少品质，普通人也能学得来。

比如他的不畏挫折，上大学时，曾留过级，但他仍然珍惜机会，每天第一个进图书馆，如饥似渴地阅读馆内文献；下乡时，每天干苦活、累活，但他仍坚持学习，待研究生招生一恢复，38岁的他，能立刻考85分以上。

又如他的家国情怀，像他这样的顶尖人才，留学国外，一定可以高薪厚禄，然而他却毅然回到发展还刚刚起步的祖国。

为国效力，我辈共勉。

方秦汉，桥梁钢结构专家，中国工程院院士，从事桥梁工程设计六十多年，参加或主持了数十座大桥的设计和研究，尤以钢桥设计见长。

方秦汉

义无反顾迎难而上，长江上座座大桥都有他的心血

在中华人民共和国桥梁建设史上四个里程碑大桥的建设中，他是中国现代钢结构桥梁工程技术的开拓者和集大成者。他的一生中，精湛的科研技术、严谨的科学精神、简朴的生活作风都被广为传颂。这就是一名知识分子半个世纪的执着追求和对伟大祖国母亲与人民大众的无私奉献。

2014 年 10 月 14 日晚 9 时，我国著名桥梁专家、中国工程院院士方秦汉因病在武汉去世，享年 90 岁。作为桥梁钢结构专家、业内亲切称呼的“钢霸”，他曾参与武汉长江大桥的设计，并主持了南京长江大桥、九江长江大桥、芜湖长江大桥等十余座大桥的钢梁设计。

“一生与桥共沧桑，桥桥手塑锁大江。千慧入桥成钢霸，万情融桥写华章。秦桥拱，汉桥昂，今桥等闲万丈长。方将我魂化桥魂，心桥如虹飞巨梁。”这首由曾任《科技日报》总编辑的张飙即兴填写的《鹧鸪天》，是对方秦汉院士桥梁生涯的真实写照。

一生与桥结下不解之缘

方秦汉出生于浙江黄岩的一个较为殷实的橘农家庭。1946 年秋，方秦汉考取清华大学，攻读土木工程结构专业，这是他人生一个转折点，尤其是清华的老师那种严谨认真、一丝不苟的敬业精神，深深影响了方秦汉。

清华的学风好，教学好，设备好，为学子提供了最好的学习条件；有著名学者做他的老师，令方秦汉敬佩不已，更立下了努力学习、报效祖国的志向。当时，正值中国革命胜利的前夜，方秦汉既认真读书，也关心时事政治，在进步同学的影响下，多次参加反饥饿、反内战游行，迎来了中华人民共和国的诞生。

1950 年方秦汉从清华大学毕业时，正值国家开始着手武汉长江大桥的建设，他因此被幸运地分配到铁道部武汉长江大桥设计组实习。大学一毕业就有机会参与建设“万里长江第一桥”的工作，为其从事大型桥梁设计奠定了很好的基础。从此，方秦汉的一生与桥结下了不解之缘。此后半个多世纪的建桥生涯中，方秦汉留下了一座又一座大气磅礴的桥梁，成为我国现代钢结构桥梁工程技术的开拓者和集大成者。

方秦汉在武汉长江大桥钢梁设计组组长王序森的指导下工作了 4 年，学到不少知识。王序森务实严谨的工作作风对方秦汉影响也很大，成为方秦汉做人做事的榜样。1954 年，武汉长江大桥的总体设计完成，此时离通车还有 3 年时间，被视为从王序森那里学到了钢梁设计“真经”

的方秦汉，受命担任湘桂线衡阳湘江大桥设计负责人。

衡阳湘江大桥，这是中华人民共和国的第二座公铁两用桥。这也是方秦汉第一次独当一面工作。他运用所学，将正桥上部结构设计成公路铁路上下分层的连续钢桁梁，公路引桥为装配式钢筋混凝土结构。这在 20 世纪 50 年代是比较先进的，后来有“小武汉桥”之称。后来，方秦汉又领导了多座大桥的设计工作。

工程设计，来不得一点马虎。无论是做工程设计，还是指导学生，方秦汉一向都以严格著称。

熟悉方秦汉的人都知道，他平时话语不多，和和气气，可一旦工作起来，就像换了一个人似的。在重大技术问题上，他从来是认理不认人。他和领导“吵”，和同事“吵”，和工人“吵”。在一次又一次“争吵”中，完成了一项又一项气势恢宏的钢梁设计。

1990 年 7 月 25 日上午，正在工地上指挥钢梁架设的方秦汉突然接到一个电话通知，要他立即赶到北京参加会议。原来，有人写信反映正在架设的九江长江大桥有严重的技术问题，建议大桥停止施工。方秦汉发现是写信举报者的计算依据有问题，但他的辩解却很难消除会议专家的疑问。这样，他不得不一次次去北京向专家们报告数据和参数。此后经过多次会议辩论，直到次年的 1 月 17 日，专家们终于得出了方秦汉的设计方案安全的结论，这就是历时半年之久的、震动中国建桥界的“京都大辩论”。

这项大辩论表面是围绕九江桥的设计进行，实质是桥梁设计技术上的保守和创新之争。方秦通过创新，把九江桥建成一座世界级水平的桥梁。两年后，九江长江大桥钢梁顺利合龙，并一举取得 12 项国内外领先的技术突破。

一丝不苟的态度，源于方秦汉在清华大学的求学经历。“工程师的计算是绝对不能出错的！”方秦汉回忆，后来成为首批中国工程院院士的张维老师就规定，即使算式列对了，只要答案不对，仍旧一分不能给，因为一点差错就可能导致全盘皆毁。给他留下深刻印象的，还有著名科学家钱伟长老师，他与张维教授交叉出题，每周考试，题目极难。

这种严谨认真、一丝不苟的性格，影响了方秦汉，严谨的作风也在大桥院得到了传承。

率队研发国产“争气钢”

2003年10月16日至17日，“21世纪国际桥梁技术的发展与展望”技术论坛在武汉香格里拉大饭店隆重举行，来自国内外的230余位专家学者参加了这次会议。会上，方秦汉院士作了题为《中国铁路钢桥发展的回顾与展望》的专题报告，报告中他对中国铁路钢桥的历史和技术发展进行了概要总结。

中华人民共和国成立后，建设面貌为之一新，各项建设蓬勃发展，桥梁事业亦不例外，对推动我国铁路钢桥发展起决定性作用的有武汉、南京、九江、芜湖四座长江上的桥梁。这四座大桥都是公铁两用桥，铁路为双线，公路为四车道。南京长江大桥于1958年规划兴建，1968年建成通车。

中华人民共和国成立，面临着外国的封锁禁运，初期还有苏联的援助，但20世纪50年代末，苏联也停止了对中国的援助，南京长江大桥是完完全全在独立自主、自力更生的条件下建成的，建设这座大桥在材料方面遇到的最大困难是钢材。

余启新撰写的反映方院士事迹的《桥的交响》一书，再现了方秦汉率队研发“争气钢”的过程。武汉长江大桥建成后，1958年南京长江大桥项目上马。方秦汉被破格任命为南京长江大桥钢梁设计组组长。

南京长江大桥钢梁跨度达160米，且为公铁两用桥，这一标准是当时国内桥梁钢所达不到的。于是，中国向苏联订购了钢材，后因中苏关系紧张，苏联停止供应桥梁钢。对此，周恩来总理下达指示，要铁道部与冶金部一起联合攻关。方秦汉受命参与研发。

南京长江大桥的钢梁部件多，所有的计算，都是靠计算尺一个数字一个数字地算出来。仅钢梁杆件截面的选定，方秦汉就带着十几人计算了4个多月。经过各方协作努力，钢材研制成功，被称为“16锰桥梁钢”，此种钢材被人们称为“争气钢”。

中铁大桥局有关负责人介绍：“在建南京长江大桥之前，中国是

南京长江大桥建设期间的方秦汉院士

方秦汉在清华大学求学

50 年代的清华土木系学生 前一为方秦汉

没有桥梁钢的，在南京长江大桥我们研制出了‘争气钢’”。

方秦汉领导的设计组，除了负责设计钢梁架式外，还兼顾深水基础方面。设计组把这当成打淮海战役一样的重大战役来打，方秦汉为此整天浸泡在设计现场，不知度过了多少个不眠之夜……经过十年的艰苦奋斗，克服了设计和建造技术上和施工中遇到的种种困难，1968年9月,举世闻名的南京长江大桥终于建成通车了,举国上下,一片欢腾。南京长江大桥的建成，结束了京沪线上南京段需要渡轮过江的历史。

方秦汉的学生，中国工程勘察设计大师、中铁大桥院副总工程师徐恭义回忆，在计划经济时代，国内钢厂生产的多为“大路货”，若无相关部门指令，钢厂不愿投入更多搞研发。“方院士为了推动中国桥梁钢技术水平与国际接轨，不辞辛苦，一趟趟出差跑钢厂，说服他们。用他自己的话来说，就是一遍遍去‘吵架’。”

九江长江大桥建成后，方秦汉开始了对芜湖长江大桥桥梁钢的选择。1985年，他与武钢达成协议，进行试验研究，“研发14锰铌钢”。在讨论该桥钢梁材质时，有人主张进口日本钢，我国当时已有几座桥用过这种钢，不用担风险。但方秦汉力主采用国产14锰铌钢。

他说：“我们做过试验，这个钢光研制就花了5年，我对它太了解了。既然我们国家有这么好的钢，为什么要用国外的呢？我们要用中国钢。”最终，武钢争取到最后供货权。后经测算，采用国产钢，大桥节约资金1.1亿元。

武钢相关人士介绍，方秦汉力主芜湖长江大桥用上武钢国产钢，对于武钢的桥梁用钢发展也起到了至关重要的推动作用。武钢的桥梁用钢后来还用在了跨海大桥杭州湾大桥及港珠澳大桥上。武汉本地除长江大桥外，所有桥梁都用上了武钢的钢材。

敢于坚持原则获“钢霸”雅号

关于方秦汉“钢霸”之名的来源，起初源于一座桥梁厂的技术工人之间。1989年，方秦汉把完成的钢梁工艺设计图纸和方案交予该桥梁厂进行试制。可是厂方出于成本考虑，竟擅自改动设计图纸、简化生产流程。这样的改动很快就被前来了解钢梁试制进度的方秦汉发现了，当即责成更改回来。可等他一离厂，厂家又将图纸改了过来。

当方秦汉第二次来桥梁厂检查时发现图纸再次被改，他怒不可遏，厂方终于妥协。从此，该厂上上下下都知道方秦汉的“厉害”了。谁知道更“厉害”的还在后面，为验收第一批试制出的钢梁，方秦汉第三次来到了该厂。这一次，虽然设计没有擅自改动，可是他发现钢梁焊接处加温不到位。按照规定，焊件焊接完后，应加热到一定温度和保温一定时间，以消除残余应力。他急忙找来生产流程记录仔细查看，果然查出原本设计标准要求的 100℃ ~120℃，生产时却只有 60℃ ~80℃。他的脸色即刻阴沉下来，从技术人员、车间负责人到厂领导，他逐一责问了一遍，当即要求所有试制钢梁全部报废重来。

厂方允诺接下来的钢材一定按标准来，但提出已经生产出的钢材希望能够继续使用，因为这不仅涉及巨大的经济利益，更关系厂家的声誉和领导的威信。然而，方秦汉始终一句“规章制度摆在那里”，意思是必须坚持原则，致使双方僵持不下，怎么也谈不拢。方秦汉心想，九江长江大桥可是百年大计，马虎不得，也耽误不得，于是他马上直接找铁道部基建总局的领导告状：“九江长江大桥，百年大计啊！能马虎吗？敢马虎吗？这新技术联合攻关项目，是周总理生前决定的，能这么应付吗？每一根钢材都绝对不能出任何质量问题呀！”

总局的领导对方秦汉的这番话肃然起敬，当即宣布不合格的钢梁全部报废。桥梁厂这下没辙了，转而向方秦汉说情，可是却遭到方秦汉的痛斥：质量问题，绝不姑息！于是该厂上上下下又得从头开始忙。从那以后，该厂的人背地里谈起方秦汉的时候，都戏谑地说：“这老头，真是个‘钢霸’！”慢慢地，这个绰号就在从事桥梁建设的同事和工人之间传开了。值得一提的是，后来该厂因生产出了具有世界先进水平的高强度钢梁而获得了大量钢梁生产订单。

作为一个卓越的著名大桥的设计者，方秦汉最负盛名的当推钢梁设计，这是建设一座大桥的关键所在。从绰号到雅称，为我国桥梁建设事业作出卓著贡献的方秦汉，后来也被中国桥梁界称之为“钢霸”。

1996 年，71 岁的方秦汉又接到了一个新的任务：担任芜湖长江大桥的钢梁设计和科研负责人。此时的方秦汉，对设计一座桥梁的眼光更为长远，既不希望停留于复制前人，也不限制于局部的技术创新，而是放眼如何将中国的整体桥梁设计与国际接轨，力争达到国际领先水平。

方秦汉像一名从容的“棋手”，指挥着芜湖长江大桥这局大棋有条不紊地展开。他不仅指导设计出符合我国桥梁事业长远发展的新钢种，还创造性地设计出符合实际情况的桥梁形式——大跨低塔斜拉桥。

在方秦汉的带领下，芜湖长江大桥不仅解决了大桥受三标高限制的难题，还节省了大量的钢材，减轻了桥体的自重，使整座大桥曲线优美，桥面平直，达到了世界最先进水平。

经过数千名建设者连续三年半的艰苦奋战，2000 年 9 月 30 日，建设规模相当于武汉长江大桥和南京长江大桥总和、多项技术指标居于世界先进水平的芜湖长江大桥建成通车了，此时，方秦汉已 75 岁高龄了。

芜湖长江大桥被桥梁界称为继武汉长江大桥、南京长江大桥、九江长江大桥之后的第四座里程碑。这四座里程碑式桥梁，都镌刻着方秦汉的名字。芜湖长江大桥建成后产生了良好的经济效益和显著的社会效益，2001 年被评为国家优质工程鲁班奖，2003 年获詹天佑土木工程大奖。

从 1950 年方秦汉参与设计万里长江第一桥武汉长江大桥开始，到主持设计南京长江大桥、九江长江大桥和芜湖长江大桥，半个世纪中，作为一名知识分子，他出色完成了我国十几座特大桥的设计，为发展我国的交通事业，作出了卓越的贡献。对于成就，他淡淡地说：“我只是一个地地道道的工程师。”

位于武汉的中铁大桥局是世界上设计建造桥梁最多的企业，60 多年来，在国内外设计建造了 3000 余座大桥，总里程 3600 余公里，在大跨度公路桥、铁路桥、公铁两用特大桥、超长跨海大桥、大跨峡谷桥等建设方面形成了独特的技术优势，达到世界领先水平。百舸争流千帆竞，勇立潮头敢为先。方秦汉院士的事迹和精神也在不断激励着大桥人在新时代谱写更加辉煌的篇章。

笔者手记

一个人的生命是有限的，如果能把有限的生命用到参与历史进程的重大工程中，无疑会让生命变得更加有意义。

方秦汉在中国桥梁建设史上留下了重要印迹，这是一位了不起的人。从 1950 年参与设计万里长江第一桥——武汉长江大桥开始，他出色地完成了我国十几座特大桥的设计。

方秦汉的身上有一种不怕困难的奋斗精神。比如，在建设南京长江大桥时，他率队研发国产“争气钢”。

工程施工中质量和安全管理不仅关乎工程的整体质量，还与人们的生命安全和社会的稳定发展有密切联系。

作为一名工程师，方秦汉这种敢于负责和坚持原则的精神，值得我们每一个人学习。

熊朝辉，中铁第四勘察设计院集团有限公司副总工程师，城市轨道交通设计领域的领军人物，推翻了“武汉不能建地铁”的结论。

熊朝辉

从早生华发到满头银丝，用实践推翻“武汉不能建地铁”的结论

他一直信奉一个理念，评价一名工程师，就看他负责的工程。近几年，武汉轨道交通建设成为国内城市的领跑者，城市地铁开通线路从“一年一条线”发展到“一年两条线”“一年三条线”，武汉市城建发展史中最辉煌的乐章，正由熊朝辉这位总导演及他的设计团队有条不紊地演奏着。

意外调入地铁处，成了“武汉地铁总设计师”

熊朝辉是湖北孝感人，1990年大学毕业后，进入总部位于武汉的中铁第四勘察设计院集团有限公司。这家公司简称为“铁四院”，系世界500强企业、全球最大工程承包商——中国铁建的国有全资子公司。

在西南交通大学读大学时，熊朝辉的专业为地下工程及隧道专业，但他从来没有想到，自己日后会与地铁打交道。刚来武汉那会，武汉长江二桥还没修，单位门口也就两路公汽，外出很不方便。

“这10年，武汉的变化挺大的，拥堵指数逐步下降。”熊朝辉与众多武汉人有着同样的感受。越来越多的武汉人出行乘坐地铁，这让熊朝辉感到自豪。他本人也是地铁族中的一员。

1990年，熊朝辉的大学毕业设计选的就是地铁设计。当时，国内只有北京开通了地铁，而他的老师参与过北京地铁的规划建设。班上26名同学，一半毕业设计做的是地铁，另一半是铁路山岭隧道。

熊朝辉进入铁四院后，并没有立马就从事地铁方面的规划设计工作，而是先做了几年铁路隧道的设计工作。他的人生转机出现在1994年。那是一个熊朝辉至今记忆犹新的日子：1994年8月1日，他到了新组建的地铁处。

1994年，铁四院成立了地铁处。当时广州正在建地铁，而铁四院是广州地铁的参与单位之一。刚组建的地铁处人不多，也就十几个人，都是从铁路设计转型到地铁设计的。

在中国大建设的大背景下，地铁快速发展起来。“上一辈的老同志，当时搞地铁已经搞了五六年了。我属于第二代，第一代现在都80多岁了。”

熊朝辉自20世纪90年代初开始从事地铁设计，主持完成了武汉轨道交通9条通车线路项目设计，目前正主持武汉轨道交通11条在建项目设计。

熊朝辉被业内誉为“武汉地铁总设计师”，已成为城市轨道交通建设领域知名专家。2019年3月，他成为享受国务院政府特殊津贴专家。

在地铁建设中，熊朝辉组织攻克了多项世界级技术难题，克服了诸如瓦斯、软土、长江古河道、溶洞发育区等多种复杂地层带来的挑战，成功穿越繁华的汉口旧城和长江，创造了国内首条穿越长江的地铁、国内埋深最大的地铁隧道、连续同站台换乘技术、地下自动停车场技术等多项中国第一。

如今，25 年过去了，铁四院现在从事地铁修复的员工已经从最初的十几人壮大到了一千多人。

用实践推翻“武汉不能建地铁的结论”

武汉地铁 2 号线开通的时候，熊朝辉的头发还有一半是黑的，但现在已经是全白的。对此，熊朝辉倒显得挺乐观：“白了，看起来，更像是一位专家。”

2012 年 12 月 28 日，武汉轨道交通 2 号线一期通车试运营。熊朝辉作为 5 名建设者代表，参加了当天在中山公园站举行的开通仪式。

2 号线从设计到建成，熊朝辉前后做了 8 年。通车前一天的晚上，他在接受采访时说：“今晚不加班，能早点睡了！”作为武汉的首条地铁线，2 号线的开通意义重大。

世界上第一条地铁是 1863 年在伦敦修建的，总长只有 4.8 公里。中国建设的第一条地铁是北京地铁 1 号线，于 1965 年开始建设，比世界上第一条地铁整整晚了 102 年。

地铁 2 号线的概念，早在 1993 年《武汉城市总体规划》时就已经被提出，彼时国内很多的城市都在做轨道网络的规划。根据规划，这将是中国第一条越江的地铁线，如何越江，成了规划师们面临的最大难题。

1994 年，受武汉市委托，铁四院研究武汉地铁可行性方案时，就提出了武汉地铁应穿江越城，沟通大江南北，并针对水底隧道方案，着重对长江武汉河段的河床稳定性等关键问题作了初步探索。

2 号线修建过程中，时时有报道见诸媒体，诸如“两次解除险情就像万米高空走钢丝”“盾构机经过老城区，就像人在刀丛中跳舞”之类的描述令人印象深刻，也形象说明了修建第一条过江地铁的不易。

在熊朝辉和他团队的共同努力下，险情被一个个排除，难题被一个个攻克，并最终推翻了“武汉不能建地铁”的结论。武汉地铁2号线的成功开通，从此改写了中国无过江地铁、中部无地铁的历史。

“在全国已经通车的近60条地铁中，仅有4条以最高评审等级获准开通，武汉地铁2号线一期工程就是其中之一。”在一次地铁2号线一期工程设计团队与媒体见面会上，熊朝辉这样透露。

一切“以人民为中心”的设计理念

“修2号线的时候，所有规划设计人员都会抱着‘把它用足’的想法。”熊朝辉一次接受媒体采访时说：“转第一个小弯，是为了把中山公园和武广商圈带上。转第二个小弯，是不想漏了江汉路”。

为什么2号线经过了武汉最繁华的地方？2号线的线路起码调整了三次，中间经过很多反复，也是考虑到当时武汉的经济实力，建一条地铁不容易，尽可能串起更多的城市节点。

2号线一期设有21座车站，出入口及站内共安装自动扶梯168台，无障碍垂直电梯每个车站至少2台。数量是全国地铁线路中最多的。

熊朝辉介绍，地铁2号线车站全部在地下，一般的车站深2层，部分深3到4层。在循礼门站，地铁乘客要换乘轻轨，还要从地下2层上到地上2层。只有足够多的电梯，才能方便乘客。

4号线一期连接武昌火车站、武汉火车站，未来还要贯通新汉阳火车站，提行李进出的人更多。设计时充分考虑到乘客这一需求，在部分出入口增设坡道，让行李箱可直接拖行，更加人性化。

还比如，4号线设计上的另一大亮点是，2、4号线的中南路和洪山广场两个站，可以实现同台连续换乘。

这都是由熊朝辉提出来的。他解释，两个站的客流量都非常大，如果只有一个换乘站略显不足，于是就设计了两座站连续换乘。这一方案最终被确定下来。这在国内是首例。

武汉光谷广场综合体集3条地铁线、2条市政隧道及地下空间开发于一体，是国内目前规模最大、组成最复杂的地下空间工程。

光谷广场综合体也是熊朝辉领衔做的设计。如何解决拥堵的痛点？熊朝辉的团队为此通过“摆积木”的方式进行了两个月的研究，只为

黑发时期的熊朝辉

熊朝辉在地铁中调查民意

熊朝辉与同事们在踏勘

找到一条合理的解决办法。

“每一次的险情都不可预测”

尽可能地把地铁规划好，让老百姓出行更便捷，一直是熊朝辉和他团队努力的目标。一个令人欣喜的变化是，前些年各式“中国堵城”排行榜上，武汉总是榜上有名，本地网络论坛上，武汉人讨论最多的就是“堵车”。如今，在不少城市限行的今天，武汉的交通正在朝着越来越好的方向发展。

“设计是一方面，建设比我们更难，实话实说，建设者更伟大。”面对各种荣誉和赞誉，熊朝辉坦承，作为设计师，自己还不是最辛苦的地铁人。“凌晨夜晚收班后地铁其实是很繁忙的，有人要检查轨道，有人要检查车辆，一大早又要投入新的运营工作。”

大规模建地铁，也带动了整个武汉建设水平的提高。但这并不意味着背后没有风险和挑战。比如，地铁纸坊线修建的时候，也遇到了比较大的险情。

地铁 11 号线未来三路站建了一半的时候，遇到了地下暗河——很多窟窿里在流水，而且还是泉水，源源不断，就像管道一样。

武汉现在的地铁是越来越深，之前在地下 20 米，现在是在地下 40 米，而武汉的地质情况不是很好，在朝深层发展的时候，很多风险就来了。

“每一次险情都是不可预测的。”熊朝辉说，现在遇到的险情并不比之前少，只是现在应对险情的经验多了，能够有针对性地采取措施。

一个让熊朝辉和他的同事们比较欣慰的数据是，选择公共交通出行方面，选择地铁的市民已占到了 45%，远景目标是要达到 70%。这是国际发达国家水平，我们还需要时间。

不忘初心，方得始终。“外国人把建筑当成了一门艺术，我们更注重功能，仍有差距。”10 年间，率领团队承担了武汉市 312 公里勘察设计任务的熊朝辉，现在正带领着 20 多家技术团队奋发努力，为武汉国家中心城市建设，为长江经济带大都市圈网络化轨道交通发展，向世界最先进的无人驾驶技术等方向创新迈进。

笔者手记

作为武汉地铁建设的“功臣”之一，媒体上关于熊朝辉的信息十分有限。

说服这位专家接受采访不是一件容易的事。作为地铁族一员，这次面对面采访，我也总算了解了武汉地铁建设中一些鲜为人知的往事。

从早生华发到满头银丝，他终于推翻“武汉不能建地铁”论。这背后，经历的故事、艰难和危险，外人根本无法想象。

今天，我们能够乘坐地铁舒适、安全地出行，应该感谢的人很多，熊朝辉即为其中之一。但他一直强调的是，比起设计者，那些建设者其实更辛苦。

他的经历，诠释着“以人民为中心”这一最大初心。

“诠释担当”篇

留下“开发固热能，中国能崛起”遗愿，他是“心中装着一座喜马拉雅”的李德威；两肾坏死跪守课堂，他是“最美大学教师”余功茂；30 年献身特教，她是“鼓舞妈妈”杨小玲；退而不休，接力扶贫，他们是华农“五老”……

坚守信仰成就不朽人生。一张张朴实面孔，闪耀出的是中国人深入骨髓的“舍生取义”的品格和精神；一个个感人故事，谱写了一曲曲社会主义核心价值观的生动之歌。

李德威，中国地质大学（武汉）青藏高原研究中心总工程师，长期从事基础地质、地球物理、矿床地质、灾害地质、地热地质的研究。

李德威

心中有座喜马拉雅，留下“开发固热能，中国能崛起”遗愿

在他生命最后时光念念不忘的是国家的崛起，是想着未完的科研，真正为了国家的振兴、民族的发展无畏生死，这就是中国精神，这才是中国脊梁。我们相信，念念不忘，必有回响，李德威指向的远方，其同仁、学生必会接力而竭力地替他到达。

2014 年李德威教授在周口店带学生实习

在医院的病床上，弥留之际的李德威拿起笔艰难地写下了10个字：“开发固热能，中国能崛起”。

那时，他再次从昏迷中苏醒，握笔已费力，第一次写出来的字护士不大认识，他使尽力气又写了一遍。

而这10个字，也成了李德威教授未了的心愿和最后的牵挂。两天后，年仅56岁的他在武汉病逝。

思问题所急，想国家所需

“他心中装着一座喜马拉雅。”李德威的同事和学生这样说。

“喜马拉雅”是李德威的QQ和微信昵称。而他与青藏高原更是有着不解之缘。李德威研究青藏高原近30年，行程超8万公里。1990年，他参加了李紫金教授负责的“西藏罗布莎铬铁矿大比例尺成矿预测”项目，发现了许多与地质构造学说相矛盾的现象。为了弄清原因，从那时开始，他每年都要花3至4个月的时间奔波在青藏高原，足迹几乎踏遍了高原的每一寸土地。饿了就吃干粮，困了就睡岩缝。精瘦的李德威因为善于爬山被研究青藏高原的老专家莫宣学院士戏称为“小山羊”，“一起出去考察，最长最难爬的线路都是他在跑”。

经过多年实地调查，1992年，李德威提出了以盆山耦合、下地壳流动为核心的“层流构造假说”，一举打破“板块构造假说”，以非常简洁的模式和合理的动力来源完整地解释了青藏高原上的各种现象。此后，李德威相继又提出了洋陆耦合、多级循环、四维动态成矿和地震热流体成因等创新理论，建立了盆山与洋陆耦合的地球内部系统动力学，以及地核与太阳能共同驱动的多级循环地球系统动力学，初步形成了一套以青藏高原为基地的地学理论系统。

“地质工作事关国家命脉，容不得半点马虎。”生前李德威对地质工作的严谨态度有时甚至让人觉得有些苛刻。

“他是少有的为了单纯的科学梦想而勇于探索的人。”李德威的导师、构造专家杨巍然教授说。在他刚提出“层流构造假说”的时候，很多人认为是“天方夜谭”，也有人暗地里说他傻，“一个教授，不把心思放在SCI论文上，却固执地搞什么科学理论创新？”“跟板块较劲、跟地震较劲，就是在跟自己的前途较劲。”

但他认定的研究，冷板凳再冷也坚持坐下去，孜孜以求，初心不改，正如他的 QQ 签名：“思问题所急，想国家所需”。

病房成了他的学术会议室

2017 年 5 月，对李德威来说，本是丰收的时刻：依托自己建立的干热岩系统理论，他锁定海南琼北地区作为干热岩重点勘查区，设计实施了一口干热岩开发试验井，2018 年 3 月钻探出超过 185 摄氏度的干热岩。这是我国东部第一口参数井，意义非凡，业界反响强烈。

但谁也不愿相信，病魔此时也已悄然伸出了魔爪。5 月 5 日，李德威强撑着主持了海南干热岩学术研讨会，作完报告满头虚汗。

李德威的妻子夏芳回忆，从 2017 年 11 月开始，丈夫就咳嗽、间断性低烧，几个月都没好，但因忙于海南钻井项目，一直没有就医。直到 2018 年 4 月，她把李德威强行“拖”进了医院，检查结果是肺炎。住了 8 天院他就吵着出院，飞奔到海南筹办研讨会。

忙完会议回到家，李德威一直低烧不退，十分虚弱，再次住进医院，6 月在北京被确诊罹患罕见的嗜血细胞综合征。

“但只要精神好一点就开始工作，我们偷偷把他的电脑藏起来，他就发脾气……”

8 月底，他执意从北京转院回武汉。“回来了我才发现，他就是为了方便继续带学生、继续他的科研。”夏芳说。

回到武汉的李德威把病房当成了会议室，他的病情最怕感染需要隔离，医生护士都劝他，但他着急科研进度，常常召集学生到病房开会。

在护士小付看来，这个病人有些特别：刚住进来时还能说话，探视的人络绎不绝，而且大部分是年轻人，很多人手里还拿着书本资料，让她很是疑惑。尤其是十多个人都挤进病房，一待就是一个多小时，后来才知道是病人在召集学生开学术研究会议。

9 月 10 日上午，李德威病情突然恶化，不仅出现呼吸困难，而且大口吐血。“今天无论如何要见这两个学生。”出现这种状况，李德威还是要坚持见学生，好像有事要急着交代。

据院方记录，从8月28日进入医院，刚开始李德威每天只睡1小时，其余时间都在床上写写画画，时而陷入深思。开完最后一次“组会”，接见最后一拨学生，直到10日下午进入重症监护室，这种状况才结束。

在李德威进重症监护室前的当天上午，中国地质大学（武汉）地球科学学院副教授刘德民最后一次见到了自己的老师。“李老师说，他还有3本书没有完成，嘱托我们一定要把干热岩的研究继续下去。”刘德民叹道：“他在与时间赛跑，一心想抓住最后的时间，安排好身后的科研。”

一批批学生会沿着他开创的道路走下去

2018年9月27日，李德威再一次“回到”他心心念念的青藏高原。这一次，他是被刘德民等同事、学生带上了雪域高原。“今后，您可以在这里快乐安心地勘探地热、进行科研……”大家轻轻捧起花瓣拌和的骨灰，撒向冈底斯山下的拉萨河。骨灰一半撒在青藏高原，一半落葬老家湖北麻城，这是李德威的遗愿。

青山处处埋忠骨，何须马革裹尸还。

“李德威教授生前在冈底斯山科考了很久，曾经准确预测过此处有大型铜矿。”刘德民说，骨灰撒放处方圆100公里的区域都留下过李德威教授的足迹，他准确预测了这里的铜矿矿藏，如今亚洲最大的斑岩铜矿场已在这里建起。拉萨河是拉萨人民的母亲河，最终汇入雅鲁藏布江，把李德威放在这里，寓意李德威生前敢于挑战权威、勇于创新、忧国忧民、矢志不渝的精神源远流长。

李德威的弟弟李小威说，哥哥李德威生前被称为青藏高原上的“小山羊”，在这里科考30年，青藏高原早已和他的生命融为一体，骨灰回青藏是他的遗愿。

李德威去世后，学术界刷新了对他的认识。

“国内构造地质学的一个网络群上一致认为，像他这样具有独立思考、富有创新意识的科学家太少了。”中国地质大学（武汉）教授王国灿说。

李德威的“层流构造假说”至今无定论，是什么让学术界重新发

李德威把生命中最好的年华都献给了高原地质事业

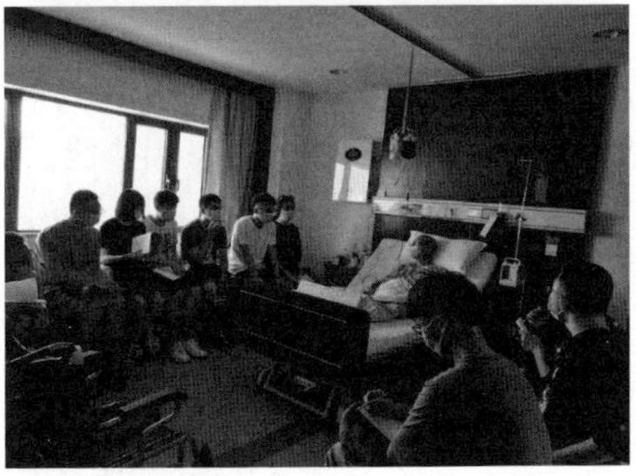

李德威在病房坚持和学生开“组会”

现了他的价值?

从事青藏高原研究近30年，李德威先后发表学术论文110余篇，出版学术专著3部，负责国家科研课题30多项。其中，他提出的“取热减灾减排”不仅能够持续有效地利用地热资源，还将大大减少地质灾害的发生。

近年来，随着对地学研究的不断深入，他所提出的理论也逐渐引起学界的关注。2011年至2012年，李德威两次以执行主席的身份参加香山科技会议，先后获得“跨世纪学术带头人”“中国地质调查成果奖二等奖”“国家科技进步特等奖”等诸多荣誉。他所提出的地球系统动力学理论，已成为目前国际地学界的热点。

从而立之年到年过半百，从爬山最快到疾病缠身，李德威把生命中最好的年华都献给了高原地质事业。

“他对真理有执着的追求，他对大地构造有独特的见解，在他身上看不到一点点现代人常有的功利行为，这也使我们的友谊在激烈的科学讨论和争论中建立起来了。”知名青藏高原研究者、美国加州大学洛杉矶分校教授尹安说，“我失去了一位挚友，地质界也失去了一个把一生贡献给地质的人”。

“他甘坐冷板凳，地矿业不景气的时代，很多人相继下海了，他没有随波逐流。”中国地质大学（武汉）校长王焰新说，李德威具有时代期盼的崇高精神。

如今，李德威在弥留之际手写的“开发固热能，中国能崛起”10字纸条，已被国家博物馆收藏。他放不下的事业，学生们仍在继续。

笔者手记

如果一个学者要谈论一个学术问题，他可以跟谁谈呢？

李德威教授没跟谁认真地讨论过他的学术问题，至少这几年没有，尽管他参加了不少学术会议，甚至自己还当过香山会议的主持。在采访时，他说，学术界对他的研究是冷漠的，有些学校教授是讥讽的，在十几年前就嘲笑说："大陆动力学机制美国准备花三十年研究，你一个刚出道的小伙子，花几天时间，就敢说自己已经研究出结果。"

李德威被很多人认为"不知轻重"，但他却固执地在自己的道路上越走越远。

但这条路，他却未能放心地走完。

临终前，他交代的身后事不是儿女情长，也不是个人安排，而是祖国的能源开发与前途命运，他用颤抖的手两次写下"开发固热能，中国能崛起"的字条，这张字条经媒体报道后，大众才知晓一位中国地质学家的坚守，他是寂寞先行者，更是中国的脊梁。

余功茂，武汉大学外国语言文学学院教师。双肾肾功能衰竭，却坚持带课，“即使跪着也要把课上好”。

余功茂

两肾坏死跪守课堂，把教师的尊严刻在讲台

他虽身患重病，却不愿走下心爱的讲台，他将欢笑和知识传递给学生，将病痛折磨留给自己，言传身教维护着教师的尊严。谁应该做教师？面对这个问题，一个实际上身体已经不适应讲台的余功茂作出了最好的回答。他是教师，也是党员，三尺讲台就是他的战场，这是最感人的教育坚守。

"你回家安心养病，薪酬照发，这也是学院多次开会讨论的结果。"

"我是教师，讲台就是我的阵地，倒也要倒在讲台上。假如要我离开讲台，我才真撑不住了。"

早在2012年，武汉大学外语学院教师余功茂因多囊肾肾病引起脑部动脉瘤合并蛛网膜脱落，先后做了开颅手术和眼部手术。2014年年底，他又被确诊为双肾肾功能衰竭。考虑到余功茂的身体情况，学院领导及同事多次找到他，劝他修养在家做教学科研，但倔强的余功茂并不"领情"，"教师的尊严在讲台，即使跪着，也要把课上好。"

跪着也要把课讲下去

"人不能说谎，因为lie和die只有一个字母之差。"在课堂上，余功茂声音洪亮，与学生频繁互动，不时抛出些小段子，引起学生们的阵阵笑声……

有学生评价他的课"有趣且能学到东西"，还有学生因为没有能选上他的课很是"心塞"。

在2014年确诊患有肾衰竭后，余功茂靠每周做3次透析维持生命。对他而言，每次上课都是对身体的挑战。

2016年春季前后，武汉大学外国语言文学学院大学英语部主任游长松老师又找到余功茂，给他下了"死命令"："下学期不排你上课了，就在家做些教学研究。"可临近新学期，余功茂还是来央求："给我两个班吧，我才41岁，真的不想离开讲台。"

余功茂的课很受学生欢迎，讲课时，他喜欢走到学生中间，和学生互动交流。

2016年，因为一则"武汉大学一教师两肾坏死只能跪着讲课"的新闻，余功茂进入公众视野。在大学课堂教学质量备受诟病的当下，"真要倒也一定倒在讲台上"的中年老师感动了大学校园。

"为什么不能坐在椅子上？跪着多难受。"不少人关心询问。余功茂却说："教师要有教师的仪态，就应该尽量挺直腰板。如果坐着，一是不像教师的样子，二是感觉不够尊重学生，三是如果坐着，因为讲台的课桌很高而我很矮，这样就看不见学生，与学生没有目光和情感互动，无法从学生的眼神和面部表情判断学生是否听懂了所讲的内容。”

如果教室稍微大一点，学生会主动在第一排空出一个位置，让他坐在课桌上讲课，但往往没坐多大一会儿，激情一上来，他就又站了起来。

学生聂磊对记者说，余老师总是很有激情、很有精神，根本想不到他在讲台上是跪在椅子上的。因为桌子挡住视线，学生根本看不清后面。

“一个人可以被毁灭，但精神上不能被打败。”余功茂说，自己10年前就知道病情，迟早有一天要发作，只是没想到来得这么早。他暗暗告诉自己，要教好每一堂课、每一个学生，乐观面对，过好每一天。

靠透析维持生命，与时间赛跑

1998年，英语专业毕业的余功茂来到武汉大学教书。30岁时的一次体检，成了他人生的转折点。

当时，肾部疼痛的余功茂来到医院，以为是结石病发作。没想到，确诊结果为多囊肾。医生告诉他，预计在他40岁左右时，可能发展为肾衰竭，到时需要靠透析维持生命。

检查结果出来的那一刻，余功茂觉得天都要塌下来了。

余功茂知道，这个病注定要给家人添麻烦，事已至此，他不想让家人的痛苦再多一分。余功茂告诉自己，“能全力拼搏的时光，只有这10年了”。

为了挣治疗费，减轻一点家人的负担，也为了在有生之年能多做一点有意义的事，在30岁到40岁这十年时光，余功茂选择与时间赛跑——除了完成本职工作、每周带3个班十多节课外，他还趁周末到外面做英语导游，或接翻译工作。

2012年，那个预言的前兆到来了。

那年10月的一天，余功茂在家备课，正要站起来，突然两眼一黑，重重倒在地上。

万幸的是，余功茂被及时送到医院，医院确诊为由多囊肾引起的脑部动脉瘤。医院给他做了脑部开颅手术，手术很成功。

但由于病发当天脑动脉瘤发作，脑部血压骤然升高，余功茂左眼蛛网膜脱落失明。随后，他又接受了眼部手术，万幸的是，这次手术也很成功。

2014 年 10 月，39 岁的余功茂在家中因腰部剧痛再次晕倒。

醒来时，他已在医院。这次，身体毒素已侵害了神经，让他暂时失去了语言功能。经确诊，是多囊肾病再次发作，而且已引发尿毒症。

医生告诉他，必须每周到医院接受 3 次血液透析，才能维持生命，最终救治方法只有换肾。

由于双肾功能衰竭，所以每周必须做 3 次的透析，这让余功茂的身体和精神承受着常人难以忍受的痛苦。最开始的一段时间，他每晚疼得睡不着觉，还伴随尿血。

住院期间，余功茂所带 3 个班的学生虽然彼此互不认识，但仿佛商量好了似的，每名学生都给他精心制作了一张卡片，或是写一封信，由班干部带到病房交给他。

所有的卡片和信都被他珍藏在一个漂亮的纸盒里。

“亲爱的茂哥，英语课成了我大学里最想上的课，有趣且能学到东西。你是我大学里遇到最好的老师，喜欢你渊博的知识，腼腆的笑容，最喜欢的是你的真诚朴实。”

“自从认识您，英语就成为我大学期间最想上的一门课。”

“我们以师生身份相逢在武大，却以朋友身份相处在课堂。”

“每次上您的课都能轻松愉快学到很多，包括知识和您笑对人生的态度。”

备受病痛折磨时，他就看看这些密密麻麻的字迹，心情也会好起来。住院期间，因为怕他孤单，学生排班轮流到医院陪他，还有班级专门为他建立网络聊天群。

从教二十余年，学生遍布各地。他收到了从英国、美国等国家和重庆、深圳、上海等地发来的祝福消息。“这几年来饱受病魔摧残，可爱的学生们给了我最为暖心的力量。是学生们求知的渴望，给了我巨大的精神支撑。”谈到这些，余功茂脸上洋溢着幸福。

余功茂跪着为学生上课

能记住每一个学生的名字，一边透析一边备课

“离开余老师的课堂快两年了，但每次在校园里碰到，余老师总能第一时间喊出大家的名字。” 学生孔敬伟评价，就凭这一点，余老师就是位好老师。

余功茂有个习惯，每接手一个新班级，他就在课堂上对着花名册不断地点名回答问题，“以这种方式最快记住同学们的名字”。通常，他上了三四次课后，就能彻底甩掉花名册，直接叫出所有学生的名字。

学生张佩瑶说：“余老师在我们心里，不是‘男神’是亲人。”因为余功茂老师在真心对待学生。

让张佩瑶最难忘的是有一年除夕，她接到余老师打来的电话，专门感谢她和同学们到医院看望他，还和她约定“下学期我一定接着带你们”。接到老师电话时，她既意外，又感动，“他会真心把学生放在心里”。

在余功茂的电脑和手机里存有大量单词和长难句。“身体稍微舒服点时，我就翻看。师者，要不停地学习，才能传递给学生更多有价值的东西。”虽然是一名老教师，上课的“套路”已经烂熟于心，但余功茂从不放松学习，即使是身患重病后。

在 2016 年确诊为肾衰竭后，每周一、三、五是余功茂到医院做透析的日子。每一次透析都伴随着疼痛和无奈，4 个小时，他必须躺在病床上，几乎一动不动。透析常常使他感到心脏不适、头晕、四肢无力。尽管如此，余功茂却不舍得浪费透析的时间。笔记本电脑是他去医院时的必备物品，他会将电脑支在病床的小桌上一边透析一边备课。

学生们评价余老师课堂上的信息量大，这与他平时的“充电”和认真备课是分不开的。课前，他总是多方查找资料，结合最新的学界动态和时事内容，力求上好每节课。

余功茂享受教师这个职业，“只有站在讲台上，我才能感觉自己存在的价值。” 他的事迹被媒体报道后，北京大学考试研究院院长秦春华撰文发问：“谁应该做教师？”对这个问题，一个身体已经不适应上讲台的余功茂作出了最好的回答。正如学者说，一个教师是否优秀，首要的一条，是他喜不喜欢孩子。余功茂就是一个真心对待学生的教师。

笔者手记

何谓“好老师”？

在这个教育备受重视的时代，我们却发现，好老师仍不多得。

“跪守课堂”的余功茂把教书育人作为他的信仰，“即使要倒也要倒在课堂上”，“假如离开讲台，我才真撑不住”，他把尊严留在讲台，对课堂的留恋、对学生的热爱，是一名好老师最基本的坚守。

余功茂表示，作为一名教育者，首先要理解教育的真正意义，然后要以身作则，除了在课堂教授学生知识之外，也要在课堂之余用自己的真实行动给学生做榜样、为人师表。谈起媒体的报道和所获荣誉称号，余功茂淡淡说道：“教师是一个平凡而又不平凡的职业，我只想尽可能做好本职工作，其他的事都不重要。”

杨小玲，武汉市第一聋哑学校副校长，400多名聋哑学生的代理家长，辅导600多名聋哑考生考入大学，将一批学生培养成全国顶尖的艺术人才。

杨小玲

献身特殊教育，为聋哑孩子"鼓舞"人生

"鼓舞妈妈"杨小玲，仿佛甘甜雨露，如同和煦春风，用舞蹈提升聋哑孩子的缺憾人生，演绎出阳光励志的荆楚故事。她将职业融入生命，让事业成为信仰，以30年的执着、坚守，诠释了敬业奉献的深刻意蕴。

东方卫视《诗书中华》栏目的一期节目中，一位手语老师用手语诠释古诗文之美，嘉宾评委钱文忠教授点评：所有的受教育者都是平等的，但是教育者的付出是不一样的。从事特殊教育的老师，付出的要多得多、大得多。

本文的主人公——杨小玲若听到这番话，当有知己之感。

她正是为特殊的群体，付出了特殊的爱。

她的爱很“燃”，在她的“鼓舞”下，众多聋哑孩子开启了超越平凡的人生。

她的爱很“长”，30 个年头初心不改，她的学生长大后，仿佛也变成了另一个她。

一眼结缘，毕业选择去聋校

美国作家海伦·凯勒在自传《假如给我三天光明》中，这样描写她第一次与安妮·莎莉文老师相会时的情景——

“我觉得有脚步向我走来，以为是母亲，我立刻伸出双手。一个人握住了我的手，把我紧紧地抱在怀中。我似乎能感受得到，她就是那个来对我启示世间的真理、给我深切的爱的人——安妮·莎莉文老师。”

对武汉市第一聋哑学校的很多孩子来说，杨小玲就是他们的安妮·莎莉文老师。

杨小玲第一次来到武汉市第一聋哑学校，是在1990年的初夏。彼时，她还是武汉市幼儿师范学校的一名学生，即将毕业。

那天，杨小玲和三位同学走在聋校的校园里，透过窗户，她看到一群孩子在教室里跳傣族舞。

整场舞蹈跳下来，谈不上姿态，也谈不上美感，孩子们的动作很僵硬，但他们眼睛里透出的一股子认真劲，让杨小玲动容，她的眼泪“唰”地一下就下来了。

杨小玲是学校的舞蹈尖子，眼前这段无声的舞蹈，让 18 岁的她从此跟聋哑孩子结下不解之缘。在拿到毕业分配志愿表时，杨小玲只郑重地填了一个地方——武汉市第一聋哑学校。

“是孩子们的坚持和对生活的希望感染了我，我要帮他们做点什么。”后来回忆“一眼结缘”的过往，杨小玲这样说道。

一脚踏入无声的世界，杨小玲开始协助舞蹈老师文洁负责文艺队的工作。起初，不懂手语的她完全不知道如何跟学生交流。排练舞蹈时，她不知道怎么讲解节奏、动作要领，更不用说表达音乐的内涵，她只能一次又一次地给学生示范。一节课下来，自己弄得汗流浃背，可孩子们还是不得要领。回到办公室，她难过地趴在桌上，眼泪流了下来。

擦干眼泪，工作还得继续。为了尽快学会与学生交流，杨小玲利用业余时间背“手语书”。这一次，学生成了她的老师。操场上、教室中、食堂里，她一有机会就加入到学生们用手语“聊天”的圈子。只要是自己看不懂的，她就主动向学生请教。

学生们都很喜欢教杨小玲这个勤奋的“学生”。杨小玲也一步步赶跑了“拦路虎”，成为学校的手语“活字典”。

因为有爱，所以“不难”。

那一刻，他们第一次“听见”了节奏

“水唤醒了我的灵魂，并给予我光明、希望、快乐和自由。”

毕业多年以后，武汉市第一聋哑学校的一位学生读到这段文字，对身负盲、聋、哑残疾的海伦·凯勒第一次理解文字奥秘时的激动心情，有了同样的感触。因为，他们的杨小玲老师，也让他们第一次“听见”了舞蹈的节奏。

在学校，语言交流障碍只是第一道门槛。困难比杨小玲想象的大许多：音乐再悠扬，学生们也听不见，节拍再鲜明，学生们也感受不到。所有的舞蹈术语，她必须翻译成肢体语言，所有的节拍和口令，她只能用手势传达。

付出无数努力，收效一直甚微。杨小玲站在这群孩子中间，常常会生出一种很无力的挫败感。

怎样让聋哑学生感受到节奏？她苦苦思索。一次，看到舞蹈室里的大鼓，她突然眼前一亮。

她把孩子们都喊过来，一遍遍地用力敲击大鼓，又用手语让他们用心去感受、去分辨地板的震动。隆隆鼓声，通过地板传递到学生们的脚心，他们终于第一次“听见”了节奏，眼里放出惊喜的光芒。

学生们从此喜欢上了这鼓声，喜欢上舞蹈课。为了帮助学生理解舞蹈表达的情绪，杨小玲把音乐编成一个个小故事，“讲”给学生听；为实现动作整齐，她自创“呼吸传递法”，比如在日后的《千手观音》表演中，后面人张开双手的同时，往前面吹一口气，前面的学生感知后立刻张开双臂；为尊重残疾学生的个性差异，她探索出“无限沟通十法”。

因为有爱，所以她能“听见”。

让残疾孩子也能阳光快乐地面对人生

2005 年的中央电视台春节联欢晚会，让全球华人记住了舞蹈节目“千手观音”，也记住了在“C 位”领舞的邰丽华。

21 位平均年龄不到 21 岁的舞者，造型层出不穷、千变万化，将“千手观音”演绎得天衣无缝、美丽动人。得知这群配合完美的姑娘全是聋哑演员的时候，所有观众都被彻底震撼了。

她们来自中国残疾人艺术团，而领舞者邰丽华的母校，正是武汉市第一聋哑学校。

时间回到 1998 年，杨小玲正式接任学校舞蹈教学和文艺队培训的一切工作。自那时起，由她辅导的舞蹈类节目就成了各类比赛的获奖专业户。

2006 年，由于在工作中表现突出，杨小玲被中国残疾人艺术团借调到北京工作。经过半年艰苦训练，她带领的 B 队成为艺术团一块响当当的招牌。一年演出 70 多场，去了 10 多个国家和地区都好评如潮。

2008 年残奥会在北京举行，杨小玲被开幕式节目组委会选中，作为湖北代表团的一员，带领 34 名演员赴北京参加大型手语舞蹈“星星你好”的排练和演出。由于业务精湛、能力突出，她担任了该节目“首席指挥”，参与整个节目的排练和手语指挥。演出获得圆满成功，精彩的表演震惊了世界。

荣誉“等身”，但杨小玲更大的心愿是，要让学生在将来走向社会的时候，能够快乐地面对人生。

一名男生经常躲在舞蹈室外偷偷学习。杨小玲走出教室，用微笑

杨小玲和她的学生们

2013 年，杨小玲获“全国道德模范”称号

迎向他怯怯的目光。这个名叫王志刚的孩子说："老师，我想学跳舞。"杨小玲答应了。他成了队里最刻苦的队员。

训练一年多后，杨小玲为王志刚选定独舞"好汉歌"，参加全省残疾学生文艺比赛。当时，杨小玲身怀六甲，但不管多晚、多累，她都陪在训练场，打节奏、讲要领。这支舞让王志刚赢得人生中的第一个大奖——全省一等奖。

2001年，王志刚冲击全国比赛，产假还没休完的杨小玲回到舞蹈室，帮他排练打磨。最终，舞蹈"秦俑魂"在全国残疾人艺术比赛上大获成功。

这次比赛改变了王志刚的命运——中国残疾人艺术团抛出"橄榄枝"，他成为一名专业舞蹈演员。后来，他随团出访20多个国家和地区，先后登上央视春晚、雅典奥运会闭幕式、北京残奥会开闭幕式舞台。

在杨小玲和同事们的共同努力下，先后有8名学生踏进了中国残疾人艺术团的大门，武汉市第一聋哑学校因此被中残联誉为"特殊艺术人才的摇篮"。学校里更多的孩子则是作为特长生考上大学继续深造，或走入社会，正常就业。

因为有爱，所以高飞。

最大的骄傲是那声含糊却动人的"妈妈"

聋哑孩子，往往有好强又自卑的双重心理。身为特殊教育工作者，杨小玲深知，自己必须比普通教师付出更多。

平日里，她主动关心学生的学习和生活。碰到节假日，或者学生过生日，她就会把他们请到家里，和他们谈心、聊天、吃饭。知道哪个孩子生病，她都会送去医院，她甚至请家人为生病的学生煲汤，并亲自把汤送到学生的床前。

舞蹈队的学生青青，是个充满灵气、很有舞蹈天赋的女生，但性格孤僻。一次训练中，她状态很不好，杨小玲非常生气，严厉批评了她。她扭头就走，杨小玲一把抓住她，她狠狠瞪了一眼，甩开手，冲出排练厅。

杨小玲怔在当场，眼泪在眼眶里直打转，觉得自己好委屈。"是我的方式有问题吗？"冷静下来，杨小玲悄悄找到青青的班主任和同学。一打听才知道，青青每月生活费只有200元，早餐经常只吃一个馒头。

大强度的舞蹈训练，她体力肯定跟不上。

杨小玲为自己的莽撞而自责。她主动找到青青，真诚向她道歉，请她继续学习舞蹈。以后的日子里，杨小玲经常从家里带好吃的给她补充营养。训练结束，杨小玲总会摸摸她的头，给她一个微笑、一份赞许……渐渐地，青青在舞蹈室里快乐了起来，也乐于和同学们交往了。高三毕业，青青以优异的成绩考入天津理工大学，并在大学毕业后到广州一所职业技术学校任教。

若干年后，青青在信中对杨小玲说："是您给我插上寻梦的翅膀，是您让我找到追梦的自信，是您在我心里洒满梦想的阳光。敬爱的杨老师，无论走到哪里，我都要像您那样，继续这爱的接力。"

那一刻，杨小玲当年强忍住的泪水，夺眶而出。

2006 年被借调到中国残疾人艺术团的时候，杨小玲的能力与勤奋深得认可，团长三番五次要留下她，承诺把她的家人安排到北京。她动心了，毕竟这是一个更高的事业平台。但武汉学生的短信每天如雪片般飞来，她觉得，这些孩子就像风筝线一样扯着她，不管飞多远，心里总系着他们。

一年后，杨小玲回到武汉市第一聋哑学校，孩子们一拥而上，争相喊着"杨妈妈"。

十多年后的今天，那个场景依然清晰如昨。回望来时路，杨小玲认为自己最大的骄傲，是没有辜负聋哑孩子用尽全力叫出的那一声含糊却动人的"妈妈"。

因为有爱，所以牵挂。

把职业融入生命，让事业成为信仰

2017 年 10 月 19 日，党的十九大开幕的第二天，人民大会堂"党代表通道"活动，一位戴着别致的宝蓝色围巾的党代表，受到全国亿万观众瞩目。

更为别致的是她的开场白。她一边自我介绍，一边用流畅的手语同步翻译：

"大家好，我叫杨小玲，是湖北省武汉市第一聋哑学校的舞蹈老师。"

杨小玲说，她的学生听不到声音也不会说话。但她一直陪伴着他们，和他们做朋友，他们也特别喜欢叫她“杨妈妈”。

“这么多年，真的特别特别爱他们，也特别想把他们带到更高的舞台，2005年春晚的舞蹈‘千手观音’、2008年残奥会都有孩子们成长的汗水。这几年我把汉绣、剪纸等国家‘非遗’文化引进学校，让孩子有更多的一技之长，大家看到我身上戴着的这条围巾就是孩子们的汉绣作品，他们说一定要把他们最美好的祝福带给大家。这里，我想代他们说一句：祖国，我爱你！”最后这一句对祖国的表白，杨小玲又边说边打起了手语。

党的十九大召开前的一个星期，杨小玲得知自己入选了“党代表通道”活动，而且是特殊教育领域的唯一代表。根据要求，每位代表的自我介绍只有一分钟时间。她想，自己一定要为孩子们做点什么。“我相信，我的很多学生一定在电视机前，我要让孩子们知道，杨老师不仅是一个特教老师，还是一名光荣的党代表，我要把这份骄傲和自豪传递给他们。”

自2013年“杨小玲工作室”成立以来，她考虑的不仅仅是艺术教育特色的提升，还有了新的想法和行动。

2015年，她被教育局任命为学校的副校长，她利用社会资源，先后把“非遗”项目汉绣、剪纸、叶画引进学校，将书法、手工引进到业余课堂，让更多的孩子在学习之余能够学到一技之长，为他们将来走上社会能自食其力打下基础。

如今，武汉的10万名教师成立了1000多个“杨小玲助残扶困小组”，服务残疾困难学生和社会残障人士。“杨小玲特殊艺术工作室”还对广州、南京、深圳、宜昌等地区特殊教育学校进行培训指导。

杨小玲把自己最美好的年华奉献给了特殊的学生，通过舞蹈这个媒介，通过艺术的熏陶，让他们自强自立于社会。许多学生和她一样，也成了特殊教育老师，薪火相传。

笔者手记

曾有一位学生家长说："杨老师只是没有生她，说到付出，她操的心比我这个当妈的还要多。"老师是最常和妈妈联系在一起的职业，杨小玲用在聋哑学校近三十年的真心付出，让这种联系不断萌生、升华。

当老师不容易，当特殊教育老师更难。杨小玲用爱心和"鼓舞"，为众多聋哑学生打开了通向外部社会的一扇门，让这群特殊的孩子自信、自立、自强，成为能够为社会作出贡献的人。因为这份大爱和背后沉甸甸的责任，她把最好的青春年华留给了聋校和孩子们，即使是面对中国残疾人艺术团伸出的"高枝"，她依然坚守初心，不愿离开。

"长大后，我就成了你。"杨小玲用她强大的正能量场，影响和激励了身边的人，还有更多不曾谋面的人。当她的学生长大后走上特殊教育讲台的时候，所有人都会被那种生生不息的力量感动。

华农“五老”，是指华中农业大学老年协会、老教授协会、老科技工作者协会、老年大学及离退休工作部。

华农“五老”

扎根基层，40年来接力进行科技扶贫

老骥伏枥，志在千里。在本该颐养天年的年纪，他们毅然选择回到乡村；在本该含饴弄孙的时刻，他们日夜奔忙扎根基层。40年的坚守，40年的传承，华中农业大学“五老”团队手中的“接力棒”从未停歇。他们助力扶贫攻坚事业，他们与农民面对面、心贴心，倾情奉献自己的学识、智慧和汗水。

华农“五老”团队成员深入田间地头帮扶农民

江夏、随州、建始、秭归、远安……他们的足迹遍及30余个县市区。

深入田间地头现场指导、开展各类技术培训班、规划乡村建设……他们一心服务“三农”。

在华中农业大学，有这样一批老同志，在本该颐养天年含饴弄孙的年纪，选择回到乡村，奔忙扎根基层，四十年来“接力”扶贫，服务“三农”。他们就是以华中农业大学老年协会、老教授协会、老科技工作者协会、老年大学及离退休工作部为代表的华中农业大学“五老”团队。

“跟着华农老教授学，比读大学还强。”这是农民朋友们对华农“五老”的至高评价，他们也被百姓称为“农民的贴心人”。

建始县：把成片死亡的猕猴桃救活

“蔡教授，建始县出大事了，正结果的猕猴桃一片片死掉，农民兄弟反应强烈，你快去看看！”

2013年4月18日中午，一个急促电话把正在午休的蔡礼鸿吵醒，电话那头，是华农新农村建设研究院的一位领导。

电话那头的大事，是建始县大面积出现的猕猴桃溃疡病。

蔡礼鸿当时已从华中农业大学正式退休三年，常年与果树打交道的他意识到了这通电话的迫切性。第二天，他便往建始县赶，但这一开始就似乎没了终点。从此，蔡礼鸿的退休生活多了几分劳累，也多了更多精彩。

建始县，地处鄂西南山区北部，优良的自然条件适宜猕猴桃的生长，但因为种植不当，4月突然暴发大面积猕猴桃溃疡病，猕猴桃树成片成片死亡，当地果农谈“桃”色变，种桃农户莫不忧虑，空气中弥漫着悲观情绪，这种情绪甚至影响到了当地的经济社会稳定。

蔡礼鸿先后十多次到建始，前后工作百余天，访农户、做调查、查资料、搞培训，亲自下地传授技术，编印种植小册子，为政府积极建言献策。

“查阅当地土壤资料，我发现，他们施肥的参考数据来源于20世纪80年代，30年过去了，土壤结构和性质已经发生了很大变化，这是一个很大的误区。”为让果农走出误区，蔡礼鸿提出了一系列有针对性的解决方案。

经过蔡礼鸿的努力，猕猴桃溃疡病得到有效遏制，进入6月后，建始县成片的猕猴桃开始挂果，当地农户为感谢蔡礼鸿，把一箱箱水果送到了宾馆，蔡礼鸿说，农民兄弟的感情是真挚的，他一再推辞，并说即使要，也要用钱买，而果农只是朴实地说："我们想感谢你，要是原来，想送都找不到送哪里去。"

其实早在2009年，蔡礼鸿就活跃在四川汉源的农夫果林里，并在退休第一年完成了国家科技部星火计划项目"四川汉源甜樱桃优质高效栽培及深加工技术推广"和湖北省科技厅项目"四川省汉源县水果产业（欧洲甜樱桃）地震灾后恢复重建"。在蔡礼鸿主持和推动下，四川汉源先后建立丰产技术示范区50亩，培训种植技能人员400人，种植人员5000余人，发放技术材料8000余份。

和华农"五老"中的其他成员一样，不为功名、与世无争是蔡礼鸿的最大人生信条。在建始县扶贫期间，他常常想，农民才是最弱势的群体，他们才是真正地生活不易。相对他们而言，自己能拿到稳定的退休金，蔡礼鸿很知足。去往建始县扶贫，学校除路费住宿费给报销外，没有给另外的补助。在一些外人眼里，蔡礼鸿"到处跑，挣了不少钱"，但他却说，真不是那样，不为名不为利，更不为自己，他只是坚持做自己认为正确的事。

江夏区群建村：从点对点的技术指导到顶层设计打造田园项目

2014年5月28日，在武汉市江夏区乌龙泉街群建村，村里的20亩水稻出现生长停滞、根茎溃烂现象。村党支部书记潘方金辗转找到华农"五老"团队核心成员之一的退休教授侯明生。

侯明生现场调查后发现，上游水库放出的水残留除草剂，引发水稻病害。凭借专家的报告，群建村顺利从水电站拿到赔偿。

此后，"五老"团队对群建村的帮扶就成了常态：一遇到农业相关问题，教授们都会点对点解决。

依靠科技顾问团，农民投身田间的热情迸发，不少青壮年从打工地返乡，种植菜薹、茶叶、柑橘等多种经济作物，整个村1万多亩土地，没有1亩荒芜，"这在湖北农村非常少见"。全村1185位村民，年平均收入从 1 万多元提高到了 2 万多元。

近三年来，“五老”团队又开始与武汉市江夏区老科协合作，以乌龙泉群建村为试点，努力把群建村打造成为都市型的多功能科技示范村，挂牌“华中农业大学科技服务站”，几十位老教授进村考察，帮助该村制定发展规划，实施专家与科技示范户对接，开展了茶叶、蔬菜、水稻等种植技术培训，为该村摄制了一部电视宣传片，还建立了图书阅览室，赠送各类图书 8000 多册，配置了书架、桌椅 29 件。

而这只是“五老”团队对群建村进行帮扶的小小缩影，更美好的乡村规划正在群建村展开。

如今每到小长假期间，群建村“农家乐”都是人头攒动。“面朝黄土背朝天”的群建村人，抓住“吃农家饭、住农家院”的城市休闲消费风口，让自家居住的农家小院摇身变为农家乐。

而另一边，华农“五老”团队成员们正在为群建村描绘着一个田园综合体项目的前景。

随州市三里岗：几代华农人同为香菇种植推广奔走忙碌

在随州市三里岗镇，树立着一位老人的铜像。

这位老人名叫杨新美，是已故华农老教授、食用菌种植专家。

四十多年前，67 岁的他来到四面环山的三里岗镇，推广香菇种植，逐步使之推广发展成为随州市龙头产业。杨新美去世后，他的学生——80 岁高龄的华农退休老教授罗信昌继续把老师的“枪”抗在肩，帮助三里岗人研究羊肚菌的种植推广（注：罗信昌教授于 2019 年 5 月 14 日去世），到如今，越来越多的华农人加入到了三里岗食用菌种植和推广中。

如今的随州三里岗镇，已经成为“中国香菇出口第一镇”，当地 90% 的农户种香菇，年产值近 200 亿元。而这座偏远山镇与香菇的缘分，还要追溯到四十多年前。

1978 年，41 岁的罗信昌和他的导师杨新美教授一起，来到三里岗推广香菇种植。远处是连绵的群山，眼前是简陋的土房，杨家棚村贫穷落后的景象，罗信昌至今仍历历在目。那天，67 岁的杨新美望着茂

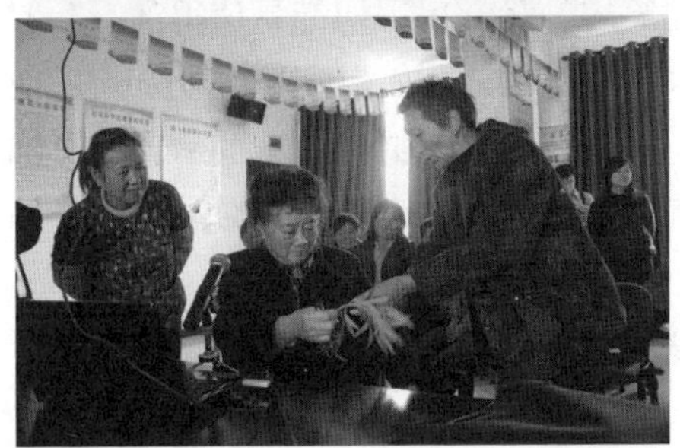

上：2014 年 12 月，华农“五老”团队成员蔡礼鸿指导建始德鑫农庄猕猴桃示范基地

中：华农“五老”团队成员汪钟信赴贫困地区巡诊

下：华农“五老”团队成员吕作舟在随县三里岗镇吉祥寺村香菇基地

盛的树木，坚定地告诉学生们，这里很适合栽培香菇，丰富的栎木资源正是引导农民致富的宝藏。

当时的条件非常艰苦。山上没有蔬菜，他们便用食盐拌饭吃。山路崎岖难行，树枝盘根错节，每次上山要拿镰刀“开路”，经过草丛时，还要不断用棍子敲击地面，驱赶蛇虫。白天翻山越岭采集野生香菇，等到夜深人静时，师徒几人挤在一间四面透风的土坯房里，点着煤油灯和蜡烛进行菌种的分离，累到眼睛睁不开了才去睡觉。为了打消农民的顾虑，杨新美还拿出自己的课题经费和个人收入补贴给香菇种植户，无偿赠送优良菌种，免费提供技术指导。“虽然生活艰难，但每当香菇丰收，看到农民数钱时的笑容，我觉得一切都是值得的。”罗信昌说。

如今，杨新美和罗信昌已故，但受老师影响，他们的学生并没有停下脚步。现在，有更多年轻的华农教师、学子也加入到科技扶贫的队伍中，发挥各自专业的优势，带动当地农民增收。

退而不休，接力科技扶贫

“我们曾经是课堂上的团队，教共同的学生，今天，我们在田间地头，仍然是最好的伙伴。”华农“五老”团队成员之一张丑合教授介绍，从 20 世纪 70 年代末，历经 40 年，三代传承，像这样深入田间地头帮扶农民的华农专家、教授共有百余人，年龄段在 60 岁至 80 岁之间，教授们的扶贫行为多半为纯公益性质。

“五老”团队的帮扶工作形式也多种多样。有些是根据当地需求，多位教授集思广益，共同提供技术指导，如前文提及的江夏区群建村，教授们会根据群建村的需要，随时下乡现场指导或培训，通过“传帮带”让更多农民兄弟掌握农业技术。

还有些是教授个人定点扶贫，专注解决一个地区的难题。蔡礼鸿教授点对点帮扶建始县，为其农业发展献言献策。

张丑合说，因绝大多数是离退休人员，华农“五老”团队成员普遍年事较高，身体已大不如前。

但星星之火也可燎原，华农“五老”们经过 40 年接力，播撒的农业科学技术种子，在农村大地已然开花结果。

笔者手记

在随州市三里岗镇树立着已故华农老教授杨新美的铜像，他在三里岗镇推广香菇种植，并将其打造成随州龙头产业，老百姓们敬重他。杨新美去世后，他的学生罗信昌继续为三里岗人研究羊肚菌的种植推广。

采访时，记者向华中农业大学提出想采访罗信昌教授，“罗老在今年5月去世了”，工作人员的回复让记者沉默了许久。

他们的团队被称为“五老”团队，“年龄大”是他们共同的特点，但老骥伏枥，志在千里。“五老”团队还有另一个特点——传承，“为农民兄弟服务”的接力棒从未停歇，一代代华农人继续着科技扶贫的伟大事业。

伍

“产业图强”篇

30 年间，将企业从 2000 元做到千亿元市值，他却说，“公益是企业家最终的归宿”，他是当代集团掌舵者艾路明；将企业做成红外热传像领域的全国第一，他是高德红外创始人黄立；带领校办企业搏击海内外市场，他是华工科技董事长马新强；演绎新一代知识女性科技创富时代传奇，她是明德生物董事长陈莉莉；打造智能汽车新生态，他是光庭信息董事长朱敦尧……

他们的创新创业故事如同一面镜子，折射出改革开放 40 年风云激荡的历程。他们为全社会树立起奋斗的旗帜：唯有以奋斗为帆，中国企业才能永立潮头。

艾路明，武汉当代科技产业集团股份有限公司创始人、董事长，现任阿拉善 SEE 生态协会会长。

艾路明

当代集团掌舵者，“公益是企业家的最终归宿”

掌舵多家上市公司，曾是“中国单人漂流长江第一人”，艾路明的人生不曾与任何常人的轨迹相重合。熟悉他的人称他为“老顽童”“扫地僧”——这两个金庸小说里的人物，前者不拘小节，幽默风趣，快乐而自由；后者是隐形的顶尖高手，深藏不露。30 年间，将企业从 2000 元做到近千亿元市值，他却说，“公益是企业家的最终归宿”。

每天早晨6点半起床，大约凌晨1点半左右休息，这是艾路明的作息时间。

“一点儿都不累，每天都很开心。”艾路明说，自从2018年赴任阿拉善SEE生态协会第七任会长后，他把90%的时间用于从事公益，“比之前又提高了10%”。

如今，艾路明仍是武汉当代集团的掌舵者。但更多时候，他只负责提供一种“旗手”式的精神支持，而把自己更多的精力投入到更宏大的公益叙事中。

“我想到了，就要去做”

时间倒转回1987年。

艾路明在武汉大学枫园就读。他是武汉大学哲学系研究生，还担任研究生会主席。

在武大求学期间的艾路明，是一个天不怕、地不怕的上进青年。他跟同学一起组建了社团“多学科讨论会”，把数学系、物理系、计算机系等不同院系的学生聚集在一起，讨论新知识、新观点。

“武大最宝贵的精神，就是自由。”艾路明说。他在主修哲学课程之余，还选修了数学、物理以及经济学的课程。跨学科的课程选修对于艾路明来说并非易事，例如在学习拓扑学这门课程时，艾路明完全听不懂老师在说什么，想着一个学期即将度过，这门课程的学分极有可能拿不到，艾路明感到有些遗憾。老师却告诉他，没关系，只要他坚持把课程上完，写出一篇拓扑学发展历史的文章就准许他通过。

大学的氛围感染和滋润着艾路明。1986年，他突发奇想，决定乘皮划艇从长江源头漂流至武汉，再由武汉下水游至上海的长江入海口。

艾路明有好几次都是与死神擦面而过。在上游，被岸上的藏民误认是动物打了两枪，一枪在他皮划艇的前面激起半人高的水柱，另一枪擦着他的耳朵呼啸而过。在宜宾，他还遭遇了一个水流旋涡，这个旋涡之前吞没了科学探险队的10人，所幸在危急时刻一股向上的水流将他和他的皮划艇托起，才活了下来。

这次冒险让艾路明有了第一个传奇的头衔——“中国单人漂流长

江第一人”。

“别人也许也想，但没有行动，我是想到了就要去做。”30多年后，两鬓斑白的艾路明在一家人声鼎沸的面馆里一边吃着热辣的重庆小面，一边回忆他的过往，波澜不惊。

“不谈辉煌，企业家时刻都在危机之中”

1988年7月，艾路明研究生毕业，放弃了湖北省委党校的教职工作。

同年7月20日，艾路明和同在武汉大学求学的六个小伙伴们合伙注册成立武汉市洪山当代生化技术研究所（武汉当代科技产业集团股份有限公司前身），注册资本只有2000元。接下来的几年时间，艾路明和他的创业伙伴通过生产赤霉素，挖到了“第一桶金”。

1991年底，东湖新技术开发区成立，政府开始大力扶持高新科技企业。艾路明充分利用高校资源承揽政府项目，先后开始生产赤霉素、原子灰，两个项目获得国家“火炬计划”贷款600万元。

1992年8月，武汉市洪山当代生化技术研究所更名为武汉市当代科技发展总公司，注册资本增加到340万元。其中，艾路明出资58.51万元，成为第一大股东。

1993年初，当代已经有了三块主营业务——尿激酶、赤霉素、原子灰，资产已达数百万元。眼看公司有了规模，几个创始人都想按自己的想法试一下，决定每人分头主持一个项目。但一年后，各块业务经营都开始萎缩。

大伙儿意识到，“还是合在一起好！”这个信念也贯穿当代创业始末。

1994年，当代由集体所有制变更为股份合作制；1995年，开始参与国有企业购并重组，资产迅速扩张；1996年，兼并武汉扬子江生化制药厂，资产达到5000万元；同年6月，当代集团所属企业“人福科技”上市，成为武汉东湖开发区首家上市公司，企业发展进入快车道。

30年征程，伴随着改革开放的波澜，当代集团涉及的产业领域逐步多元。由生物医药到旅游业、房地产、教育、金融、影视文化、体育……当代集团准确踩上每一个机会节点。截至2018年末，当代集团资产总额逾900亿元。

30年间，将区区2000元转化为900亿元，这一成绩堪称传奇。但艾路明说，“做企业没有辉煌这件事。不管别人怎么看，企业家时刻都在危机之中，即使马云、马化腾、任正非这些很成功的企业家也不例外。”

20年蹲点贫困村帮扶脱贫

年轻时不想走仕途的艾路明可能没有想到，自己居然会担任村主任20年。

1994年，武汉市东湖新技术开发区政府找到辖内各企业，希望每家企业定点帮扶一个贫困村。那时候，企业帮扶的办法主要是捐款。但艾路明觉得，依靠捐款做扶贫并非长久之计。他找到区政府领导，表示与其捐款搞扶贫，不如让自己去做个村主任，这样可能更有助于解决村民的实际问题。

如艾路明所愿，他又创下一个新传奇，成为新中国成立以来第一位顶着博士头衔的村主任。

“我就是想做这么件事。”艾路明说，“那个时候农村不像现在，当时还是很贫穷的，我愿意以这样的方式去做扶贫工作。”为了能当好这个村主任，他还把自己的户口迁到了武汉新洪村。

艾路明为新洪村带来的第一项扶贫措施，是通过小额贷款缓解农民的“用钱荒”。他做了一个实验，每家一亩地可申请贷款300元，农民申请到贷款后，再由当代公司聘请专家指导农民种植，并负责统一收购，村民拿到货款后，再将贷款还给公司。

当时，为农民做小额贷款的理论研究很少，而推进到实际操作层面的，则几乎没有。据此，艾路明还写了一篇论文，题为《小额贷款与缓解贫困》。

艾路明为新洪村带来的第二项扶贫措施，是提出了取消农业税的主张。他在对新洪村进行调研的过程中发现，村里农产品种植单一，农业税对于当地农民来说，是一笔不小的负担。从1998年开始，艾路明承担了村里所有人的农业税，由他自掏腰包解决这一问题。

在这两项举措外，艾路明参与了新洪村的农村教育、文化医疗、社会保障及基础设施建设等各项事务的决策，甚至连街坊妯娌间的争

上：艾路明是“中国单人漂流长江第一人”

中：艾路明的“高光时刻”

下：艾路明说，公益可能是企业家的最终归宿

执不和，也要他这个村主任出面调解。

公益是企业家最终的归宿

可能是学哲学出身的原因，未及知天命之年，艾路明仿佛已想通了后半生的活法，要做闲云野鹤，开始交棒之旅。

2006 年 9 月初，艾路明 49 岁，正值一位企业家的盛年。但他毅然辞去人福科技董事长一职，仅保留董事职务，将“帅印”交给 32 岁的王学海，之后便选择了深居简出的生活。

当企业稳健后，艾路明在寻找下一个释放家国情怀的方式。

“有些事可以放手交给别人做，比如企业运营；有些事得自己亲力亲为，比如慈善公益。”艾路明说。当艾路明遇见阿拉善 SEE 生态协会，他似乎找到了一条可以做到老的回报社会路径——不论是成为官员还是企业家，终有退休的时候，而以公益报效祖国，回馈社会，永远都不必担心退休那一刻的到来。

2013 年 3 月，艾路明正式成为阿拉善 SEE 的会员。

2014 年，阿拉善 SEE 生态协会发起“1 亿棵梭梭”项目，计划用未来 10 年的时间，在阿拉善地区种植 1 亿棵梭梭树，恢复 200 万亩以梭梭为主体的荒漠植被。艾路明不但身体力行参加项目，还把这个项目带进了当代，许多员工纷纷认捐。

2018 年，艾路明通过竞选成为阿拉善 SEE 生态协会第七任会长。

谈及这一年的会长感受，“一句话，执掌阿拉善 SEE 生态协会，并不比执掌当代集团更容易，反而可能更难”。

艾路明甚至已经思考到会长卸任后还要干什么。“阿拉善 SEE 还有一个很重要的工作没有做——理论体系的搭建。我愿意从理论层面来完成阿拉善 SEE 的内涵提炼和理论升华。”

“布道者”“老顽童”“扫地僧”——艾路明还在继续书写自己的传奇人生。

“不论企业家最初的精神内核是什么，公益可能是最终的归宿。”艾路明说，如今，中国越来越多的企业家都在思考如何发挥财富的最大效益，而他们最终也都不约而同地选择了投身公益事业。

笔者手记

明明可以靠财富立传，却偏偏选择借慈善言说。

艾路明似乎一辈子不走寻常路。

社会大众眼中的“不寻常”，源自艾路明一如既往的初心。

这份初心就是要推动国家和社会的进步，并且以“效益最大化”的方式去定位自己在其间的角色。在这种逻辑之下，企业家与村主任、百亿富翁与公益志愿者没有高下之分。

或许是因哲学专业出身，艾路明的人生轨迹充满了辩证法。看似戏剧性的人生际遇，却贯穿着他一以贯之的家国情怀。

他是个思考者，在浮躁的时代里独存一分清醒与克制。

黄立，武汉高德红外公司董事长、全国工商联副主席，为国内外红外技术领域及国防事业发展作出重要贡献。

黄立

“理想主义 + 责任感”，高德红外的密码

他是技术“大牛”，也是成功的民营企业家。他坚持 8 年只投入、不盈利，只为打破国外垄断，研制出一流中国红外“芯”。他说，一生只把一件事情做到极致足矣。他把自己最美好的 20 年岁月献给了国家红外事业。凭着对人生的理想主义，对国家、社会和员工的责任感，把高德红外做成了全国一流、世界领先的企业。

今年56岁的黄立，离开国有单位——湖北电力实验研究所“下海”创业刚刚20个年头。如今身兼武汉高德红外股份有限公司董事长和普宙飞行器科技（深圳）有限公司CEO的他，不仅仅是企业家，也是两家企业的科研技术团队领头人。

创业20年来，黄立始终如一做好“自主创新”一件事，将企业做成红外热传像领域的全国第一。

36岁怀揣30万元积蓄下海创业

1980年，黄立考上了华中科技大学电信系，7年后在这里硕士毕业。在校期间，他对科研产生浓厚兴趣。在老师的指导下，他研制了“卫星直播接收机”，还获得过1984年度湖北省教育厅颁发的大学生优秀科研成果甲等奖，在当时就读无线电系的1980级学生中小有名气。这也为黄立未来的就业志向打下了基础。毕业后，他顺利进入湖北省电力实验研究所，成为一名工程师。

在湖北电力实验研究所工作了十多年后，1999年，黄立作出了一个决定——辞职“下海”。

36岁的黄立离开了国有企业，走上了自主创业的道路。

“从创业到现在，应该说无时无刻不遇到困难，只是困难的大小和表现形式不同。在早期，我遇到的困难主要还是来自于资金方面。”黄立回忆，自己虽然在国有企业工作了十多年，但企业注册的资本也仅仅有自己所积攒的30万元工资。30万元投入在高科技这个行业显然是非常少的，所以黄立只能完全靠技术，不断地做产品、卖产品，不断地用研发高技术来维持运转。“所幸我的父母在创业初期也给予我很大支持，还带我去咨询了这一领域的老专家，得到的建议对我的创业影响很大。”

8年坚持研发投入做出中国红外“芯”

黄立一直有个坚定的信念：企业的长远发展，靠的还是核心竞争力，有“护城河”的企业才能走得更远。

黄立说，回想做芯片的历程，当时，公司上下都觉得他有些异想天开。因为，红外设备的核心是红外探测器芯片，这项技术一直被西方垄断。黄立要做产业链就必须要有自己的核心技术，这意味着必须制作出中国红外“芯”。

事实上，早从2009年开始，黄立就带领科研团队开始自主研发探测器。

黄立本身学的就是红外和光电子，所以在技术上，他是公司的引导者。但是，探测器的制造涉及几十个专业，专业跨度很大，特别是我国红外这方面人才不是太多。黄立招聘了一些相关专业比如光电子专业的学生、技术人员，组成研发团队一起干，不断地学习，不断攻坚克难。

“当时开会的时候，我就说，要不惜一切代价做研发，没有做不到，只有想不到。”黄立说，在研发初期，自己计划用10年甚至更长时间搭建从以红外焦平面探测器为基础的核心器件到以红外热像为核心的综合光电系统。为了这个目标，黄立引进高端人才、购买顶尖设备，把企业绝大部分的利润投入研发，从资本市场募集的资金也投进去了，可谓“背水一战”。

可是，黄立刚开始就被困住了。“我们找遍了能找的资料，也没找到氧化钒配比，只能一次次试验、一次次制造，花了两年的时间，做了1000多次试验才终于找到。”黄立回忆，到2012年，红外芯片样品出世的时候，又发现没有陶瓷封装技术，只能继续自主研发，最后才得以成功。高德红外成为当时全国唯一一家掌握陶瓷封装技术的企业，也是国内唯一一家拥有自主红外芯片生产线的企业。

经过反复实验，高德红外总共投入超过20亿元、300余名科研人员，用8年的时间完成了技术突破，使得我国的红外水平超过欧洲，与美国同步。

“有人认为我们为了研发红外热成像探测器的核心技术，只投入不盈利有些疯狂。但在我看来，这是必须的。”黄立说。

现在，高德红外不仅走在了世界前列，更重要的是掌握了自己的命运。

创新是企业永恒的“命门”

“人类历史就是一个创新的历史。”黄立对于创新，有着非常深刻的思考。

公司成立以来，黄立一直将创新和技术放在整个企业经营最重要的位置。

特别是在2010年上市后，黄立几乎把所有的资金和精力全部放在创新方面，构建起高德红外的核心竞争力，特别是在红外探测器和国防武器系统总体方面的“护城河”。“当一个企业把自己的核心竞争力构建起来，把整个行业的命脉掌握在自己手中，我相信它将永远立于不败之地，企业的发展一定要走高质量发展之路。”

黄立认为，作出重要的创新首先要有非常雄厚宽广的技术底蕴，“只有这样我们才知道自己有什么样的技术，能够用这些技术来做些什么”；第二是切合实际，也就是要了解需求。“社会或者相关的行业到底需要什么，什么东西是我们的痛点，这些问题怎么去解决？”明确了这两者，既知道问题，又有方法，才能作出真正有价值的创新或者是重要的创新。

黄立自己的事业发展，也一直源于创新。

“最早的时候，我们只是做红外热成像仪这一块，当时国家也没有这方面的核心技术和核心元器件。发展到今天，我们的产品实现了完全的自主知识产权，并且它的性能已经达到了西方最先进的水平。同时，红外探测器用于红外光电方面不仅做出了热像仪，而且还将运用在国防领域。”黄立说。

从目前的规划和计划来看，黄立想要把高德红外打造成一个百年企业，这需要有持久的生命力。

“而持久生命力的来源一定是我有自己的核心技术，这还需要我们不断地探索和创新。”黄立说。

黄立说，他的事业发展，来源于创新。

一生把一件事做到极致

黄立认为，高德红外公司可以发展到今天，一是靠技术为本，二是靠好的服务。

“开始创业的时候，我就定下过两个目标。一是做好事，我们所从事的这个行业，更多的是为国家的大企业来服务，只有把技术等各方面都做好，这样才会得到发展。高技术公司只有技术为王；二是做好人，只有非常讲究诚信，同时也为客户诚心地服务，这样企业才会做好。所以踏踏实实做人，踏踏实实做事，是我们成功的要诀。”

黄立说，其实人的一辈子是非常短的，所以一生哪怕只做一件事情，把它做好了就足够了。“作为民营企业家，保持专注很重要。在我的有生之年，一定要把这件事情做好做到极致。如果我在离开这个世界的时候，能不愧对这个世界，不愧对这段人生，那我就很满意了。”

企业能够走到今天，黄立还认为有两种精神比较重要。

一是理想主义。“可能我不能算是一个理想主义者，但我总是用这个标准来要求自己。”黄立说，人一定是要有一些追求的，所以这种理想、这种追求，这种不服输、不认失败的精神一直支撑着自己。在遇到困难的时候确实也有想过打“退堂鼓”，但是有了这样一种精神的支撑，黄立一直坚持走到了今天。

二是责任感。“一个企业如果半途而废了，对个人来说是一种失败，对企业来说也是一种失败。”黄立说：“同时，如果我们不做下去的话，对国家来讲是一种不负责任，也是一种损失。对于高德红外的员工也一样，有很多员工是很多年前就跟着我一起打拼，如果企业没做好，或者是我们怕困难退却了，那也是对大家的一种不负责任。”

高德下一阶段的目标就是“引领”。

公司设立之初，黄立便取了英文“GUIDE”作为公司名称，意思是“向导、领跑者”，黄立的目标就是想把高德做成一个国际化公司。

笔者手记

只有想不到，没有做不到。

黄立用自己20年的创业生涯写下了对这句话的注解。

在外人看来，“理工男”黄立有些“执拗”——决定自主研发芯片，公司上下都觉得他是“异想天开”；为组建研发队伍和研发平台，把企业绝大部分利润都用于研发，可谓是“背水一战”，朋友们替他捏一把汗。

精诚所至，金石为开。近10年坚持研发，高德红外“中国芯”真的被黄立拿下了。

这需要多大的韧劲儿？一个细节是，为了确定某种材料的配比，他花了2年时间，做了1000多次实验。

“人生苦短，但我还是希望保有一些‘理想主义’。”黄立说，他总希望把一件事情做到极致，至少用尽自己的“极致”力量，方能人生无憾。

马新强，华工科技产业股份有限公司董事长。将华工科技从一家校办企业运作成为一家国家级创新型企业、华中地区第一家上市的校办企业。

马新强

高校走出的企业掌舵人，引领武汉激光军团迈入国际前沿

作为从高校走出的企业掌舵人，他见证了华工科技作为高校科技成果转化典型代表，引领武汉激光军团迈入国际激光产业前沿阵地的历史。他说，自己要时刻保持“焦虑”，不能被动地等，要奋力攻关“卡脖子”技术，把主动权牢牢掌握在自己手中。

出席证

“只有能到市场上去交换的才是商品，卖不出去的激光器和激光设备就是废品，连皮鞋都不如。”

马新强的“皮鞋论”曾惊起一片涟漪。他却很坦然。他说，中国不缺科技人员和科研成果，缺的是贩卖科技成果到市场上的“贩夫”。马新强愿意做这个“贩夫”，而且一做就是三十余年。

盘活将关停的校办企业

马新强办的企业叫“华工科技”，他的故事也得从“华工”说起。

马新强的母校，现在被大家叫作华中科技大学，前身是 1952 年设立的华中工学院（以下简称“华工”）。1988 年，马新强毕业那年，母校更名为华中理工大学。也是在那一年，东湖新技术开发区成立。

那时候，东湖高新区还没有“中国 · 光谷”一说，但一束光已投射到谷内，源头就在马新强的母校。

其时，一股创业热潮在全国各大高校开始萌动。

当时，华工校办企业的全称是“武汉高理电子电器新材料成套技术开发公司”，简称“华工高理”。毕业后，马新强留校，在学校科技处开始第一份工作，主要抓科技成果转让。两年后，他进入华工高理，成为一名市场销售人员。到了 1994 年，马新强开始担任华工高理公司总经理。

马新强来到华工高理时，面对的是一个烂摊子。

华工高理尽管办得早，但情况并不好。20 世纪 80 年代末，中国成为世界最大的电视机生产国，华工高理的主要产品电视机元器件。进入 20 世纪 90 年代时，中国彩电市场正在从黑白电视升级到彩色电视，做电视机元器件还是非常赚钱的。当时华工固体电子学系就自主开发了相关元器件，现在看来，学校的科研成果，在实验室里检测、小批量研制还可以，但经不起市场检验。华工高理的产品主要供给武汉电视机厂，返修率很高，某个元器件一坏，电视就不亮了，会出现雪花点，出现不断返修的状况，甚至面临高额赔偿。

那时，华工高理找到固体电子学系的几个教授，因为原配方在他们手里，希望能在大规模生产线上解决问题。但教授们囿于观念，不愿提供。问题僵在那里，企业办不下去，账上没有钱了，学校准备关停公司。

马新强带着几个年轻人挺身而出，找到校领导，提出接手企业试试。

拿不到原配方，马新强就带着年轻的团队夜以继日自己研发。最终，自主开发成功。华工高理不断开拓市场，TCL 王牌电视、康佳电视、创维电视、海信电视的前身青岛电视都用上了他们的产品。当时，马新强们卖过“流保护器”，豌豆大小，几分钱成本，卖一箱就能赚几十万元。

马新强接手后，华工高理当年就扭亏为盈，并实现利润 200 万元。之后，华工高理的路越走越宽，围绕计算机技术，将元器件卖给通信设备厂，并开始涉足小家电。那时，人们刚开始使用电蚊香发热片，市场上很大一部分产品也是华工高理出品。

马新强任职华工高理公司总经理 4 年后，公司已位居全国同行业前三，年销售额达到 3000 万元。

激光卖不出去连皮鞋都不如

1995 年 5 月 6 日，《中共中央、国务院关于加速科学技术进步的决定》颁布，“科教兴国”被首次上升为国家战略。其时，坐拥武汉大学、华中理工大学等名校的武汉，科教实力雄视全国。

1997 年，周济任华中理工大学校长。当年，激光加工国家工程研究中心被整体改制为武汉华工激光工程有限责任公司（以下简称“华工激光”）。周济找到马新强，希望马新强去华工激光做掌门人。

彼时，华工激光远远走在全国激光技术研究队伍的最前列。周济要求：发展高科技，实现产业化，把激光作为一种产品推向市场，做大激光产业。

去不去做这个掌门人，马新强心里还有几分犹疑。

马新强毕业于华工光学系，不少恩师就是华工激光的员工，自己去执牛耳，该如何管理呢?

此外还有观念问题。华工激光虽然已是企业，但在管理上一直延续过去高校科研机构课题组模式，以成果为导向，而不是以市场为导向。这意味着，只要有成果鉴定，老师们就可以提职称、分房子。企业开发出的成果，往往直接进行项目鉴定，鉴定的结果都是国际先进、国内领先。但鉴定之后呢?束之高阁，藏诸深山。

1998 年，带着改革使命，马新强被任命成为华工激光总经理。上任后，他推行“三统一”制度：财务统一，市场操作统一，新产品开发统一。原来的课题组被打散，取而代之的是公司产品研发中心。

教授们当然不干了。因为工作模式发生了翻天覆地的变化，既得利益受到影响，当时不少人到校领导面前告状。

矛盾在马新强的“皮鞋论”公开后爆发。在大会上，马新强说：“既然华工激光是公司，我们的激光器和激光设备就必须拿到市场上去交换，既然交换就存在价值和使用价值，所以从商品属性来说，激光和皮鞋是一样的，卖不出去就是废品，连皮鞋都不如！”当年，马新强对长江日报记者说：“中国不缺科技人员和科研成果，缺的是贩卖科技成果到市场上的‘贩夫’。”

当时，马新强还进行机制创新，提出“产品终身制”，后来演化为分红股的概念。

一年以后，华工激光利润增长 392%，科研人员按比例从产品销售利润中提取奖金，教授、博士们的收入提高了，课题组的利益得到兑现，大家共尝科研成果初步产业化的甜头，华工激光逐步实现从校园文化向企业文化的转变。

马新强始终认为，激光必须走出实验室，在市场中体现价值。否则，激光就只是实验室里的“高级游戏”。

10 个月缔造华中高校上市第一股

就在华工激光的业绩蒸蒸日上时，喻家山所处的这片天地也在发

工作中的马新强

马新强作为人大代表赴京参加第十三届全国人民代表大会

生翻天覆地的变化。1991 年，国务院 12 号文件正式批准组建东湖等 27 家国家级高新区，而华工激光是领跑方阵的尖兵。

1998 年，华工高理、图像、开目、激光等公司，已在各自的领域建功立业，风生水起。华工图像是国内实力最雄厚的综合防伪中心和激光全息产业的主要基地，华工高理是国内规模最大的 PTC 敏感电子元件的生产企业，华工开目则是国内经营最好、知名度最高的自主版权制造业集成软件商。其中图像、高理年销售额均达二三千万元，年利润一千多万元，但受校办企业管理机制、资金的制约，几年来它们都各自为政，原地踏步。

华工必须走“产学研”三足鼎立、协调发展的道路。

1999 年，华工激光、高理、图像、开目 4 家公司强强联合，组建华工科技，注册资本 8500 万元。马新强成为首任总裁，当年 34 岁。

上市基本条件已满足，各方接力开始了。时任东湖高新管委会副主任唐良智，跟马新强一起赴京，争取华工科技早日上市。在北京京西宾馆学习的校长周济带着马新强，见缝插针地找到同在京西宾馆的时任证监会主席周正庆。

在申请上市路上，华工科技顶着“激光企业”的帽子几乎一路绿灯。

尽管这样，2000 年 4 月，仅仅在改制 10 个月后，华工科技股票获准发行，次日即在《证券报》上刊登招股说明书。

2000 年 6 月 8 日，马新强在深圳证券交易所敲响“开市钟”，华工科技成为华中地区第一家高校上市企业。

作为中国资本市场首家以激光产品为核心业务的高科技企业，华工科技募集资金超 4 亿元，企业净资产增幅 300%。

面对市场诱惑，坚守主业

华工科技在跨世纪时上市，但马新强内心的焦虑也跟着跨了世纪。

创业十年来，马新强目睹母校为建设国家激光加工技术中心，大量购进国外激光设备，还有澳大利亚切割机和德国三维切割机、固体激光设备……一台设备 80 万美元。

“我们跟国外差距仍比较大。虽然我们有了国家级实验室、国家级工程中心、拥有了‘国内第一’头衔，代表中国水平，但是不是就能自以为是、自得其乐？我们必须有紧迫感、不忘初心，记住我们为什么出发。”马新强说。

2001 年，东湖高新区被批准为国家光电子产业基地，“武汉 · 中国光谷”崛起。华工科技抓住武汉市政府建设国家光电子信息产业基地的历史机遇，在首批获准设立的国家级大学科技园——华中科技大学科技园里，利用募集和自筹资金投资 5 亿元兴建华工科技产业园。

2002 年，建筑面积逾 5 万平方米的华工科技专属产业基地全面建成并投入使用。华工科技完成以科研开发为主的校办企业到以市场为导向的大规模、社会化企业的飞跃。

2009 年，继北京中关村之后，武汉东湖开发区被国务院批准为全国第二个国家自主创新示范区，这意味着光谷成为领跑者。就在这一年，聚焦“光”的华工科技做大做强，开启 IPO 开闸以来湖北上市公司配股再融资先河。那时，企业对外宣布：华工科技将逐渐退出与主营业务关联度不高的行业与领域，集中兵力，攻坚激光主业，募集的资金主要投向五个项目：高档数控等离子切割机生产线、先进固体激光器产业化、激光特种制造装备、半导体材料激光精密制造装备和激光加工工艺研发中心建设项目。

“这么多年，还能朝着一个城墙口冲锋，因为那根弦一直绷着，一直有紧迫感，必须集中主业、自主创新。”马新强说。

有没有诱惑？有！

“华工科技上市后，很多人找。几千万的商用地，我们都没有涉足，没有去干跟主业无关的业务。”马新强说。

集中力量攻克国外垄断“卡脖子”技术

除 2000 年上市、2009 年再融资，让马新强难忘的，还有 2016 年——由华工激光联合华科大、法利莱、神龙汽车等单位共同自主研发的“汽车制造中的高质高效激光焊接、切割关键工艺及成套装备”项目，获颁国家科技进步一等奖。此项目实现了汽车制造领域中激光焊接、切割关键工艺及成套装备国产化，打破了国外在此领域四十多年的垄断历史，标志着中国在此领域的重大突破。

以“代表国家竞争力、具备国际竞争力”为己任的华工科技，自1999 年成立以来的 20 年间，大力发展具有自主知识产权的关键技术、核心技术，承担激光领域绝大部分国家级、省部级课题，五次获得国家科技进步奖，创造中国乃至全球激光领域的 46 项“第一”。但在自主创新、高质量发展这条路上，华工科技还有很长的路要走。

眼下世界经济形式更加复杂，面向未来，面向新一轮改革开放，马新强认为，新旧动能转化还没有达到理想状态。“我们时刻要保持‘焦虑’，要梳理能代表行业水平、卡我们脖子的东西在哪里，不能被动地等，要把主动权牢牢掌握在自己手中。”

目前，华工科技基本掌握了激光器核心部件生产工艺，但放眼全国，光通信用半导体激光器芯片大量靠进口，还有激光装备里的核心部件——切割头、焊接头等，进口一个需要五六十万元。目前，切割设备里的焊接头，华工科技能自己做了，未来，还要在视觉识别、核心软件上下力气，争取自主研发。

此外，在华工科技重点布局的新能源汽车、3C、5G 三大领域，目前来看，全球发展趋势还是明朗的。“我们要进一步投入资源争取更大的份额，提升华工科技的销售收入。”马新强说，“另外，企业要降低成本，提升内部信息化水平、进行品质革命，迈向高质量发展。”

笔者手记

作为从高校走出的企业“掌门人”，马新强看待知识与财富的观点很“通达”，在早年甚至显得有些“标新立异”。

“只有能到市场上去交换的才是商品，卖不出去的激光器和激光设备就是废品，连皮鞋都不如。”20世纪末，刚刚出任华工激光总经理的马新强，就有这般惊人之语，甚至引发了一场“赶马运动”。

把实验室里的“高级游戏”推向市场，马新强义无反顾；要时刻保持焦虑，要把主动权牢牢掌握在自己手里，马新强头脑清醒。

不论是在华工科技刚刚创办时，还是在企业跻身一流激光企业的今天，马新强始终保持着这种“焦虑”和“饥渴”。因为他知道，科技型企业跟不上技术潮流就得退场，中国高新技术面临多重“卡脖子”危机让他如鲠在喉。

“代表国家竞争力、具备国际竞争力”，马新强和华工科技还将朝着这个目标走下去。

陈莉莉，武汉明德生物科技股份有限公司董事长，2008 年回国创业，2018 年“湖北新科女首富”。

陈莉莉

不断走出“舒适圈”，演绎知识女性科技创富传奇

无论从哪个角度看，陈莉莉都是特别的存在。在创业这场硬仗中，她是为数不多的女“斗士”；在商场上，她是罕见的学者型商人。从医生到商人，从海归博士到上市公司掌门人，她不断变换着自己的人生轨迹，不断走出“舒适圈”。书写了技术＋资本结合实现跨越发展的样本，也演绎了新一代知识女性科技创富的时代传奇。

"板凳坐得十年冷"。投入 3000 多万元、坚持 4 年攻克技术壁垒更高的领域，即使产品至今仍未面市，但她仍在坚持。武汉明德生物研发投入占营收的 15%，三成员工都在从事研发工作。

看准了一件事就把它做到底。陈莉莉给人最初的印象是无法掩藏的知性气质。多年医科专业训练造就的理性与冷静，加之女性的韧劲与耐性，陈莉莉执掌的明德生物，打下她深深的个人烙印。2018 年 7 月 10 日，明德生物在深交所中小板成功上市，一切过往，皆为序章。陈莉莉和她的明德生物，宣告进入新的征程。

"我血液里可能有一点儿创业基因"

福布斯"中国科技女性榜"华中区域唯一入选者、"2019 中国最具影响力的 30 位商界女性"、湖北新晋女首富……笼罩在陈莉莉身上的光环越来越多。这一切的源起，是 13 年前她参加了一场创业比赛。

2006 年，32 岁的陈莉莉刚到德国海德堡大学深造。在此前，她把自己的岁月都交付给了医学事业——她曾在华中科技大学同济医学院求学 6 年，又在同济医院做了 10 年医生。

人生的下半程怎么走？陈莉莉想出去看一看。

"一般走上创业道路的人，可能在血液里面就会有一点儿这样的创业基因。"陈莉莉说。事实上，她的第一次创业发生在考取研究生之后。"当时，我和武汉大学新闻系的一位学生一起出了一本书，那是我的创业初体验。"

有了 10 年的专业从医经历，这次的创业，陈莉莉起点更高。在 2006 年由国家教育部和科技部举办的"第一届'春晖杯'中国留学人员创业创新大赛"中，她凭借自主研发的"海特 TM 心脏型脂肪酸结合蛋白（H-FABP）快速检测试剂盒"项目获得二等奖。

这次大赛为陈莉莉打开了一扇窗户。

创业的基因、潜在的市场、良好的创业环境，在多种因素的召唤下，陈莉莉产生了将研究成果推向临床使用的想法。

2008 年 1 月，取得海德堡大学博士学位的陈莉莉与东湖新技术开发区留学生创业园签订孵化协议，正式创立了明德生物。

“一个人只能够专心做好一件事”

公司虽然成立起来了，但创业初期的陈莉莉仍想把主要精力放在学术方面，她给自己的头衔是“技术总监”。

为了更深入地了解国外体外诊断行业的发展，2010 年，陈莉莉赴美国波士顿大学医学中心进行博士后研究。当时的明德生物仅靠一两个人维持日常事务，虽然也积极地开展了一些产品研发，完成了 10 个定性检测试剂的产品注册，可未实现大量的市场销售，公司发展趋于停滞状态。

陈莉莉逐渐发现，实验室与市场之间存在巨大鸿沟。

“一个快速诊断试剂，要从实验室走向市场，其考量指标不仅限于医学上的意义，还牵涉到用户，也就是医疗机构的接受程度。”她举例，同样针对幽门螺旋杆菌的感染情况，与以人体血液为标本的抗体试剂相比，以大便为标本的抗原试剂效果更为直观、明朗，但由于操作复杂，在医院检验科室不受欢迎。

“带着医生的思维去做产品，注定是行不通的。”来自于内心的思索和公司发展的压力让陈莉莉深切体会到，一个人只能够专心做好一件事。她必须快速作出一个抉择：要么专心致志地继续做学术做研究，要么回国全身心投入创业中来。

经过深思熟虑和反复调研，陈莉莉认定国内即时诊断定量检测领域确是一片“蓝海”，中国的体外诊断试剂领域将会迎来一个快速发展期。

“经过这些波折，我选择创业的决心更加坚定了。”陈莉莉说。2011 年年底，她从美国回到武汉，一心一意地经营明德生物。

陈莉莉的归来，开启了明德生物的快速发展期。

营收 3 年增长 20 余倍

回国后，陈莉莉迅速完成了定量检测系统的研发，并启动了产品的注册流程。

2012年，明德生物的免疫定量分析仪及降钙素原定量检测试剂顺利上市，并通过了国际安全认证。其中，明德生物的降钙素原是国内首家实现床边快速、定量检测的注册产品，填补了我国在该领域内的空白。

自创业以来，陈莉莉一直相信，产品的创新力才是明德生物高速发展的主要驱动力。

“我们开发产品以创新为准则，所申报的第一个产品也是个创新型的指标，虽然理论上非常适合推广，但国内几乎所有省份都没有立项和收费标准，医生接受度也不高，产品上市后无法销售。”陈莉莉发现问题后，便开始积极关注国际行业动态，调整“打法”。她逐步总结出，对于新项目，有大公司在国内启动注册时，要采取“跟进开发”的方式；对于成熟项目，则需要作出适应目前市场需求的产品差异化创新。

对于公司创立初期的成功之处，陈莉莉认为是“聚焦细分领域，根据市场特定客户的需求，快速推出极度差异化产品”。

2012年，陈莉莉发现国内市场已有的即时诊断检测平台均为单卡式产品，在临床上具有局限性。从差异化角度出发，陈莉莉和团队在当年上半年就率先在国内推出高通量、智能化即时诊断检测平台，不仅操作简单，还可以进行全血检测。

明德生物的这款产品一推向市场，立刻在客户体验上与已有产品拉开差距。截至目前，全国已有近3000家医疗机构使用这项产品，其中二级和二级以上医院占比超过60%。

“明德与国内体外诊断试剂行业几乎同时起步，并赶上了行业发展的黄金时代。”陈莉莉说，乘上风口，明德生物的业绩也迎来爆发式增长。

借此东风，陈莉莉和团队又迅速推出了第一个定量检测试剂产品——降钙素原定量检测试剂。这是一个脓毒症和细菌感染的辅助诊断指标，明德生物还对其进行了差异化改进，搭载在公司自主研发的高通量、智能化即时诊断检测平台上。借此，明德生物成功实现突破，在即时诊断免疫类检测的细分领域树立起品牌。

2012年初期，明德生物只有6个员工，所有事都必须陈莉莉亲力亲为。“我是做学术出身，在企业管理方面确实没有太多的经验。”陈莉莉说，为此，她还特意去参加了企业管理方面的特训班，“最大的收获，是充分认识到了人的作用”。

实践之后，陈莉莉发现做学术与管理企业有着本质的不同。

于是，陈莉莉开始把更多的精力转到团队搭建上来。随着第一款定量检测试剂的上市，销售也全面启动。陈莉莉根据企业实际发展需求，逐渐组建销售团队，陆续引进研发人才，不断细分团队结构和制定战略规划。到了2013年，明德实现营收2600万元，比2011年增长20余倍。

坚持研发创新，协同大于竞争

2014年，明德生物的业绩继续快速增长中，陈莉莉个人也获得一个又一个新的头衔。

陈莉莉与公司另一位创始人王颖博士先后入选东湖高新技术开发区“3551人才计划”并获得相应基金扶持，同时公司还获得了东湖高新区生物专项基金、国家创新基金、东湖高新区新产品研发奖励基金等政府资金的奖励和资助。2013年，明德生物入选武汉市“瞪羚企业”，并于2014年完成新三板挂牌上市。

公司越是迅猛发展，陈莉莉越是觉得积累与后劲重要。

2014年，陈莉莉开始加大研发投入，同年组建明德生物研发团队。“一直到最近几年，我们的研发投入都在当年营收占比15%左右。公司里像我这样的研发人员，差不多占团队总数量的30%左右。”陈莉莉说。

“在目前国内即时诊断市场的现状下，协同的意义显然远远大于竞争。”陈莉莉关注的一点是，国外的即时诊断占整个体外诊断行业比重达30%，有些国家甚至高达40%以上。而在国内，这一比重大概只有10%～15%，显而易见，中国的即时诊断市场还有很大的发展空间。

陈莉莉认为，国内分级诊疗的推进，也为即时诊断带来可期待的空间。

基于这样的思考，陈莉莉得出了自己的结论——无论是在救治急危重症的胸痛中心，还是基层医院，即时诊断作为快速诊断工具，由于其集成化、小型、性价比高的特点，都将发挥越来越大的作用。只要参与即时诊断的企业以及政府主管部门、医疗机构共同制定行业规范、界定质量管理规则，陈莉莉及团队就可以把国内即时诊断的蛋糕做大。

走进家庭，走向世界

2018 年 7 月 10 日，对陈莉莉而言是意义重大的一天。

这一天，明德生物正式在深圳证券交易所中小板敲响了上市钟。这不平凡的钟声是对每一位明德人的馈赠。

10 年创业，一朝上市。“这将是公司的一个新起点，也是公司提升发展的一个新征程。”陈莉莉说，“我们将接受资本市场的新检阅，迎接新考验。我们要紧紧抓住这一宝贵机遇，借助资本市场，进一步完善治理机制、规范运作，全力做大、做强、做优主业，密切保持与广大投资者的沟通、交流，努力经营企业，创造更多价值，回报社会。全力打造明德生物成为中国资本市场上的一个优质上市公司。”

事实上，在每一个阶段，陈莉莉都给公司定下了清晰的战略目标。

在 2011 年到 2016 年的第一阶段，陈莉莉提出的愿景就是成为高通量即时诊断的领航者；2017 年到 2022 年的第二阶段，陈莉莉对明德生物的定义，是成为一家为医疗机构提供创新领先产品和服务的龙头企业。实现这个目标需要借助上市的契机，利用资本市场工具，与公司内生性发展来共同达成。

现在，明德生物已经成长为一家不仅能够为医疗机构提供丰富多样化的检验检测产品，同时能承担多种医疗服务解决方案的体外诊断产品龙头企业。陈莉莉希望，通过目前这个阶段，明德生物的产品和服务能帮助医疗机构提高诊断和决策环节的效率，减少对宝贵的救治时间和力量的消耗。

2022 年之后的明德生物呢？陈莉莉希望明德生物能够发展出适合家用的产品，借助医疗机构延伸出来的网络，为更多个人提供保障和服务。

“我希望明德能够成为新型医疗方式的原动力，通过科技与资本的结合，让医疗最大限度的接近家庭、接近个人。”陈莉莉说，这是作为一个“过去式”医生的她，作为一个“现在式”企业家的她共同的理想：“让中国即时诊断产业走向世界，服务人类健康事业。”

笔者手记

陈莉莉的创业故事，有点偶然性。

32岁那年，在做了10年医生之后，“想出去看看”的她去德国海德堡大学深造。

两年后，在成为“女博士”的同时，陈莉莉也有了自己的“孩子”——明德生物。

创立明德生物之后，3年时间里陈莉莉也在学术和创业之间“兜兜转转”。经过一系列波折，她选择创业的决心更加坚定了。

10年专心创业，明德飞速成长，陈莉莉也完成了由博士向企业家的转身。始于兴趣，敏于商机，勤于创新，这位看起来有些“内秀”的女性，成为2018年“湖北新科女首富”。

朱敦尧，为武汉大学卫星导航定位技术研究中心教授、武汉理工大学博士生导师、教授，武汉光庭信息技术股份有限公司董事长。

朱敦尧

以“创新”为种子，打造智慧出行新生态

早年异国的求学就业经历无一不告诉朱敦尧，创新对一个人、一个企业、一个国家的重要性，也培养了他不断思维创新的能力。有了创新这颗“种子”，朱敦尧相信，光庭的未来一定是光明的。

名校毕业、留洋日本、微软高级经理，朱敦尧40岁以前的人生顺风顺水。不惑之年，他毅然下海创业，从一个技术研发人员转型为企业经营者。因为手握创新“种子”的他，有了一个更大的梦想——打造智能汽车新生态，创造以智能出行为核心的智慧城市、美好生活。

留学日本时没打过一天工

1986年，朱敦尧在武汉大学制图系获得硕士学位。1993年，他得到去日本东京大学攻读博士的机会，跨专业学习土壤和水资源工程知识，后来又有机会读了博士后。

“我在武大学的是测绘专业，到日本跨专业学习土壤和水资源工程，学科跨越很大，再加上日语基础不好，写博士论文的时候，感到了巨大的压力。”朱敦尧回忆，自己当时有点“无从下笔”的感觉，想了很多题目到最后都觉得不可行。

“我是得到日本文部省资助的公费留学生，每个月有185000日元的奖学金。没有任何生活的压力。”朱敦尧说，但当时的日本处于繁荣期，工作很好找，到处都是赚钱的机会，留学生打工相当常见，对于他来说诱惑还是很大的。

但朱敦尧没有打过一天工，这在当时显得有些另类。

“我当时就想，体力劳动赚来的钱是有限的，是在用最好的青春换取低微的报酬，如果能用最好的青春去学习更多的知识，将来再用这些知识去赚钱，那么今后所创造的财富才是无法估量的。”朱敦尧说。

孜孜不倦地思索，朱敦尧想到了如何利用数据高程模型来研究微地形对土壤水分移动的影响。他的博士论文《降水条件下不同坡形坡度对地表径流形成机制的影响》，不仅顺利通过答辩，而且获得优秀评价。

让朱敦尧意想不到的是，这样一个思维方式的转变和大胆的创新，使得朱敦尧的博士论文不仅被日本的一流期刊登载，而且论文的一部分还被收入东京大学教授宫崎毅在美国出版的教科书。

那是朱敦尧第一次体会到创新的巨大力量。

选准车载导航领域进行创业

1996年朱敦尧博士毕业后，导师向朱敦尧推荐了一份到日本前田公司边读博士后边工作的机会。3年博士后毕业，朱敦尧就得到了在日立XANAVI公司工作的机会。

在日立的工作经历开启了朱敦尧认识车载导航和无人驾驶技术的大门，也让朱敦尧找到了自己终生的事业——致力于汽车导航系统研发。后来，微软和日立进行合作，向日立出售新开发的车载实时操作系统，他们看中了朱敦尧的实战经验，让朱敦尧担任产品部经理。

“在日本微软，我担任智能交通系统部高级经理，主要负责产品策划。从做技术到做产品让我感到很不适应。”朱敦尧说，这段经历让他认识到，一个再优秀的技术人员如果不改变思路，就不可能成为一个优秀的企业经营者。

2001年年底，朱敦尧离开了日本微软，受邀出任武汉适普软件有限公司东京分公司总经理。

朱敦尧在适普软件东京分公司虽然只工作了9个月，却让一个公司“从无到有”，逐步建立了自己的市场和品牌，让他第一次尝到了创业的成就感，也进一步增强了朱敦尧创业的信心。

进入21世纪，日本泡沫经济破灭，而中国正迎着改革开放的东风，发展速度很快。

2002年，朱敦尧回到武汉，并于同年11月创办了光庭导航数据（武汉）有限公司（现武汉光庭信息技术股份有限公司），致力于车载导航、汽车电子和智能交通系统等高科技技术和产品的研发，提供车载导航软件、硬件、数据一体化的解决方案，以及开展汽车控制和安全驾驶、汽车内部通讯、汽车信息平台的核心技术攻关。

孵化多项产品级技术

在创业初期的摸索阶段，光庭的主要业务是承接日本的一些跨国软件外包项目。

2005 年 9 月，他成立了武汉光庭科技有限公司，专门从事自动驾驶研究，在 2013 年，集中产学研的创新力量，聚焦智能网联汽车的关键技术与产品的研发，推出“光谷梦”智能网联技术创新平台，成为国内最早开展智能网联汽车相关领域研发和生产的高新技术企业。

经过不断技术深耕，最新的“光谷梦”5.0 版本已在乘用车、商用车、特种车等多个平台和多个应用领域开展广泛的应用示范，积极探索智能网联产业化之路，现已孵化了多项产品级技术。

2018 年 5 月，成立不到半年的山东光庭，用了不到 3 个月的时间，完成了蓬莱旅游大数据平台的正式上线运行。通过这个平台，可以实现对旅客流量、车流量的实时监测，使用峰值数据进行分析预警，并且初步实现一部手机游蓬莱的设想，这靠的也是团队的创新精神。

自创立以来，光庭就聚焦和深耕智能网联汽车软件研发，凭借国际一流的品质和服务，已经与博世、电装集团、佛吉亚、马瑞利、李尔、延锋伟世通等国际顶级公司，以及本田、日产—雷诺—联盟、上汽集团、长安、广汽等国内外主流车厂形成了战略合作关系。

通过与佛吉亚歌乐电子、电装集团、上汽集团等进行资本合作，光庭将智能制造、高精度地图、自动驾驶产业引入光谷落地，促进智能汽车软件产业发展。

朱敦尧曾无数次问自己，光庭究竟要发展成为什么样的一家企业？朱敦尧坦言，自己还不能明确回答自己的问题，“但我知道，光庭信息不可以不志存高远，不可以不胸怀天下，但更重要的，光庭需要脚踏实地做好当下。”

朱敦尧说，光庭一直秉承“根植中国，服务全球”的战略布局，从生而来，光庭就是国际化的企业。

光庭的未来也是朱敦尧的梦想，就是把光庭打造成中国的民族品牌、世界的知名品牌。

笔者手记

与科研打了十几年的交道，曾在日本微软等巨头企业工作，朱敦尧在39岁时选择从零起步，自主创业。

这样的抉择早就埋下了伏笔。

早年在日本求学，朱敦尧就从未出去打过工。因为他觉得“如果能用最好的青春去学习更多知识,再用这些知识去赚钱，那么今后所创造的财富是无法估量的”。

创业17年，朱敦尧曾无数次问自己，光庭究竟要发展成一家怎样的企业?

“我也不能完全回答自己的问题”。但要做“中国的”和“世界的”，朱敦尧的志向是明确的。他同时也明白脚踏实地、做好当下的重要性。手握“创新”种子，打造智慧出行新生态，这是朱敦尧的“日常”，是不能忘记的“初心”。

“医者仁术”篇

救死扶伤无私奉献，他是老百姓口中的“人民医学家”裘法祖；将目光投向了特殊的弱势群体，他是“中国防治艾滋病史上一个将被永远铭记的名字”桂希恩；语言架桥，用心治病，他是“语言处方医生”蔡常春；小处方，大仁心，她是群众“心目中的好医生”王争艳；“60 分贝”的温言软语，他是“暖男医生”江学庆……

匡威济世、救死扶伤，他们勇攀创新之巅，用精湛医术护航人民生命健康；胸怀悲悯、无私奉献，他们用仁心大爱谱写中国医者动人华章。

裘法祖，中国现代外科学和器官移植学的主要开拓者和奠基人之一，中国科学院院士，被誉为“中国外科之父”。

裘法祖

百姓眼中的“人民医学家”，医学界的不朽丰碑

裘法祖的一生是救死扶伤、无私奉献的一生；是诲人不倦、教书育人的一生；是探索创新、硕果累累的一生。他用高超的医术、高尚的医德，为我国医学树立了不朽的丰碑，他是外科医生敬仰的榜样，更是老百姓眼中的“人民医学家”。

裘法祖如果要划破两张纸，第三张纸一定完好无损。

这是医学界对一名外科医生刀法的最大赞扬。

2008年6月，一代医学泰斗含笑远行，上万名群众自发送别裘法祖。

这是老百姓对“人民医学家”最大的不舍。

“中国外科之父”

1946年10月，一艘从德国开往上海的海轮上，一位中国医生在甲板上成功为一名肝脏破损、生命垂危的病人实施了肝脏缝补手术，病人转危为安。船还未靠岸，裘法祖的名声已经红遍上海滩。

只身远赴德国，获得慕尼黑大学医学博士学位的裘法祖，选择放弃德国的安稳和高薪学成归国，成就突出被誉为“中国外科之父”。

在近一个世纪的人生岁月里，裘法祖致力于祖国的医疗卫生、教育、科研事业，为中国现代外科学作出了杰出的贡献。

六十多年来，裘法祖“稳、准、轻、细、快”的高超技术被赞誉为“裘氏手术”，并改进新术式不下数十种，挽救了无数患者的生命。“他要划破两张纸，下面的第三张纸一定完好无损”。

裘法祖一生桃李满天下，他向学生强调医生要做到“三会”“三知”，即“手术要会做、经验要会写、上课要会讲”，“做人要知足，做事要知不足，做学问要不知足”。

他主张对青年医师要“大胆放手、具体指导、严格要求”。他提携后辈，甘当人梯，亲手培养了大批优秀外科人才，其中不少已成为国内外知名学者。他以培育新秀为人生乐事，2004年，他拿出毕生奖金设立了“裘法祖普通外科医学青年基金”。

他曾表示：“我并不认为名字放在学生之后就没‘面子’。相反，名字放在学生前面，我才觉得丢脸，因为那是欺世盗名的事。”

而这也不只是说说而已。

2001年8月，武汉市颁布该年度科技进步奖，名列一等奖之首的是“体外培育牛黄”项目，在该项目的完成人员中，裘法祖排在第二，排名第一的是他的学生蔡红娇。

“院士怎么排在学生之后？”获奖项目公告当天，疑问声不断。“当然应该把她的名字放在前面。这项成果是蔡教授花了十几年心血完成的，我只是对她有些支持。凭什么名气大些就应该排第一？”裘法祖回应得有些激动。

“没有裘教授指导和帮助，我完成不了这个课题。”蔡红娇说，为解决这一世界难题，裘法祖筹经费、查资料，耐心指导。报成果时，裘法祖坚持不让署自己的名字。蔡红娇等人多次要求后，裘法祖才妥协：“那就把我的名字放在后面吧。”

“人民医学家”

“一个病人愿意在全身麻醉的情况下，让医生在他肚子上划一刀，对医生是多大的信任啊。这种以生命相托的信任，理应赢得医生亲人般的赤诚。”这是裘法祖常挂在嘴边的话。

他还常常教育自己的学生：“医术不论高低，医德最是重要。医生在技术上有高低之分，但在医德上必须是高尚的。一个好的医生就应该做到急病人之所急，想病人之所想，把病人当作自己的亲人。”

原同济医院院长陈安民回忆当年裘法祖带学生时的情景说：“裘老查房时，我们这些负责主诉病情的年轻医生最紧张了，如果对病人病情了解不准、回答不出问题，裘老一定会狠狠批评。”他也一直以此为标准严格要求自己，只要是冬天去病房，裘法祖一定会把听诊器在自己的胸口焐热了才会给病人检查。裘法祖做手术还有一个特殊的规矩：术前他一定要亲自清点每一件器械、每一块纱布，术后再一一点对，因此，一直以来裘法祖的手术台都被认为是最安全的。

“对待病人就像大人背小孩过河一样，从河的这一岸背到对岸才安全。”本着这种对患者高度负责的精神，从医六十余年，裘法祖施行手术无数，未错一刀。

他时常告诫学生：“当医生要热爱病人，第一要不怕脏不怕累，第二要小心细致。”

裘法祖对自己有个要求，自己做过手术的病人，他一定一天三次地看望。如果是别的医生的病人向他请教，他也会一天三次地看，而且还会经常问主治医生病人身体的各项指标，弄得医生们都不敢怠慢。

对于患者写给他的信，他也是每一封都会回。

2004 年，湖北省人民政府授予裘法祖“人民医学家”称号，而这个称号更是千千万万位患者的肺腑心声。

裘法祖一生救死扶伤无数，但他总说，给他印象最深的还是农民病人。

原华中科技大学校长李培根院士回忆说，20 世纪 70 年代，他下乡到湖北省嘉鱼县，一位老乡找到他，想问问能否找裘先生看病。当时，裘老已经是学术界的权威了，他抱着试试看的想法提了一次，没想到裘老马上着急地说：“你叫他立即来找我。”后来，这名农民得到了裘老非常细心的诊治。

“好医生，病人会记你一辈子”

裘法祖在多次采访中一再申明：“不要把我抬得太高，不要称什么泰斗，我只不过是一个普通的外科医生。”

他告诉记者，当好一名医生不容易，特别是外科医生，风险很大，责任很重，可以说是如履薄冰。

一个好医生是怎么来的呢？裘法祖说，不是靠媒体宣传出来的，是一个一个病人看出来的，只要病人需要，医生就要履行自己的职责。有位姓王的小姑娘，为感谢裘教授救命之恩，把名字都改为“裘党生”。“只要你确确实实为病人解决了痛苦，病人会记你一辈子”。

裘法祖立志要做一名医生，初衷则是为了解除千万个母亲的病痛。

裘法祖出生在西子湖畔。从小学习勤奋的他，18 岁那年如愿考入同济大学医学院预科班学习德语。

一年后他的母亲突然腹内剧痛，医生、郎中都束手无策，不久后

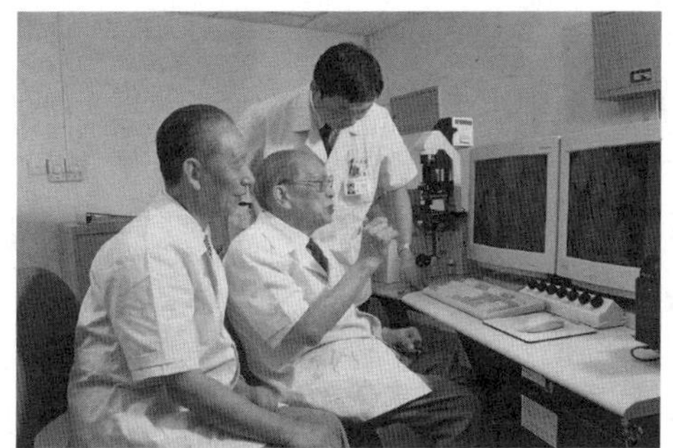

1995 年，裘法祖（中）为普外科手术病人会诊

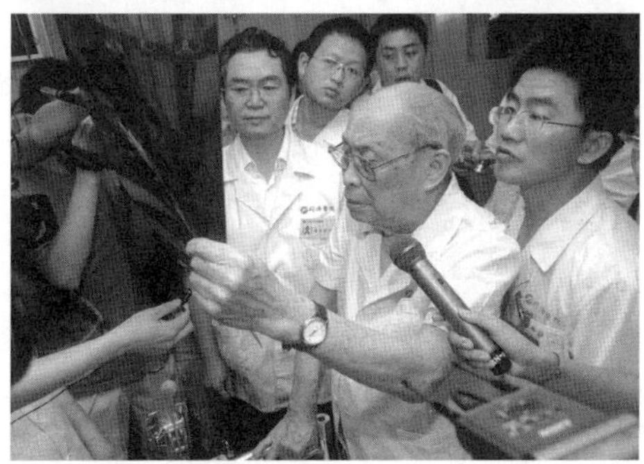

裘法祖及其团队为病人进行诊断

母亲就离开了人世。裘法祖查阅西医书籍后才发现他的母亲竟是死于在国外只需要十几分钟做个手术就能解决的阑尾炎。

1936 年，在两个姐姐的资助下。裘法祖只身远赴德国留学。

在来到德国的第七年，他被提升为外科主任。而由中国人担任外科主任，这在当时的德国史无前例。

虽然在德国已经稳定，但当祖国需要时，裘法祖毅然选择回到祖国的怀抱。他常说："我有三位母亲，一位是生养我的母亲，一位是教育我的同济，一位是我热爱的祖国。"

1946 年年底，中国抗日战争胜利的消息传到德国，裘法祖婉拒了导师和友人的挽留，决定辞去市立医院外科主任的职务，卖掉汽车和房子，带着妻女执意回到了满目疮痍的祖国，受聘于同济大学医学院。

1958 年，经周恩来总理批准，裘法祖的妻子裘罗懿成了第一个加入中国籍的德国人。

裘罗懿是一名德国女性，为了丈夫的事业，她也选择了离开自己的故乡和亲人，来到中国。在裘法祖六十多年的医学生涯中，妻子裘罗懿给予了他最大的支持和安慰。

多少年来，每当丈夫外出，裘夫人都会在窗口看着丈夫远去。裘法祖曾说他们的婚姻是全世界最美满的婚姻。几十年时间里，夫妻两人一直住在一个 50 平方米的房子里。

"这 50 平方米的房子够住吗？"裘法祖不止一次被人这样关心。

"够住。做人我只求四点：一身正气、两袖清风、三餐温饱、四大皆空。"裘法祖这样回应。

笔者手记

在人们心目中，这位老人头上有着太多令人肃然起敬的“光环”：医学泰斗，外科之父，器官移植鼻祖……

但在媒体的报道中，裘老经常申明：“不要把我抬得太高，不要称什么泰斗，我只不过是一个普通的外科医生。”

一个好医生是怎么来的呢？裘老说，不是靠媒体宣传出来的，是一个一个病人看出来的，只要病人需要，医生就要履行自己的职责。

因为他的可爱，源于他会爱人。

写裘老的稿件时，绕不开他的爱人——裘罗懿，那是坚守了60余年的跨国爱情。据说裘老介绍妻子时，总是诙谐地说：“她是我从德国‘骗’来的！”但他更不自谦地表达过：“我们是世界上最美满的婚姻。”

工作中，裘老将仁者之爱给予病人；生活上，他将温暖给予家人，这样的老人，值得人们敬重！

桂希恩，武汉大学医学部传染病学教授、武汉大学中南医院感染科医生，他是我国第一个发现中原地区艾滋病疫情高发区的人，也是第一个把艾滋病人带回家同吃同住的医学教授。

桂希恩

唤醒社会良知，大医情怀“感动中国”

当大部分人都在向上看，他却把目光投向了特殊的弱势群体，用自己微薄的力量唤醒社会良知。他清贫而充实，温和而坚定。医者的责任让他知难而上。他让温暖传递，让更多人向弱者张开双臂，直到角落里的人们看到春天。他不惧怕死亡，因为他对生命有更博大的爱。

“他是湖北乃至中国战斗在艾滋病防治与控制工作战线上的杰出代表，从他身上看到了中国预防和控制艾滋病所取得的成就。”国际艾滋病预防最高奖项贝利·马丁奖创始人马丁·哥顿这样评价桂希恩。

桂希恩在1999年首次发现国内艾滋病高危人群并拉响警报，此后一直致力于防艾抗艾事业。今天，当中国的艾滋病引起政府和公众高度重视的时候，桂希恩当年的勇气和坚持显得更加珍贵。

他连续多年实地调查，最早揭示了中原地区艾滋病爆发流行的实情；他克服重重阻力，几十次深入艾滋病疫区为高危人群免费检查、诊断、救治。他的行医生涯见证了艾滋病在中国从雪藏到公开，从小范围的重视到举国关注，从歧视病人到渐渐关爱的历程。

他是中国防治艾滋病史上一个将被永远铭记的名字。

向副总理寄交调查报告

时光指针拨回至20年前。

1999年，在武汉中南医院组织的一堂进修课上，一位来自河南省上蔡县的实习医生程保印告诉该院传染科主任桂希恩，“我们那儿的文楼村里许多青壮年得了一种‘怪病’，发烧、拉肚子，怎么也治不好，还有一些人因染上‘怪病’相继死亡”。

也就是这样一次偶然的聊天，让桂希恩揭开了河南省上蔡县文楼村艾滋病疫情的盖子。

聊天后没过多久，桂希恩便带着简单的医疗器械，踏上了文楼村的土地。

这个由6个自然村组成的3000人村庄，正在被“怪病”所威胁：莫名其妙的发烧、腹泻、肌肉酸痛、无力……在卫生所检查后通常只是得到一些常规药物，这当然不起作用，接下来的就是等待死亡。

在文楼村，谁也不知道下一个葬礼的主角会是谁。

桂希恩给11个村民抽取了血样，回到武汉后，得到的检测结果出人意料，11个装着病人血液的试管中，有10个检查出HIV呈阳性。

桂希恩没有想到，在作风保守的中国，会这么早就面对艾滋病的挑战。

于是，他将自己的调查结果向当地的政府和卫生局作了汇报，希望引起政府的高度重视。可是，两个多月过去了，都没有回音。心急如焚的桂希恩再次进村又抽取了 140 份血样，结果，血样中竟有一半 HIV 呈阳性。

经过他的调查了解和核实，证实血站非法采血交叉感染导致了艾滋病的流行。他的检测结果也揭示了艾滋病在我国的一个重要传播途径——血液传播。

在那个谈“艾”色变的年代，桂希恩的行为无疑触动了当地一些人的利益。他被认为破坏了当地政府的形象，影响了当地的经济发展，桂希恩成了“不受欢迎的人”。

“我只是想解剖一只麻雀”，但是这只麻雀结构太复杂了。在秘密状态下，桂希恩完成了对村庄疫情的初步调查，“我担心我看到的只是冰山一角，一个比血吸虫病更可怕的瘟神已经来到这个地区，必须采取紧急措施。”桂希恩决定给当时的李岚清副总理寄交自己的调查报告。

北京方面很快有了回音，桂希恩被请到中国疾病预防控制中心详细汇报疫情调查结果，不久之后，上级部门派遣工作组进驻疫情高发区。

当疫情的秘密大白于天下时，也印证了桂希恩当时的预感。他看到的确实只是冰山一角。在豫东南的驻马店、周口、商丘、信阳等市，遍布着诸多像文楼这样的村庄，它们都因非法采血这一相同的原因，而成为艾滋病高发村。

后来有一个官员问桂希恩，“当时不让你来因为你是湖北的，怎么管到河南来了？”这话让桂希恩很难受，“艾滋病是没有国界的，哪里来的省界？”

很多人觉得桂希恩当年做了别人做不到的事情。桂希恩觉得不过做了一个医生该做的事情。

无畏的理由：“我是一个老头了”

如果不是艾滋病，桂希恩也许不会成为一位公众人物，但他的意义并不仅仅属于防艾事业。

2001 年，中南医院来了 5 名不受欢迎的人，他们全部是艾滋病患者。这是桂希恩从文楼村带来的需要住院的病人，也是中南医院接收的第一批因为艾滋病住院的人，但是住院处没有病房提供。桂希恩将他们安置在医院内一个闲置的房间里，此举立刻遭到周边邻居的反对。毕竟在当时，人们对艾滋病的了解与恐惧的程度不同于今天。艰难得到当地政府放行的桂希恩当然不能就这样将病人送回，于是一则轰动全国的新闻事件发生了，桂希恩将 5 名艾滋病患者带回自己家里治疗，并且和他们同吃同住。

“我是一个老头了。”他说。年届七旬成了桂希恩无畏的理由。

这之后，更多的艾滋病感染者成了桂希恩的朋友，许多人定期来医院见他，除了治疗药物，他们还从桂希恩这里得到了精神上的安慰，但是周围一些人对艾滋感染者的歧视，还是让桂希恩深感担忧。

在他调查艾滋疫情的 5 年时间里，桂希恩每隔几个月就会去一次河南，送医送药。他每次去就住 20 块钱一个晚上的小旅馆，为了方便农村的病人来。“高档些的旅馆可能还不让他们进来呢。”怕小旅馆老板发现那些艾滋病人也赶他们走，他还不断地换旅馆住，“要是反复在一个地方，总有病人来，我怕露了馅。”

桂希恩的这些艾滋病朋友，会定期找他拿药，寻求下一步治疗方案，而更多的是向这位亲人般的长者倾诉心中的恐惧和苦闷，寻找生活的勇气和生存的希望。在他们心中，桂希恩值得信任。

“孤独者的事业”

在与基层防艾人员讨论病情时，桂希恩总是说“我愿意听听你们的意见”，“我愿意跟你们一起研究这个问题”。

看望艾滋病患者时，桂希恩会说“我愿意给你提供一些帮助”，“我愿意看到你更好地活下去”。

南漳县是一个省级贫困县，那里的艾滋病患者生活更艰难。有些患者甚至抱着“病死好过饿死”的念头，拒绝到艾滋病温馨家园领取免费的抗病毒药。实在没有办法，温馨家园主任胡志元和同事们就自掏腰包，对按时领药的患者进行“物质鼓励”。

“这些都是跟桂教授学的。”胡志元不好意思地说，“他不是经

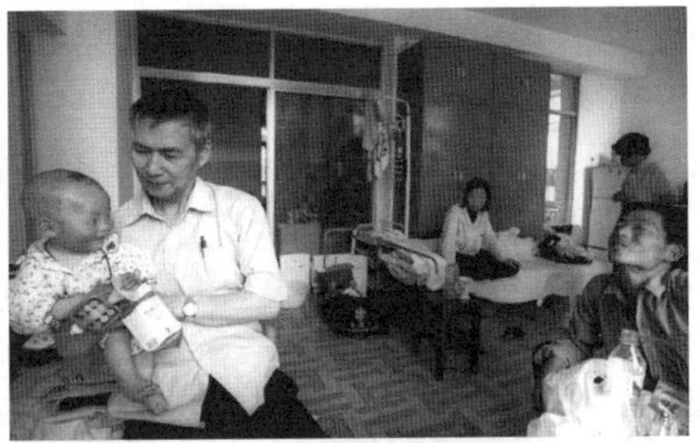

上：桂希恩将艾滋病患者接到家中

中：在街头宣传防艾知识。为拉近和村民的距离，桂希恩主动和村民交换了帽子

下：桂希恩乘坐火车给艾滋病患者送药

常掏腰包帮患者解决经济困难吗？我们的经费有限，只好自己少吃点少用点，筹点钱给患者家里过日子。”

桂希恩的认真是出了名的。他总是执着地查找患者在治疗过程中身体指数变化背后的原因。

为了搞清楚中原地区艾滋病流行的真实情况，桂希恩曾做过很长时间的“地下工作”。因此，有人说防治艾滋病是“孤独者的事业”。

但桂希恩不赞同：“现在为艾滋病事业尽力的人已经很多。他们在很艰苦的工作条件下，冒着很大的风险，到处寻找患者、发现患者、说服患者、治疗和关心患者。”

而贯穿这一切的，正是“桂希恩标准”。

“我属牛，老牛自知夕阳近，不用扬鞭自奋蹄！”

因对中国艾滋病防控作出的贡献，桂希恩获得了多项荣誉。

2004 年 2 月，英国贝利·马丁基金会主席马丁·哥顿来到武汉，将艾滋病预防的最高奖贝利·马丁奖颁给了 67 岁的桂希恩，他也是第四位贝利·马丁奖获得者。

从获得贝利·马丁奖那一天起，几年来他几乎推掉了所有的媒体采访，每一个失望而归的媒体人都带回了桂希恩同样的解释：“我 70 岁了，留给我和我的病人的时间已经不多了，我没法再把时间分给你们。”

这一年，桂希恩还得到了许多荣誉，包括全国卫生系统先进个人、全国优秀教师、中央电视台 2004 年度“感动中国”十大人物、湖北省科学技术突出贡献奖等，都是因为他在防治艾滋病领域的成就。

如今，已经年逾八旬的桂希恩仍骑着自行车加班加点为艾滋病患者服务，为艾滋孤儿举办快乐求知夏令营，为国家艾滋病防控事业提供建议咨询……自他从武汉大学中南医院感染科主任的职位上退了下来，“无官一身轻”的桂希恩更是全身心投入到艾滋病研究工作中。

“我属牛，是一头老牛，老牛自知夕阳近，不用扬鞭自奋蹄！”桂希恩这样说。

笔者手记

贝利·马丁奖、“感动中国”十大人物、白求恩奖章、美国《时代周刊》评选的全球18位医疗英雄之一……他拥有很多光环，但光环下的桂希恩依然是一位普通的医生。

很多记者同行表示，采访桂希恩大夫，内心都是忐忑的，“他一般不轻易接受采访”，是的，他多次和媒体记者表达过，“我的时间属于病人，腾不出时间‘炫耀’自己”。

爱心相向，人道相惜，桂希恩身体力行，筑起了一道防治艾滋病疫情的城墙。

就像病人说的，桂希恩大夫不仅医病，还医治患者的心灵，他的大医情怀感动了无数人，也引领着无数人走上“大医”之路！

蔡常春，武汉市中心医院肝胆胰外科主任，获湖北省卫计委“人民好医生”、武汉市卫计委“白求恩式的好医生”荣誉称号。

蔡常春

妙语回春，用“语言处方”点亮希望之灯

“仁怀救死扶伤，处方疗疾更疗心，大写杏林境界；妙手攻坚克险，厚德济人兼济世，新开医患篇章。”这是湖北省楹联学会一位高手为他写下的对联，横批是“妙语回春”。行医19载，他用“妙语”解开无数患者和家属的心结，打开医患互信通道，“语言处方”与精湛医术相得益彰，发挥出一加一远大于二的神奇功效。

“无论至于何处，我之唯一目的，为病家谋幸福。”西方医学之父希波克拉底在公元前5世纪发出的誓言，穿越时间长河，跨过万水千山的空间阻隔，于东方的中国武汉，在一位现代医者的职业生涯中，久久回响。

他医术精湛，救人无数，但他最为人称道与传颂的，是独到的“语言处方”。

一语之力，何至于斯？

蔡常春，武汉市中心医院肝胆胰外科主任，被患者亲切地称为“语言处方医生”。

语言架桥，用心治病。

把一件事情做对，不难；把对的事情做19年，不易。

这里没有惊天动地的传奇故事，有的只是润物无声的守望坚持。

“他是在为我考虑，这点非常让我感动。”

每到春节，蔡常春都接到来自山东农村的一个拜年电话。电话那头的人叫阎全胜，他的父亲2007年曾接受过蔡常春的精心治疗。这十多年来，每当气候变化，他就会打来电话嘘寒问暖。

那一年，阎全胜的父亲被确诊为肝门胆管癌，来自农村的他们一来担心病没法治了，二来担心费用承担不起。时年36岁的蔡常春告诉他们这个病不能治愈，但延长生命是肯定可以的，并仔细给他们讲解了手术机会和手术方法。谈到费用，蔡常春先告诉阎全胜夫妇可能需要多少钱，然后说，如果要卖房子卖地，就要慎重考虑一下治不治。

“我懂他的意思，不是让我们放弃，他知道我除了我自己一家，还有老母亲和妹妹要养，他是在为我考虑，这点非常让我感动。”阎全胜后来回忆说：“父亲整个治疗期间，蔡医生半个月没有回家，守着我父亲，安慰他，帮助他恢复。”

手术后，阎全胜的父亲活了8年。即使父亲已经走了，阎全胜仍然时时牵挂着远方的蔡医生。

追溯“语言处方”的源头，还要从他的求学之路说起。

蔡常春出生在湖北黄冈黄梅县的一个普通的草根家庭。中学时，在医院工作的舅舅给他讲得最多的故事，就是他如何治好了病人。这让他心生向往，立志要当一名医生。

蔡常春当医生的第一天，他就自觉秉承母校和师长的教诲：作为一个医生，首要的就是对病人要有耐心。

2008 年，蔡常春到美国匹兹堡大学攻读博士后。他惊奇地发现，当地专家竟然会为疑难病患者制作科普电影，病人一看就了然于心，高度配合医生治疗。这一幕深深地印在了他的脑海里。

2013 年，蔡常春放弃留在美国发展事业的机会毅然回国，来到武汉市中心医院，成为其肝胆胰外科的学科带头人。

一场关于“语言处方”的实践，就从这里展开、升华。

“手术您放心做，失败了我也不怪您！”

“蔡医生，手术您放心做，失败了我也不怪您！”65 岁的黄烈芳老人做梦也没想到，因肝癌绝望等死时，医生一席话给了他以命相托的底气，为他带来了重生的希望。黄老因右上腹剧烈疼痛到医院检查发现，肝脏长了一个拳头大小的肿瘤。可怕的是，癌栓在肝脏门静脉迅速“蔓延”，若不尽快手术，待血管被癌栓堵死，老人随时有生命危险。

去了多家大医院，听说“手术风险较大，花费也高”，黄老想到家里经济困难，又不愿难为儿女，打算放弃治疗。女儿在网上查到一条信息让一家人眼前一亮：有位叫蔡常春的“语言处方医生”，对待患者如亲人，成功做了很多肝脏肿瘤的大手术……“这个医生真这么好？！”为了确认蔡常春是不是值得信任，谨慎的黄老先后 3 次到武汉市中心医院南京路院区肝胆胰外科病房“调研”探访。

这年 3 月 9 日，黄老正式到蔡常春主任专家门诊“报到”，得知老人因为家庭经济原因对治疗犹豫不决时，蔡常春主任一句话让老人彻底打消了疑虑：“不要担心费用，先治好病，当你实在没有办法的时候，我们会帮助你！”3 月底，蔡常春为黄老成功实施手术，将肿瘤切除干净。“蔡医生是人民的好医生，值得每一位患者托付性命！”4 月 12 日康复出院时，黄老紧紧握着蔡常春的手感激涕零。

蔡常春常告诫身边的年轻医生，只要用心，“语言处方”并不难开，有时一个鼓励的眼神、一句简单的问候、一个亲切的拍肩握手，医患之间的信任，就在这点滴的沟通中慢慢建立起来了。

“要说‘语言处方’有什么秘诀，秘诀就在于一个医生对生命要怀有敬畏，对患者要发自内心地尊重。”蔡常春坦言。

蔡常春深知，对患者来说，医生的一句话能够暖全身，一句话也能凉透心。他告诫自己，身为医者，要始终把病人真正放在心上，把病情讲清楚一点，多用语言传递关怀，冰冷的手术刀也会变得温暖，才能给患者带来信心和希望。

每个患者的情况不同，沟通方法绝非千篇一律。面对生命处于倒计时的晚期癌症患者，蔡常春从来不会说“吃好一点喝好一点”，而是说，“您要注意营养，增强身体免疫力”；对即将麻醉的病人，他会说一句，“您的手术不会有问题”，尽管术前已经跟病人及家属讲清了各种风险。

妙语解开心中事，自是杏林用心人。

“不能忘了自己的初心，更不能放弃病人”

蔡常春红了。

2016 年 4 月以来，《武汉晚报》连续 12 个头版整版追踪报道，人民网、新华网、央视网等国家级媒体聚焦，中央人民广播电台“中国之声”栏目、央广网等官方微博大量转发，“中国之声”将蔡常春评为当日“最美新闻人”。时任国家卫计委新闻发言人、宣传司司长毛群安发表评论，认为“语言处方”值得全面推广。中央电视台“中国人的活法”第 3 季以长达 45 分钟的篇幅再度重点聚焦报道蔡常春感人事迹，央视官方网站重点专栏“中国梦的实践者”对蔡常春开展长篇专题宣传。

一时间，蔡常春在武汉家喻户晓，在全国赫赫有名。

蔡常春所在科室门诊量和手术量激增，不仅是本地市民慕名前来求医，周边襄阳、荆州、黄冈地区甚至省外患者都知道了武汉有这样一位“语言处方”医生，他们纷纷舍近求远，不少人宁愿排队也要等着蔡医生亲自手术。别的医院遇到解决不了的复杂疑难病例，医生也会悄悄给患者“指路”，请他们找蔡医生试试。

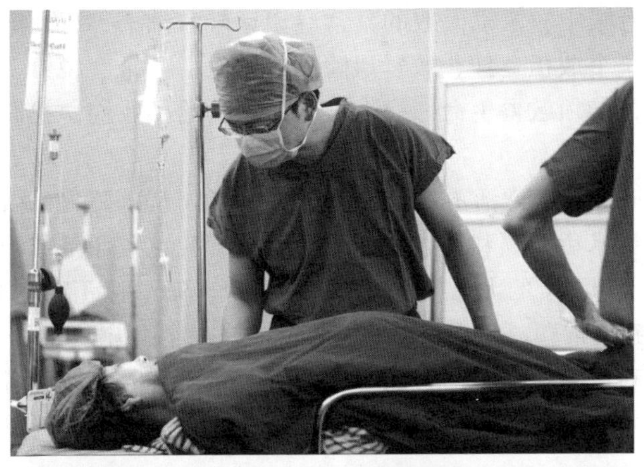

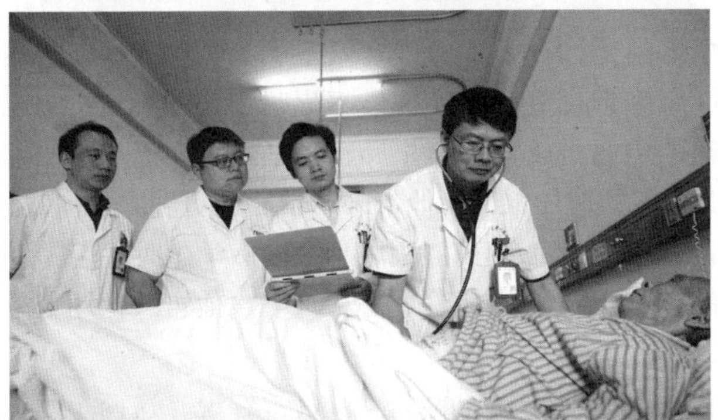

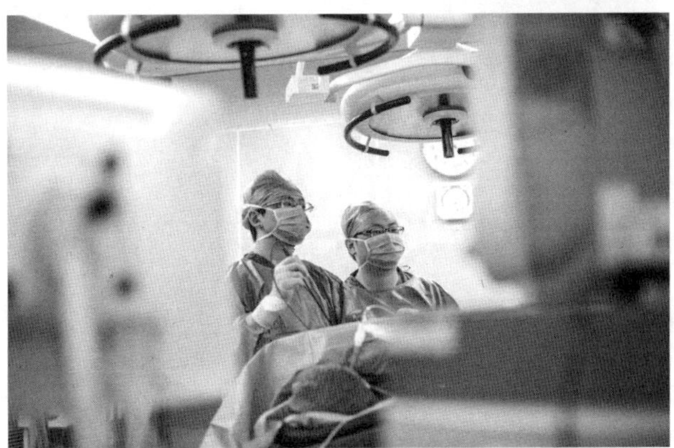

上：蔡常春在手术室安抚一名准备手术的患者

中：蔡常春主任带领肝胆胰外科团队查房

上：蔡常春主任为患者手术

在患者眼中，像家人般的蔡常春说话轻言细语，遇到疑难重症毫不含糊，是个敢担责任、敢冒风险的好大夫。蔡常春说："做一名合格的医生，必须敬畏生命，病人把生命托付给了我们，我们就应该竭尽全力。"

晚期肝癌，通常活不过三个月。55 岁的工程师陈先生做梦也没想到一场大手术后，顺利地过了四个生日。"我这条命是您给的，您是我一辈子也忘不了的大恩人！"这年 3 月初，陈先生照例来门诊复查，虽多次见到蔡常春，仍难掩激动，双手紧握连连致谢。

蔡常春说，他太能体会医生工作的苦了，有时不被患者所理解，但作为医生应该时时换位思考，"不能忘了自己的初心，更不能放弃病人"。

有不少人问他，每天看门诊、做手术、忙科研，工作这么多，还要挤出时间跟患者反复沟通，这样不累吗？蔡常春说，自己从来没把和病人之间的沟通当成负担。相反，正是这种沟通让自己从患者那里获得了源源不断的信任，也为他带来了信心和勇气。

"健康所系、性命相托"，刚成为一名医学生时，蔡常春举起右手，许下这样的誓言。入党之时，站在党旗下，他再一次举起右手，誓言为共产主义奋斗终身。

党员和医生都是一辈子的事情，蔡常春说，这两个承诺需要用一生去兑现。

妙语回春，大哉医者！

笔者手记

“蔡医生是个好人，父亲交给他，我们全家放心。”——在医患关系相对紧张的当下，这句话可以称得上是对一位医生的最高褒奖。

凡事若能设身处地、推己及人，效果大抵不会太差。明白这个道理的人很多，愿意这样做并且做到的人不多，能够内化于心、贯穿始终的更是稀缺。“语言处方医生”蔡常春正是这样一位“稀缺”的医者，所以值得大书特书。

中国传统文化崇尚内敛，蔡常春又是一个“另类”。对患者，对患者家属，他从来不厌其烦、言无不尽。

“语言处方”让精湛医术更有温度，精湛医术又让“语言处方”更有说服力，蔡常春将两者完美融合。

武汉人有福，蔡医生不再是“别人家的医生”，他就在武汉，就在我们身边。

王争艳，1984年在武汉市汉口医院（原汉口铁路医院）开始医生生涯，退休后继续在社区卫生服务中心服务群众，2009年当选武汉市“我心目中的好医生”。

王争艳

扎根基层，社区里的“小处方医生”

不起眼的小处方，见证着她作为一名救死扶伤者耀眼的品质与风范。透过两角钱的处方，我们看到的是一名基层医生精湛的医术和高尚的医德。有更多的王争艳出现，老百姓才能得到优质、低廉、有效率的医疗保障。

上衣左口袋里装着一个小电筒，左下口袋里是一包棉签，右下口袋备着一副听诊器，手腕上戴着的是一块医院建院百年的纪念手表。小电筒、棉签、听诊器、手表，是社区医生王争艳诊断病情的“武器”。

“武器”虽简单，但疗效不差。患者们称王争艳为“小处方”医生，小处方的出发点就是省钱，一样疗效的药，王争艳会挑最便宜的给患者，也正因一个个小处方在百姓间的流传，让王争艳“不争自艳”。

能开出两角钱的处方

王争艳的“走红”是在2009年，在被媒体广泛报道前，她已经在基层行医26年，拥有众多“粉丝”。

患者王建生在大医院治疗高血压疾病，每月负担药费800元。王建生当时每月工资只有1000多元，负担不起高额药费。在医院门诊做心电图检查时，有人指点：“到汉口医院金桥社区找王争艳，她能解决！”王争艳综合考虑他的病情和家庭条件，按每月不超过80元标准给他开药，他的病情得到了控制。当时制作一面锦旗需要70元，王建生要送一面锦旗给王争艳。王建生对记者说，为什么我们老百姓信服她，因为她是良心医生。

病人送给王争艳一个外号，叫“青霉素医生”。这个外号有两层含义，一是说她看病便宜，二是赞誉她行医干净。

这位从医三十余年的医生，平均单张处方不超过80元，为了摸清王争艳“小处方”的真实性，有媒体专门抽查了王争艳在2008年和2009年封存的处方，结果，平均值只有55块钱。最小的处方只有两角七分钱。

让病人花最少的钱得到最好的治疗效果，这是王争艳坚守的行医准则。她说，我是怎么过日子，我的病人就是怎么过日子；高一点、贵一点的药，我下不了手。

行医三十余年，王争艳坚持“先看病人，再看片子，最后看检查报告”，而这一习惯源自学生时代的课堂记忆。

她在武汉医学院求学时，一代名医裘法祖曾在课堂上讲授“先看病人，再看片子，最后看检查报告，是为‘上医’；同时看片子和报告，是为‘中医’；只看报告，提笔开药，是为‘下医’。”裘法祖的教诲深深地影响着王争艳的从医生涯，她对每个病人都严格地执行“视、触、叩、听”诊疗原则，身体力行，追求“上医之境”。

人们都说，王争艳的“名气”，是无数患者“粉丝”抬起来的。她在汉口医院做了 11 年的内科住院医师后，又在医院下设的门诊站点担任基层医生，后来社区卫生服务中心成立了，王争艳就自动请缨下社区：“大医院不差我这么个医生，但是基层非常需要我这种医生。”

“只会开药的医生，不是合格的医生”

“嗓门大、语速快、语言俏皮、肢体语言丰富，甚至有点像小品演员”，这是患者们总结出的王争艳坐诊的特点。她向患者解释颈椎病有昏倒的症状，她会夸张地做一个后仰姿势；谈到浮肿，她甚至要撸起自己的裤管和患者比较腿部。

在门诊室，一位婆婆一脸忧愁拿着化验单问王争艳：“你看我这指标都有问题，另外我长期失眠，吃什么药都不管用。”王争艳轻松地宽慰她：“你这些问题我都有。人老了，没毛病不成了‘老妖精’？慢慢调理就好了。”一席话，说得病人哈哈直笑，也放下了心。

有人做过统计，王争艳接待一位患者，平均要花费 15 分钟。若遇到一些患者因心理问题求助她，王争艳要花费更多的时间，“少的半小时，最长一次看过两小时”，王争艳希望通过聊天解开患者的心结。

王争艳曾为一位高血压病患者讲解病情，足足花了 45 分钟，有人提出质疑：“一位慢性高血压病人对自己的病情应该有足够的认识，在这样的病人身上花大量时间，有必要吗？”

王争艳解释，现在来找自己看病的，全是有多年陈疾的老病号，很多人都是求医多年无果，“他们是把我当成‘最后的稻草’，更需要我的耐心和细心”。

她发现，有许多老病号，哪怕病史已长达 20 年，对自己所患疾病仍然不了解，还是“新病人”。所以她边看病，边进行健康宣传教育，让病人真正懂病，对医生的依从性就会提高，对治疗也会更加配合。她说，医生不能光看病，更要看人；看好了人，才能治好病。

“社区卫生服务中心不像大医院，治一个病人好像‘一锤子买卖’，我们就在社区，应该把病人当亲人、当熟人、当朋友。”王争艳认为，“好医生”的标准第一关键是治好病，同时还要让病人治得明明白白，还得清楚生活中的注意事项。“只会开药的医生，不是合格的医生。康复治疗、健康教育都很重要。”

在 2009 年退休后，王争艳被返聘到市汉口医院金桥社区卫生服务中心坐诊。她每天坐诊，耐心地接待每一位患者，用自己的努力告诉这里的居民——社区卫生服务中心很方便，社区医生也能看好病。

不为良相，即为良医

王争艳最初对“医者仁心”的理解，来自当护士的母亲。1954 年长江发大水，王争艳的父亲和挺着大肚子的母亲响应党的号召，报名救灾到了洪湖。1954 年年底，王争艳就在洪湖出生。从此，她的父母就在艰苦的乡下医院扎了根，再没回大城市。“乡下医院条件差，时常有病人在手术中需要输血却无血可输，这时我的母亲就会挽起袖子说：‘抽我的！’母亲是第一个让我见到医者仁心光辉的人。我至今都感谢我的父亲母亲！”

1977 年，王争艳参加了“文革”后的第一场高考，考入武汉医学院（现在的同济医学院）。但到校没多久，她就因病休学。“在休学治疗肺结核的两年里，我深深体会到病人的痛苦和无助。”王争艳说。但这也进一步让她理解了母亲的口头禅：“不为良相，即为良医。”良医，就是要为病人解除痛苦。

王争艳认真地思索着怎样成为良医。在她三十余年的从医生涯中，患者的信赖和热爱让王争艳自己也得出这样的结论：“我常想，医生的价值在哪里？一个医生在全心全意地为病人着想治好病的时候，才能体现一个医生的价值。别人没治好的病，我治好了；别人要花大钱治好的病，我花小钱治好了，我就特自豪、特幸福。”

但良医王争艳却总是让同事和患者有些心疼。

除了对业务精益求精，王争艳什么也不争，吃的、穿的、住的，职称、职务、待遇，她都不放在心上。同事们都说：“王争艳豁达开朗，

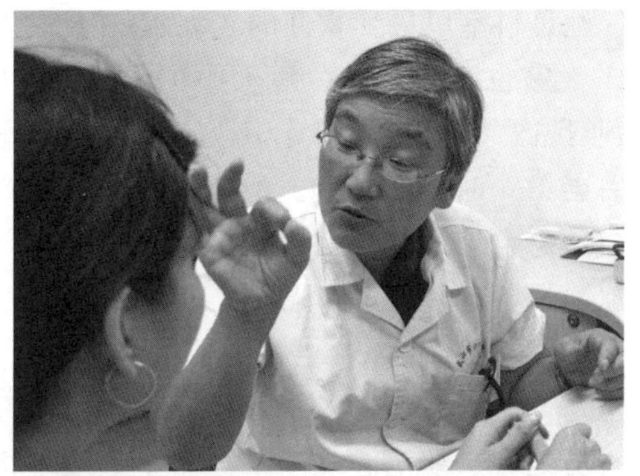

王争艳与病人交流

王争艳骑车上下班

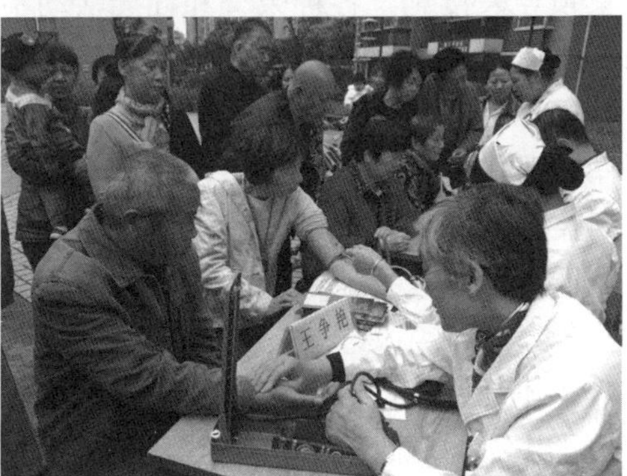

王争艳为市民义诊

心态阳光。谁家的孩子生病了，都请她代班；哪个同事春节想回老家，她都主动顶上。她是科室里最受欢迎的老大姐。”

以心换心，大家也都心疼她，每天中午，同事都早早地把她的盒饭热好，递到她手上。王争艳脚大，不好买鞋，大家谁逛街时看到有卖大码鞋的，总会第一时间通知她。看她一直住着不到 50 平方米的旧房子，大家一直不忍，终于在 2009 年初房价下降的时候，一起找上门来，逼着借给她钱买新房。同事们说：“我们就觉得，这么好的医生，不该住得这么差。”

2016 年，王争艳被检查出得了胃癌，虽然发现时是早期，但她的胃也被切除了五分之四，胆囊也切了。“整个人瘦了将近 30 斤，一下子就像垮掉似的”，但当她又慢慢能动了以后，去医院坐诊的想法又开始萌发。

“我进门一看愣了，你自己病成这样还在给人看病啊？”老患者王建生一推开门看到王争艳又来了，吓了一跳，“看到她面黄肌瘦，还在给别人看病，心里真不舒服”。

王争艳的诊室里，新病人不断增多，老病人却来得少了。王争艳细心地发现，老病号王建生除了必要的复查，连电话咨询都没有了，她知道：“这些老朋友心疼我，想我多休息一些。”

坚持从患者利益出发的王争艳出名后，成了全国闻名的好医生，受到了党和国家领导人接见，各种荣誉和社会活动不断，患者从天南海北慕名而来，“我不爱出名爱坐诊”，这仍是王争艳说得最多的一句话。

王争艳解释，现在找她的人太多了，还有不少外地的，所以她的精力重点放在四类患者身上：诊断不清、效果不好、经济负担过重、心理疾患。“我不是神医，我能解决的尽最大努力去做好，不能解决的给患者指条明路。”

“我不出名，才是好事。”王争艳说：“希望好医生越来越多，我隐藏其中，不再出名，才能真正解决老百姓的看病难问题”。

笔者手记

退休后的王争艳仍然很忙。记者联系她多日，她在外地出差，在社区坐诊，在网上开直播……终于闲下来时，已是晚上。

65岁的王争艳仍然干劲十足，给记者讲述她和病人的故事时，她能清楚地记得她病人的名字。如今，老病人仍然信任她，新病人仍在增加，病人称她为“青霉素医生”“小处方医生”，这样接地气的称赞，是王争艳一位病人一位病人看出来的。

“武汉市人民满意的好医生”评选时，病人找到王争艳，问怎么在网上帮她投票，王争艳也弄不懂网上的事，有的病人干脆直接打车到市卫生局去给她投票。我们常问，何谓“好医生”？能得到病人如此信任，即是人民好医生。

江学庆，武汉市中心医院甲状腺乳腺外科主任。2017 年，被武汉市卫计委授予“白求恩式的好医生”荣誉称号。

江学庆

既治病又疗心，精湛医术让更多患者获新生

从医 32 年来，他始终不忘从医初心，牢记医者使命，注重每个细节，60 分贝的温言暖语让患者暖到心里，精湛的医术让众多患者重获新生，他靠细节收获了大批“粉丝”，他是真正的“暖男医生”。

手术室

2018 年 8 月 19 日，北京，人民大会堂，在慷慨庄严的乐声中，80 名来自全国各地的医生鱼贯上台，从国家领导人手中接过大红色的荣誉证书，上面写着：“中国医师奖”。

这一天，是经国务院批准设立的首个“中国医师节”。“中国医师奖”，是我国医师行业最高奖，用以奖励医师队伍中作出突出贡献的优秀代表，展示救死扶伤、爱岗敬业、乐于奉献、文明行医的精神风貌。

这次获表彰的，有院士，也有乡村医生，涵盖了妇产科、儿科、麻醉科、中医科、口腔科等 35 个临床专业，他们是全国 1174.9 万名卫生人员的代表。

其中，有两位医生来自武汉，其中一位便是武汉市中心医院甲状腺乳腺外科主任江学庆。

领奖的两天前，江学庆还在医院里忙碌。作为科室主任，他每天忙门诊、查房、手术、科室管理，几乎每天凌晨近 1 点才能睡觉……

此次获得中国医师奖，江学庆表示很意外：“这是激励，也是鞭策，我还要在专业上不断努力，将手术与综合治疗完美结合，用更微创、更精细的手术，达到更高的治愈效果。”

从医 32 年，55 岁的江学庆注重每一个细节，用“60 分贝”的温言软语，让患者暖到心里，用精湛的医术让众多患者重获新生，江学庆被患者亲切地称为“暖男医生”。

据不完全统计，从 2007 年至今，12 年里，有 5000 多名乳腺癌患者在江学庆手上重获健康，而经他成功治疗的甲状腺癌手术患者，更是多达 12000 余名。

家长里短中捕捉病情

“江主任问诊，不是一开始就谈病情，而是笑呵呵地跟我们拉家常，从能爬几层楼，到每顿吃几碗饭，从平时走路喘不喘，到心慌不慌、爱不爱出汗，常常一聊就是十几分钟，不时还开个小玩笑。”谈到自己的就诊经历时，41 岁的许女士感慨道。

在江学庆看来，问诊时一开始先与患者拉家常，能够迅速拉近与患者的距离，从这些日常生活琐事中，捕捉跟病情有关的细节，而这些细节有助于更加全面地了解、评估患者身体情况和有无基础疾病，更好地制定治疗或手术方案。

注重沟通细节，不仅体现在沟通方式，还在于江学庆说话的语音语调。“江主任的声音很柔和，很能温暖患者，再大脾气的人跟江主任交流一会儿后，也能变得心平气和。”曾接受左乳切除术的陈女士说，有人专门用声音软件测量过，江学庆每次与患者沟通时，始终能将自己音量控制在60分贝左右，这很难得。

对于“60分贝”的传说，江学庆笑着说，自己从没有测过音量，平时沟通怎么让患者听了舒服、容易接受，就怎么说。因为自己接诊的不少是肿瘤患者，负面情绪比较浓重，耐心平和的交流有助于缓解他们的心理压力，有利于他们积极地配合治疗。

既治病又疗心，是患者对江学庆的评价，不少患者成为他的忠实“粉丝”。

“作为一名医者，首先是要有技术，这是患者重获健康的关键，然后就是有一颗仁心，以高尚之心，行仁爱之术，才无愧于这个职业。”这是江学庆经常在开会的时候对他的团队说的话，工作几十载，他也一直在职业生涯中践行这份医者对于职业的坚守。

科室医生不能大嗓门

不光自己非常注意说话的措辞与语气，努力将音量控制在60分贝以内，江学庆还规定：科室所有医护人员，一律不能对患者大嗓门。最近一次“吼人”，是批评科室一名年轻医生，起因就是他跟患者说话“声音有点大”。

原来，这名患者患有非哺乳期急性乳腺炎，左乳异常红肿，高热，血象极高，疼痛不已，但因恐惧排斥一直不愿做手术，但如果再耽搁下去很容易引发感染性休克，甚至有生命危险。管床医生十分着急，担心患者身体，跟她沟通时语气有些急躁，患者因不理解，情绪也有些激动。在安抚好患者后，江学庆不厌其烦耐心劝慰，对她的病情与治疗方案作了详细的讲解，患者欣然同意手术，术后病情得到控制和好转，很快康复出院了。

“被患者误解甚至怒吼时，医生难免会觉得委屈。”江学庆说，这个时候确实需要医生设身处地多为患者想一点，他们把健康托付给医生，完全是出于对医生的信任，所以医生应该尽可能细心一些，这样就能避免很多误会。

无论是自己的言谈举止，还是科室医务人员对患者的服务，江学庆都严抓“细节”二字，创科以来，在科室内形成了许多必须严格执行的规范，例如医生上班必须穿衬衫、皮鞋，打领带；不许边走路边端着碗吃早点；医护人员不准在科室任何地方抽烟；中午在值班室休息后起床要叠被子等。

在江学庆看来，一方面，对细节的观察与把握，对于医生判断疾病并进行治疗非常重要，必须把每一个细节都做好，最终的效果才会更好，所以日常管理会从各个方面来强化医生的细节意识。另一方面，重视细节是对患者的负责与尊重，这也是医生职业礼仪的一种体现。

患者话再多也不会嫌烦

江学庆对患者的生活也十分体贴入微，关心备至。68 岁的乳腺癌患者宋婆婆是江学庆的老病人，她 2015 年做了左侧乳腺癌手术，之后又接受了 8 个疗程化疗，前后住院近半年。

“江主任和护士们称呼患者从不叫床号，而是‘这个姐姐，那个姐姐’，叫得亲热得不得了。”宋婆婆说，手术后因为不好抬手，江主任还安排护士们给她洗头洗澡，让她心里格外温暖，“一个真正关心患者的科室主任，才能够带出真正关心患者的医护队伍”。

“江主任没有一点大专家的架子，百问不厌，平易近人。”在住院部病房里，65 岁的乐婆婆过几天要做甲状腺包块手术，江学庆查房时，她拉着他问了半天，尽管一些问题已回答过多次，但江学庆依旧耐心地解答。

每次遇到专家门诊，江学庆都把查房时间提前，往往早上七点刚过就到病房，因为他知道，患者们很“热情”，喜欢拉他聊病情，甚至聊家常，即便比平时早到病房半小时，他仍感觉时间不够用。往往快到门诊时间，他都是一路快跑到门诊。他的门诊经常“拖堂”，从

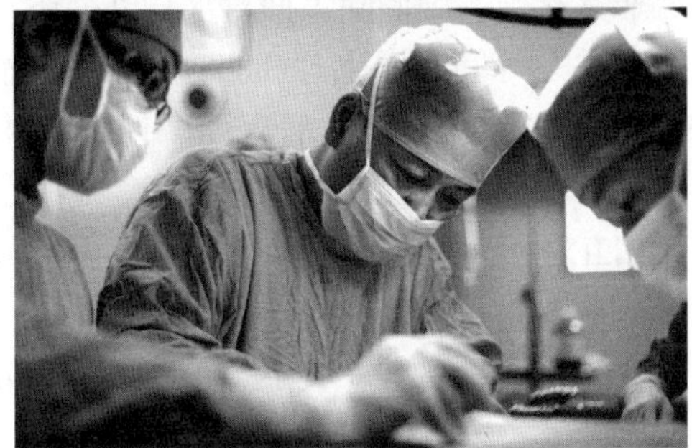

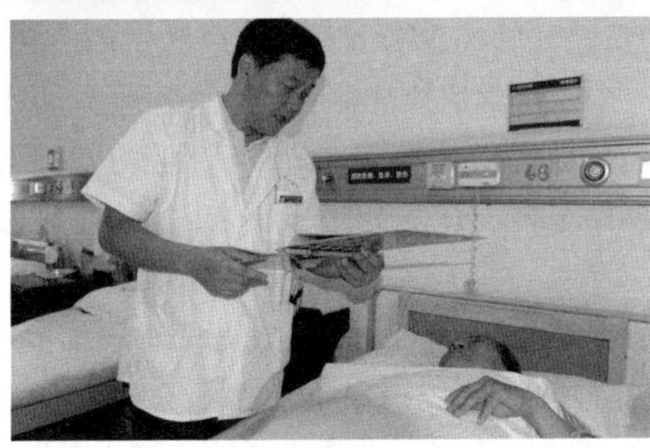

“60 分贝”的温言软语，江学庆被患者亲切地称为“暖男医生”

早上八点看到下午三四点，最晚一次到了晚上六点。为了保证每个患者的就诊时间，江学庆经常忙得顾不上吃午饭。

“每次回答完患者问题后，他都有一句‘好不好’的口头禅，以确认患者是否全听懂他所说的，如果不懂就解释到患者懂为止。”乳腺癌患者张女士说，如果每位医生都用他这种语气和态度对待患者，一定会减少很多医患矛盾。

为了方便与出院患者交流，指导她们尽快康复，江学庆将自己的电话号码和微信号留给有需要的患者，有问题随时可以给他短信或微信留言咨询，待他空闲下来会一一回复，紧急情况时还可以直接电话交谈。

除了自己指导、鼓励患者，江学庆还特别注意组织患者“互助”。因为乳腺癌患者非常特殊，她们除了面对疾病外，还常常要面对护理、生活、情感、夫妻关系等问题，生理和心理压力都比较大。为此，7 年前，江学庆在该院成立了乳腺癌术后康爱联谊会，并建立了“康爱联谊会”微信群，由医护人员轮流值班为患者答疑解惑，而患者之间也可以相互交流，相互学习，相互扶持，不少病友因此成为朋友、姐妹，并一起去帮助其他病友。

因为他的专业和耐心，还有一股子乐于助人的劲儿，不少患者给他起了外号，比如“妇女之友”“话疗医生”。还有就是“妙手医侠”，这是个 40 多岁的女性乳腺癌患者起的外号。几年前，在江学庆生日当天，她还专程送来一个照江学庆模样制作的软陶医生人偶,这让他格外感动。如今，这个人偶仍放在他的桌上。“激励我除了想着治好病，还得为患者多想一步，多做一些，让病人不仅活着，还得自信美丽地活着。”江学庆说。

32 年来，江学庆始终如一用心对待患者，用细节赢得患者的信任，让他们感受到医者的温度和医学的温暖。在江学庆看来，作为医生，对待每一位患者要做到尊重、平等、互信，这正是医者的初心。

笔者手记

江学庆是一名医生，其医术精湛自不必说，最让我感动的，还是他对病人的尊重，发自内心的尊重。

人有尊严，病人也一样。没有人愿意被当作一具单纯的肉体，为人医者，不但要将尊重挂在嘴上，更加要践行在实际中。

在现实中，由于我国人口众多，医疗资源稀缺，医生工作量大，面对群体多元，矛盾复杂，“尊重”二字并不容易。

不易，不等于不做。江学庆便是其中代表，他从音量、穿着等细节入手，不怕烦，不怕难，把内心的要求外化于形。

怀着平等、尊重，竭诚、竭力服务他人，实践自己的天职，实现自己的价值，总会有收获，这就是江学庆给我的启示。

“润物无声”篇

30 年家访从未间断，她是电影《班主任》的原型桂贤娣；让荒原开出花儿，她是 10 万孩子的“心灵守护人”耿喜玲；做有温度的教育，她是“中国好校长”万玉霞；选择“安贫乐道”，他是从田间地头走来的美术名师朱公瑾；结缘盲童，她是“全国最美教师”张龙……

一个人遇到好老师是人生的幸运，一个民族源源不断涌现出一批又一批好老师则是民族的希望。春风化雨、润物无声，他们或许没有轰轰烈烈的事迹，也不曾荣膺至高无上的美誉，但他们的功勋，已然书写在实现民族复兴的壮丽画卷上。

桂贤娣，湖北省武汉市汉阳区钟家村小学特级教师，在教学中创立并形成了“用情用智育人法”“班主任因生给爱教育法”等。

桂贤娣

家访 30 年从未间断，只有幸福的教师才能教出幸福的学生

她没有艰深的教育理论，一辈子扎根一线，痴迷教育。她用行动告诉我们，什么叫“慧”爱学生，又该如何去爱，如何让孩子感受到爱。她是情感育人、智慧育人的教育专家，是一本值得咀嚼的“爱的教科书”。

小学老师桂贤娣突然在教师圈火了！因为一次教学竞赛，她一火就是十几年。

桂贤娣到全国各地做了几百场报告，幽默风趣的语言，不拘一格的风格，瞬间感染着台下的老师，“原来还可以这样当老师？孩子还可以这样教？”

陶行知说，我们必须会变成小孩子，才配做小孩的先生。

桂贤娣是 50 多岁的人，依然笑得和孩子一样灿烂。她个子不高，无论走到哪都笑意盈盈。“我工作，我快乐；我生活，我阳光。”

“乖乖，桂老师爱你们”

在学校里，桂贤娣亲切地称学生为“乖乖”。“乖乖，桂老师爱你们”，“乖乖，相信桂老师”，“乖乖，今天作业真是干净！桂老师爱你！”桂贤娣喜欢看动物世界，带着学生在草地上滚南瓜，给学生梳过 21 种辫子……

桂贤娣带的第 19 届学生是一群一年级的“小豆豆”。开学第一节课，桂贤娣一脸微笑地走进了钟家村小学一年级（6）班教室。和学生相互问候后，桂贤娣并未急着讲课。她拉着一名学生的手轻声问道：“你来告诉桂老师，你喜欢桂老师笑吗？”接连问了几名学生并得到了肯定的答案后，桂贤娣接着告诉学生，笑能保持快乐。因此学习时要笑容满面，鼓励别人时要笑容满面……一时间，在桂贤娣的带领下，整个教室充满了学生欢快的笑声。

“孩子上学不笑，说明孩子不快乐，这样的教育并不成功。”桂贤娣说，自己的第一课，首先就是让孩子知道怎样才能快乐学习。因为有了快乐的心情，才会有浓厚的学习兴趣。

桂贤娣一直坚持认为孩子童年的时光应该是幸福的，所以提倡让孩子在玩中学，在学中玩，作为启蒙老师，就为孩子的终生着想，教育急不得，要慢慢做。

其实，桂贤娣的童年并不那么美好。桂贤娣说：“七八十年代有部重男轻女的电影是我家的真实写照，我妈妈一连生了五个女儿，名字都是‘桂某弟’，最后第六个终于生了一个真弟弟！我排行第四，刚出生，妈妈见又是个女孩，差点儿用被子角把我捂死了，是爸爸救了我的命。”

从小过着清贫的日子，而且还不能公平的享受到妈妈的爱，但桂贤娣和父亲感情很深。中师毕业后，桂贤娣被分配到何刘小学，父亲挑着她的行李，她跟在父亲的后面，在众乡亲的送别下，他们走了30余里地来到了何刘小学。面对乡亲们羡慕的眼神，看着父亲挺直腰杆挑行李的身影，想着父亲自豪的笑脸，桂贤娣暗下决心：“今生一定要把书教好——为了父亲，为了所有的孩子！”

独创“因生给爱教育法”

在与学生的接触和交往中，桂贤娣发现爱学生是教师的天职，但是，光有爱心是不够的，更重要的是“会爱”。桂贤娣觉得真正的爱是“智慧的爱”，是恰到好处的爱，是能够激发学生真挚情感的爱。像因材施教一样，爱也应该“因生给爱”，由此桂贤娣总结出了班主任工作“因生给爱”教育法。

这种教育法为：体弱生爱在关心；病残生爱在得体；过失生爱在信任；屡错生爱在耐心；向师生爱在珍惜；背师生爱在主动；个性生爱在尊重；普通生爱在鼓励；学困生爱在赏识；后进生爱在鞭策。

对于体弱生，桂贤娣将一些零钱硬币放到讲桌右边抽屉里，并对班上体质较差的几个小家伙说：“我的小银行里有钱，如果你们需要加餐或是下雨天没人送饭，就去我的抽屉里拿。”钱虽然不多，但足够应急，多年来，学生拿了钱百分之九十以上会如数还回来。

桂贤娣带的六年级(2)班有个漂亮的小姑娘小箐，被诊断得了癌症。这个不幸的女孩，不怕打针吃药，不惧化疗反应，唯一担心的是头发掉光了，不戴帽子不好见同学，戴上帽子又怕被同学笑话。病愈上学第一天，她和陪着她的父母一路忐忑不安地来到学校，不敢进教室。

“小箐，快进来！”桂贤娣轻声地鼓励她，小箐用余光扫了一眼教室：一片红色跳进她的视线。她赶忙抬起头来，原来全班63名同学都戴着小红帽，而且和自己的一模一样！

班长站起来说：“欢迎你参加班级野游活动！”

小箐一听，高兴地回头说："爸爸妈妈，你们回去吧！"

孩子的妈妈站在教室外，看着这一切，一个劲儿地向桂贤娣鞠躬："桂老师，谢谢你，谢谢你的良苦用心！"

从那以后，班上每天都有五六个同学戴着小红帽，一直到小箐长出头发。

那年春节刚过，学生小灿拿出一张新版的 20 元人民币炫耀。谁知在做完广播操后，钱不翼而飞了！小灿急哭了。桂贤娣在全班学生面前慈爱地说："有哪位同学拾到了小灿的 20 元钱，请还给他，桂老师和小灿将不胜感激。"大家你看我，我看你，半晌没有反应。见此，桂贤娣没有坚持下去。

中午，桂贤娣去商店里买了 64 个红包，发给了学生们，和蔼地说："桂老师相信同学们，请大家今天回家后，把该装进去的东西装进去，明天早晨直接把红包交到讲台上来。"第二天，64 个红包如数收回，而那张新版的 20 元就在里面。

"直到今天，我都不知道这个孩子是哪一个，但这并不重要，重要的是给了孩子一次改错的机会，孩子一定会铭记终身。"桂贤娣就是这样尊重和信任她的学生们，她说"宽容孩子，信任他能改正，那么他就一定能改正"。

现如今，在钟家村小学"桂贤娣名师工作室"的共同努力下，"因生给爱"十法已经丰富为十五法，更名为"因生给爱教育法"。

每周自省，收获教育智慧

桂贤娣每周给自己提出三问："一问桂老师，你爱你的学生吗？二问桂老师，你会爱你的学生吗？三问桂老师，你的学生感受到你的爱了吗？"

桂贤娣说："每周三问是提醒自己，老师都爱自己的学生，可是爱也是需要靠智慧的，爱的让学生接受，爱的让学生也爱你，这才是成功的教师，成功的教育。一定要在孩子面前要舍得放下架子，在孩子面前有时候需要撒谎，要保护孩子的自尊和求知欲。"

有一天是教师节，邻班的学生小苗跑到办公室，送给她的班主任

桂贤娣说，和孩子们在一起，彼此都是快乐的

桂贤娣给女同胞们讲党课

老师一张贺卡。当小苗一出门，老师随手将贺卡扔在垃圾篓里，而这一幕正好被在办公室里的另一名学生看见了。“你高兴个啥呀，老师把你送的贺卡扔进垃圾篓里了。”听到这话，小苗的双眼刹那间溢满了泪水，头一下子垂了下去。

当天中午，小苗双手拢在身后，背紧贴着墙壁，一步一步地挪到办公室。等老师一走出办公室，小苗飞快地冲进去，直接跑到老师桌下的垃圾篓前，将贺卡紧紧拿在手里。

“小苗，这张贺卡送给桂老师好不好？”看到这一幕的桂贤娣，心里难过极了。见小苗站在那里不吭声，桂贤娣把小苗拉到自己跟前，抱在自己膝上说：“桂老师想要这张贺卡，送给桂老师行吗？”小苗扑在桂贤娣怀里，哭得很伤心：“我昨晚做到很晚才做好这张贺卡……”

有一年暑假，一群快认不出的学生来看她，家里成了欢声笑语的世界。现就读于北京某重点大学的冯冯说：“桂老师，我今天读的大学算是一流高等学府啦。我幼儿园、小学、中学、高中、大学都读的是重点中的重点，但我今天敢毫不犹豫地说，没有哪一位老师能像您一样让我受益至今：您教我们按电梯不要用手指肚按，用弯曲手指后突出的关节骨点电梯按钮；您让我们放学回家下了电梯后再按空电梯下楼，好让下班回家的邻居节约时间上楼回家做饭；您让我们做豆腐体会父母的爱；您让我们班上每月同学之间交换 3 次作业本完成作业，让有些同学再也不好意思马虎作业了。还有上您的课不想下课，拉着您的衣角不住地问下节课还是您的课吗……太难忘啦！”

30 年家访拉近老师与家长的距离

桂贤娣善于借助家长的力量，合力提升教育质量和教育效果。有一件事令桂贤娣至今记忆犹新。

那时，桂贤娣刚参加工作不久，班上有个小男生屡次违反学校纪律，她决定家访。谁知当桂贤娣拿着小男生亲手写的家庭住址去家访时却吃了闭门羹，因为孩子故意把门牌号码写错了。桂贤娣感觉深深被刺痛，她决定改变家访策略，变报忧为报喜。

熟悉桂贤娣的人都知道，她家访的原则是“生进师访”，即“学生进步了，我就家访，再进步，我再家访！”桂贤娣认为：激励性家访是一种鞭策，也是学生的荣耀，能鼓励学生不断上进。

兰兰，一个胖胖黑黑的六年级女生，学习老跟不上。一次数学小测验，兰兰居然及格了，桂贤娣高兴地登门家访。第一次家访后，兰兰渐渐不躲着老师了，学习也自觉了。桂贤娣再次家访，并欣喜地告诉家长兰兰各方面的进步。

桂贤娣身体不好，兰兰担心老师家访不便，特意送给她一个手电筒照明，这个手电筒能装6节电池，光亮能照很远很远。兰兰说：“我要让桂老师多到我家来。”

除夕夜，当零点钟声敲响的时候，桂老师接到了兰兰的母亲从北京打来的电话，这位母亲在电话中感激地说：“桂老师，是您与众不同的家访使我的孩子抬起了头！”

“家访能拉近老师与家长间的距离，只有家访，学生和家长才会把老师当作朋友，才会说真话。”尝到家访甜头的桂贤娣乐此不疲，从教30年来从没有间断过。

桂贤娣班上有四五十名学生，要做到个个了如指掌，桂贤娣的诀窍是传统的家访。每年7月中旬，和上任班主任交接班时，桂贤娣会提前查看班主任手册，找到学生的家庭住址，然后利用暑假提前家访。开学后，桂贤娣已与学生、家长相当熟悉了。

有人劝桂贤娣，现在教师与家长联系沟通的途径太多了，没有必要劳心费神去家访。但桂贤娣总是微笑着回答：“大灵通，小灵通，永远也代替不了和家长面对面的交流和沟通。”

永远站在第一线撒播爱的种子

桂贤娣曾经有很多次到教育局工作的机会，她坚持不去，她很明白自己不适合做行政，她说：“我与大人打交道从来没有成功过，我与小孩打交道，三分钟就搞定了。”

30年小学班主任和小学语文教学工作中，桂贤娣潜心探索教育方法，力求创新，创立并形成了“情感育人”法，形成了“小学语文情感教学特色”，总结出“因生给爱教育法”和“学生进步，老师家访；

学生再进步，老师再家访”的方法。

正因为桂贤娣对学生的一份份大爱，使她备受同行们的推崇、家长们的信赖、孩子们的喜爱。也正是因为这份大爱，桂贤娣成为全国模范教师，湖北特级教师，湖北名师，被誉为“湖北教育专家”“教坛常青树”。

近 10 年来，桂贤娣充分发挥自己湖北名师、特级教师的作用，参加各种课堂节目和讲座，将自己的成功经验、成长历程和盘托出，为家长和教师们排忧解难。

一位女教师听了桂贤娣的报告后，给桂贤娣写了一封信：“亲爱的桂老师，我做了一个统计，3 个小时的报告，会场响起了 38 次掌声。请问桂老师，您的教育智慧和教育乐趣是从哪里来的？”桂贤娣回答：“如果说我有教育智慧和乐趣的话，那就是用情用智投入到儿童心中。”

“孩子需要教师给予快乐，当教师也让我很快乐。当一名教师离开了讲台，他的职业生涯就到了尽头。我不想失去快乐，更不愿我的学生失去快乐。”

“每天有一些小成绩、小进步、小满足，这样，你的生活才会充满阳光。有了阳光的心态，你才会把阳光播撒到每个孩子的心中。”桂贤娣这样阐释自己的幸福观，也这样引导着孩子们享受幸福的童年。

桂贤娣从不掩饰自己当教师的幸福。她说：“只有幸福的教师，才会教出幸福的学生。跟我的孩子们在一起，我是幸福的。”

笔者手记

桂贤娣从不掩饰自己当老师的幸福：“只有幸福的老师才会教育出幸福的学生，跟孩子们在一起，我是幸福的”。所以她三十多年来一直坚守一线，婉拒提拔，保持一个小学老师“永远跟孩子在一起”的初心。

她发自内心地热爱教师这个职业，热爱学生，一直用爱来教育和滋养孩子们的心灵，不断地总结因材施教、因生给爱的教育方法。50多岁的她揣着良心站在三尺讲台上，收获孩子的爱，也成就快乐学习的孩子。

人生而有涯，而爱无涯，教无涯。对于享受教育幸福的桂贤娣来说，教育不是牺牲而是享受，教育不是重复而是创造。教育不是谋生的手段，而是生活的本身。她用自己的情怀为学生撑起一片快乐成长的天空。童年能拥有这样一位“慧”爱的老师，是多少孩子们的幸福！

耿喜玲，湖北省武昌实验中学心理健康教师，湖北省特级教师，从事学校心理健康教育 37 年。

耿喜玲

心灵成长守护者，萤火之光也能光芒万丈

从教 37 年，她一直坚守冷门岗位，在中小学心理健康教育领域开荒拓土，让荒原开出花儿，长出大树。她探究心理教育的内在规律，创立了独一无二的中小学心理教学体系。她是湖北省心理健康教育工作的"领头羊"，更是最受孩子们欢迎的"心灵按摩师"。

37 年来，耿喜玲全心投入，致力于做一个读懂青少年、陪伴他们走过阴雨期的“守护神”。她凭着一腔热情投身中小学心理健康教育，肩负师者与生俱来的责任心，开创独特教学体系，自编心理健康教材，成立学生互助团队，率先成立了一流的心理健康教育发展中心，并组建教师辅导团队、学生互助团队，让心理健康教育和教学同频共振。

遵从内心召唤，选择留下做一个拓荒者

“其实我最开始来武汉时，是差点打了退堂鼓的！”耿喜玲笑着回忆。

耿喜玲 1982 开始从事心理教育，此前一直是开封师范学院的一名大学心理教师。1999 年耿喜玲来到湖北省武昌实验中学，一度很迷茫：整个武汉市乃至全省的中小学心理健康教育都是空白。心理课要不要进课堂，学校个体咨询原则如何确定，中小学心理专职教师的职责是什么，一系列问题都没有可借鉴的经验，甚至连申报职称时都没有心理健康这个学科。

“很苦恼！在当时的环境下，人们并没有把中小学生的心理健康当回事，不少人存在着偏见，认为有精神病才去看心理医生。这是一种有劲使不出来的感觉，我当时想，要不还是回高校算了。”

但一次机缘巧合，一段对话，让耿喜玲毅然留了下来。

她听到一位学生对老师说：“老师，我知道了我的成绩为什么一直不好，因为我上课注意力不能集中，脑子里总出现乱七八糟的东西。”

老师回答：“哦，你终于明白了？那你以后上课一定要注意力集中哦！”

学生很着急地辩解：“老师，我不是不愿，而是不能！我需要你教我的是如何能集中啊！”

老师一脸不可理喻：“这还用我教你吗，只要你不想乱七八糟的东西不就行了吗！”

看到学生失望的眼神，耿喜玲忽然觉得很惭愧、很失职。因为，注意力训练应该是心理健康课的内容。她主动找到那位学生，帮他做了注意力训练。这位同学在耿喜玲的训练下，成绩大幅提升。这件事给耿喜玲带来成就感的同时，也让她明白，学生迫切需要这个学科。

怎么办？彼岸有人召唤，道路总得有人开拓。从那天起，耿喜玲立志扎根中小学，做一个中小学心理健康教育的拓荒者。

于是，耿喜玲在全省范围内率先将心理健康课引入课堂教学。

在学校里，她是孩子们的“心灵按摩师”

在武昌实验中学，从高一到高三都开设了心理课。有时课程因故取消，还会有学生追着补回来。

“要让学生喜欢你的课，首先得让他们觉得听课有用，这比空喊‘你真棒’要有效得多。”耿喜玲说。

有位学生每次重要考试都会因答题卡涂错而痛失十几分。家长、老师每次不停叮嘱他“你要仔细、仔细、再仔细”。可事实上，他不是不想仔细，而是越想仔细反而出错越多。为此，他自责、焦虑、失眠。

“我的专业直觉告诉我，这个孩子不是态度的问题。我对他涂答题的过程做了分析后，为他做了视觉测量。结果正如我所料，他有视觉密集症。我让他在涂卡时用草稿纸遮住一部分，一点点移动，就可以解决这个问题了。”这个问题的解决，使这名学生得到的最宝贵财富是重新拾起的自信。

耿喜玲的生活里是没有周末和节假日的。她常因接待学生而忘记吃饭休息，日积月累，胃病缠身。几次因身体不适进医院打针，可是手机那边传来家长求助的电话，她二话不说，拔下针头就回到辅导室。

学校门卫师傅说：“耿老师是我们学校下班最晚的老师，很少有晚上 10 点前下班的时候，经常到深夜时，还在她办公室外看到慕名而来希望得到辅导的家长和学生。”

每天这么忙，耿喜玲并不以为累：“高中生处在人生重要的转折点，希望得到指点，我怎么能拒绝呢？”耿喜玲说。

耿喜玲还记得有一年高考前的一个深夜，一位母亲哭着给她打电话：“耿老师，求求您救救我的儿子，他已经两天不吃不喝了……”

耿喜玲立即赶到学生家中，只见他眼神黯淡，神情焦虑，全身颤抖。耿喜玲试图安抚让他逐渐平静下来，通过聊天她了解到，几年前，这名学生因父亲突然去世，中考成绩不尽如人意。上一年高考，他只考了220分。这年复读，从2月调考后他就开始失眠，有一个多月不能到校，信心崩溃。

耿喜玲运用娴熟的沟通技巧和认知疗法，对学生进行心理辅导，引导他把他对父亲的爱而导致的精神抑郁，转化为成长的动力。这名学生在她的心理抚慰下逐渐走了出来，后来，这名学生考上了理想的大学。

近6年来，耿喜玲挽救了近20名对生活绝望的学生，使50多名长期逃学的学生重回课堂，让数百名厌考学生自信地走进考场，帮1000多名学生解决一般心理问题，化解因学生引起的家庭矛盾、校园危机事件30多起。

同事给耿喜玲做了个粗略统计，近6年她利用了课余时间3000多个小时接受个案咨询。

“我想抱抱耿老师”

几十年来，耿喜玲的足迹遍及20余个省、市、自治区的近百余所中小学，所授课程惠及十万余人。全国许多偏远山区都曾留下她的身影。

在新疆送教期间，每天辗转一个地区，年过半百的耿喜玲身体很是吃紧，但每天的课程、讲座一场都没有落下，每到一个地区就建立一个心理健康“根据地”，不仅带去服务，更带去火种，让当地老师也具有心理服务能力。

在湖北省，几乎所有的边远山区都有耿喜玲的足迹。罗田、黄梅、大悟、利川……每次给山里的孩子讲课时，因条件差没有礼堂，耿喜玲就顶着太阳站在空旷的场地上给孩子们做讲座，一讲就是两三个小时。时间久了，脸上和胳膊上皮肤都晒坏了，现在只要一见太阳皮肤就发痒。但每次讲完课后，总会有很多孩子特别感激她，提出“想要抱一抱耿老师”。“每到这样的时候，我觉得心里很甜。”耿喜玲说。

但凡涉及慈善性质的活动，耿喜玲从不缺席。无论边远的山区，还是贫困的农村，只要谈到去提供心理服务，耿喜玲总是第一个报名。在江夏扶贫服务时，耿喜玲遇到一个男生，家里很穷，每月只能从辍

上：耿喜玲给老师们做“心理按摩”上“幸福课”

下：耿喜玲和学生们一起玩心理游戏

学出去打工的哥哥手里拿到5元钱生活费，每月都是从家里背点米、拿点咸菜凑合过。到了临近高考的时候，他非常紧张，唯恐考不上大学，对不起哥哥，讲座后耿喜玲没有马上离开，而是留下来给他做单独辅导，临走时悄悄塞了几百块钱到男孩书包里……

作为教育部“国培计划”授课老师，耿喜玲每月有2 ~ 3次授课任务；近年来，她三次被派往四川、新疆对口扶贫帮教点授课，被聘请为华中师范大学、江汉大学心理学院本科生、硕士生指导教师。

萤火之光，足以照亮他人心中航向

在多年的个案咨询中，耿喜玲发现，每个“问题孩子”的背后大都藏着一个“问题家庭”或者“问题家长”！耿喜玲深知独木难成林，心理健康教育是一个重要又年轻的学科，迫切需要专业梯队建设。大家一起指导家长如何做好父母该做的事情，能把许多孩子的问题解决在萌芽中，将悲剧终结在源头。

萤火之光，也能光芒万丈！作为中小学心理健康教育领军人物，耿喜玲不遗余力地开展队伍建设。

“我们喊耿老师为‘耿特’，因为她是我省唯一的中学心理健康教育特级教师，还因为她对社会作出了突出贡献。”武昌实验中学校长汪拥军说。2015年，“耿喜玲名师工作室”成为武昌教育战线中唯一由一线教师领衔、区政府授牌的名师工作室，成员遍及武汉三镇。她通过市区两级名师工作室，带出了一批又一批的“徒弟”，成长为专家型教师。

从教37年来，耿喜玲坚守一个信念，给人们带去最温暖的心理慰藉。因为这份矢志不渝的坚守，她先后获得“全国心理辅导之星”湖北省“楚天园丁奖”“特级教师”“湖北名师”武汉市“黄鹤英才”“心理学科带头人”等荣誉，享受武汉市政府专家津贴。所在学校也被教育部授牌为首批“全国中小学心理健康教育特色学校”。

2017年，她被湖北省妇联聘为家庭教育首席专家，同年获评第三季度“时代楷模——武汉精神践行者”，2018年又被评为湖北省学雷锋标兵。

“有人说心理老师是‘心理垃圾站’，可我觉得，我们是学生的‘心理充电站’。”耿喜玲说。

笔者手记

“幸福”是耿喜玲常挂在嘴边的一个词。三十多年来，她帮助学生找幸福，成了现实版的心灵救赎者。

她帮助孩子们在逆风中成长，让他们拥有找到幸福、把握人生方向的能力；她帮助家长们找幸福，将家长们的焦虑化作温和的风，教他们读懂孩子，收获幸福亲密的亲子关系；她帮助老师们找幸福，让平时承受着不少压力的教师们“转变思维方式让自己幸福生活”……

面对着她的学生们，耿喜玲有着超乎寻常的执着。在这“幸福力”的背后，支撑她的是“五颗初心”——不轻言放弃的“静心”，解决问题时的“恒心”，干一行爱一行的“专心”，珍视孩子的“爱心”和收获成就感时的“悦心”。

万玉霞，武汉市常青实验学校校长，湖北省特级教师、湖北省有突出贡献中青年专家、湖北省学校文化建设创新奖获得者。

万玉霞

化茧成蝶背后，用心血和汗水浇灌“常青树”

她是学生口中的“校长妈妈”，她是同事心里的“价值引领”，她是医生眼中“不要命的人”，她也是媒体笔下的“鄂派课改先锋”“中国教育的微笑”。19 年励精图治，她用心血和汗水浇灌“常青树”；19 年执着坚守，她用激情和创新建构“生命发展教育”。

仁爱
典
秀美
道德经

2001 年，湖北武汉张公堤畔，一间 107 名学生就读的学校，乏人问津。

19 年过去，学校由“武汉常青实验小学”发展到“武汉市常青实验学校”，拥有两个校部四个校区，6500 余名学生和近 500 名教职员工，建立起武汉最大规模的九年一贯制教育集团化办学体制。

化茧成蝶的背后，是一个叫万玉霞的女校长和她的“生命发展教育”。

原湖北教育报刊社社长、总编辑方腊全在《中国教育的微笑——鄂派教育家万玉霞》一文中写道：“称她为鄂派教育家，一是她根植于湖北教育这片土地，并与这所学校凝就永久性的生命情缘；二是因为她的生命发展教育和学校发展，在全国中小学中独树一帜。”

用心血和汗水浇灌“常青树”

2001 年夏，经过公开竞聘，万玉霞成为武汉市教育局直属常青实验小学首任校长。那一年，她还不到 30 岁。

时隔多年，万玉霞依然记得第一次踏进开发商配建的校园时的景象：

操场，杂草丛生；校舍，空空荡荡；教室，空无一人……彼时，距离开学不到两个月。

放下作为老师的矜持，万玉霞和同事们一起走进社区，极力宣传她的学校。

这一年，她们招到了 177 个学生，有个班级只有 7 人。

第二年，371 个学生。

第三年，在校生达到了 1500 余名。

…………

随着学生的不断增加，在教育回馈百姓的期待中，2003 年，常青花园三小区，第二个校区应运而生。接收新校区时，离 9 月 1 日开学仅 28 天。为了如期开学，她经常忙得只能与老师们蹲在马路边上吃盒饭，自此她被百姓称为“拼命三郎”。

接着是忙于建设可以容纳 1500 名学生的第三个初中校区，以及体现“中国风、国际范”的九年一贯制第四校区。

为了办学，2014 年 11 月，她刚动完脑部手术仅 21 天，头上还缠着白绷带，便瞒着医生悄悄回了学校。医生质问：“你为什么要这样自己逼自己？”她给出的答案是：“因为使命。”

后来她在记载办学思想及实践探索的《生命常青》一书中写道：“为什么自己要逼自己？因为责任。对国家、对社会、对民族的责任。一种急不可待的责任，一种机不可失、时不再来的责任感。”

上善若水，天道酬勤。19年时光，当年那间一穷二白的零起点学校，已发展壮大成目前武汉最大规模的九年一贯制教育集团——武汉市常青树教育集团。

而此时的常青花园也已经积聚20多万人口，并且在常青实验学校影响下已升级为一个知名的书香社区。

被温暖的生命教育

万玉霞奇迹是如何诞生的？

早在2006年，也就是万玉霞担任常青实验小学首任校长5年之后，《人民教育》以《被温暖的生命教育》为题，用13000字的篇幅专题报道常青实验小学和万玉霞。

在作者刘然、赖配根看来，学校能够迅速成为武汉市教育界的一块牌子，是因为万玉霞和学校做了两件事情：

第一件事，是构建生命发展教育理念。

这一理念的核心，用万玉霞的话说，就是“强调关注学生的发展、关注学生生命发展的过程和质量；指导学生正确认识人的生命价值，理解人生活的真正要义，培养学生的人文精神，激发学生对理想的追求，滋养学生的关爱情怀”。

第二件事，是把充满生命关怀的教育理念兑换为教育行为。

“我到国内的许多学校考察，也参观过国外的学校，给我的最大感触，就是我们不缺乏先进的教育理念，而是缺乏把理念兑换为行为的实践。”万玉霞接受采访时说。

何谓“生命发展教育”理念？万玉霞将之提炼成简单的一句话：“蓬勃生命给我们成长与进步，中国人格给我们前行的力量。”这句话不仅篆刻在学校文化墙上，同时也刻印在师生们的意识和行为之中。

在这所学校，教育的品质和气质蕴含在每一项独特设计中。古朴的庭院式建筑设计，花园式的校园格局，每一堵文化墙都在说话，每一处校园“认养”设施都能育人。

在学校，对生命的关怀体现在每一个细节里：每间教室门口都放有一排木制的矮柜，柜子里一格一格摆满了备用的鞋子；学校的每一处洗手池边，都摆放着一瓶稀释过的洗手液，以免高浓度化学物质损伤稚嫩的皮肤；为保护学生安全，每一套桌椅的尖锐棱角都被泡沫塑料包扎得严严实实……

“关注生命的发展过程，就要从细节做起。”万玉霞认为，每一个学生都是一个鲜活而又复杂的生命个体，在他们生命成长过程中，即使一个微小的环节也可能会对他们今后的生命状态产生重大影响，就像刚栽种的树苗需要细心呵护，刚出生的小鸟需要认真喂养一样，对学生的教育也要关注每个细节。

“‘生命发展教育’作为理念是抽象的，但在万玉霞心里理念是可以具象化的。”杨再隋如此描述他眼中的常青树实验学校：“每一堵文化墙，每一个文化走廊，都在跟你说话，或是读书警语，或是人生感悟，或是生活启迪，你仿佛进入了一个教育磁场。教室、楼梯、走道干干净净，每走一步，你都感到自己在被洗涤，灵魂在净化。我想，这就是教育生态文化的力量。”

万玉霞爱着她的学校和学生。每天早上 6 点多，她和执勤的行政人员、教师一起站在学校门口，等着孩子们到来。她熟悉她的学生，大多数都能喊出名字，一个眼神，一个动作，她都能知道孩子们想什么。下午放学，依然是校门口，目送学生们一个个离开学校。每次外出开会，离校之前她也会习惯性地到学校各处转转。

在万玉霞和她的学校取得一系列的荣誉之后，时常有其他学校的校长问其秘诀何在。万玉霞告诉他们应该多问问自己：“每天下班离校前，你会深情地回望一下学校吗？每天早晨，你会站在校门口迎接每一位教师和学生的到来吗？你会将哭泣的孩子搂在怀里，并为他们拭去脸上的泪花吗？你会将自己的出差费用省了又省，尽可能多地为教师们创造外出学习的机会吗？”

万玉霞说，她要把充满生命关怀的教育理念兑换为教育行为

“鄂派课改先锋”

2009 年 11 月，作为中国教育部教育交流团副团长，万玉霞给美国中小学生上课的大幅照片出现在美国的报纸上。报道中，她在课堂上极富亲和力的微笑，被美国教育部官员称为“中国教育的微笑”。消息传回国内，《武汉晚报》发表报道：《万玉霞：把中国教育的微笑带到美国》。

2014 年，由中国新课程研究院发起，《中国教师报》、腾讯教育等共同举办的 2014 年度“中国的课改杰出校长”评选中，万玉霞获得入选的评语是“一个誓为人先、敢为人先、能为人先的‘鄂派课改先锋’”。

2018 年，万玉霞获评“改革开放 40 年”教育改革与创新杰出校长。中国教育学会常务副会长刘堂江谈到对杰出校长的评价标准时说：“首先是有家国情怀；其次是有教育宽阔的视野，具有时代的创新能力；其三是有创新的教育思想、教育模式和教育方法，形成教学特色和办学风格，完成时代给予的使命。”

万玉霞清楚地意识到，一个学校的课程体系才最能体现一个学校特有的办学价值取向，反映一个学校的办学水平和办学特色。她决心“锻造学生最留恋的课程，让校园生活成为学生最好的回忆”。

经过长期摸索，万玉霞依据学生不同年龄身心发展特点，在小学部推行“主动教育”，在中学部推行“自能发展教育”，让学生自己来点燃头脑中的思维火把。“头脑不是一个要被填满的容器，而是一个需要被点燃的火把。教，正是为了将来用不着教。”

作为教育部授予的“全国课改先进学校”，学校设立了占地 3000 平方米的“树常青梦工厂”，是目前华中地区学校中最大、最有创意的学习空间之一，也是学校孩子们最喜欢的地方之一。

除了“梦工厂”，徜徉于校园之内，生命科学馆、树人谷、梦想剧场、生活体验街等现代化教学设施应有尽有，必修、选修、能力提升等三大类近 200 门课程让人眼花缭乱。

对于孩子来说，这才是最温馨的学习经历。《教育家》杂志评价称：“这种经历，将伴随着每一个孩子，不断蜕变为成长的力量。于是，教育在孩子们心里，就种下了旺盛的生命力的种子——抓住每一个孩子，也就抓住了每一个孩子的未来和每一个充满期望的家庭。”

“中国十大好校长”

2016年，万玉霞经湖北教育厅推荐，作为湖北省卓越校长代表通过申报海选、专家初评、大众网投等形式，在全国“万名校长关注，千名校长参与，百名校长入围”的活动中脱颖而出，荣获“2016中国十大好校长”称号。

“一个有影响力的校长应该起到‘价值引领’的作用。他会用‘正能量’和‘大境界’为老师树立一个价值标杆，真正做教书育人的楷模。”19年办学，万玉霞组建了全国、省、市三级名师工作室的“鹰雁队伍”，成立了教师专业化发展工作坊，并按照“个人学习—年级组学习—大教研组学习—工作室学习—学校组织学习”阶梯式发展，制定“一年一成长、两年回头看、三年上新阶”的学习规划。教师的成长和专业化发展平台得到不断拓宽，产生了一大批全国创新型名师、省市级学科带头人。

“假如我是孩子，假如是我的孩子”是万玉霞对教育规律和每个孩子生命成长规律的尊重，并付诸教育实践的每一个细节中。

万玉霞说，每天清早，正、副班主任披着晨曦，一前一后陪同孩子们开展“朝阳体育锻炼”，吃过营养早餐，再开始国学早读，再进入一天的学习、生活和课外活动，把每个学生都当自己的孩子，让自己也融入孩子的成长过程中，关注每个学生的成长状态。

诗意的生命

万玉霞祖籍山东，生于武汉。“万玉霞既有着山东人的率真和豪爽，也有着武汉人的聪慧和包容；既有着管理者的执着和坚定，也有着女性的温婉与柔情。万玉霞的生命观，既具深刻的理性，同时又具有特有的诗性。”杨再隋如是说。

她的父母亲都喜欢京剧，根植于父母的音乐基因，少年时代的万玉霞就是学校的文艺骨干，是校园演出里当仁不让的主角，特别是在京剧《红灯记》中扮演李铁梅小有名气。然而，她还是听从父母的安排选择了师范学校，毕业后来到武汉市红钢城小学当了一名普通的语文老师，此后 30 年，再也没有离开过学校。“我喜欢站在讲台上的感觉，喜欢和孩子们在一起，享受与他们相处的每一刻时光。当我站在讲台上，整个身体和灵魂便找到了归宿，整个人便焕发了精神和风采。”万玉霞说。

万玉霞的示范课，被誉为创造了“诗化语文”新流派。2006 年，杨再隋聆听了一堂万玉霞执教的语文课：《鸟的天堂》。课后，他在笔记本上写了一段话：“教师营造了一个生机盎然的绿色课堂。在这里，预设的和生成的交互着，有限性与无限性同在着，确定性与不确定性并存着。课堂上，儿童作为灵与肉的统一体，始终在生成、成长、变化、发展，在必然性和偶然性之间取舍，在有限性和无限性之间抉择，在确定性和不确定性之间吐纳。在自主、自悟、自得中燃烧生命的激情。”

十几年过去，杨再隋仍对当年的课堂情景记忆犹新：“万玉霞构想的常青树，不正是巴金笔下的那株大榕树吗？那些在大榕树上活蹦乱跳的快乐的小鸟，不正是常青树实验学校的学生吗？”

19 年的办学，基于对生命发展的思考和办学实践的总结，她陆续出版了《温暖生命的教育》《生命常青》《润泽生命》《万玉霞与生命发展教育》四本专著。其中，由北京师范大学出版社出版的《万玉霞与生命发展教育》一书，收录入 2016 年国家教育部人民教育家研究院“教育家成长丛书”中。

笔者手记

她写过一首诗，诗中说：“我们在春天里出发/我们知道山高人为峰/只有不畏艰辛的攀登者，才配有此殊荣/我们知道海阔凭鱼跃/只有胸怀博大的实践者/才敢驰骋海疆。”

她收获了很多的荣誉，然而，仅仅用“辛苦劳累”“刻苦勤奋”或是“思想敏锐”“视野前瞻”等词汇来诠释万玉霞的成功并不全面。

时常有人问她秘诀所在，她的问答令人感慨：“每天下班离校前，你会深情地回望一下学校吗？每天早晨，你会站在校门口迎接每一位教师和学生的到来吗？你会将哭泣的孩子搂在怀里，并为他们拭去脸上的泪花吗……”

作为一位孩子的母亲，我衷心希望这样的老师，这样的校长，多一点，再多一点。

朱公瑾，武汉市第十二中学美术教师，湖北省特级教师，全国模范教师。中国美术家协会会员，中国版画艺术界最高奖——“鲁迅版画奖”获得者。

朱公瑾

版画艺术成终身追求，和学生在一起才感到踏实

版画艺术是他的终生追求，教书育人是他的神圣天职，促进学生发展是他的教学准则，安贫乐道是他的人生信条。他说，与艺术相许，与学生相处；平平淡淡，修炼德艺；享受教育，人生足矣。“斯是陋室，惟吾德馨。”他是武汉美术名师朱公瑾。

中国近现代以来，名叫“朱公瑾”的名人有两个。

一个是数学家朱公瑾，浙江人，是上海交通大学教授。

另一个是版画家朱公瑾，武汉人，是武汉市第十二中学的一名美术教师，曾获中国版画艺术界最高奖——“鲁迅版画奖”。

武汉的这位朱公瑾，是一个农民的儿子，他从田间地头走上讲台，从讲台走进鲁迅博物馆，走进百年中国版画史。

从田间地头到艺术殿堂

1972 年，17 岁高中毕业、还是一脸稚气的朱公瑾，被安排到华严公社鸡公中学任教。3 年后，因为能写会画，又被推荐到分水公社电影队，成了一名放映员。

有一天，公社文教组打来电话通知他：湖北艺术学院要招生。他赶忙回到社里，准备考试。

考试现场，朱公瑾展示了自己画的一组作品，和几张颜、柳、隶、魏体书法作品，给湖北艺术学院安至今老师留下了深刻印象。

1977 年 2 月 25 日，一份钢板蜡纸刻印的入学通知书送到了朱公瑾手上：22 岁的他，成功被湖北艺术学院录取。

村里出了第一个大学生，这个消息立刻轰动了十里八乡。至今，朱公瑾还珍藏着这份特别的入学通知书。

1979 年，学成毕业的朱公瑾，到洪湖西岸的监利县文化馆工作，后来又调到监利师范学校当美术教师，在洪湖之畔工作了二十多年。

“洪湖水呀浪打浪，洪湖岸边是家乡……”他对洪湖充满感情，常常深入洪湖农村地区体验生活，采撷创作素材。这让他的作品洋溢着泥土的芬芳，散发着莲藕的清香，颇具地域特色和民间情味。

“是洪湖的乳汁养育了我的青春时光，成就了我的艺术道路，她给了我那么丰富的生活，那么多的灵感，那么多创作的源泉。”朱公瑾说。

版画之星冉冉升起

版画是绘画形式的一种。在中国，复制木刻版画已有上千年历史。

自20世纪30年代经鲁迅提倡，版画在中国取得了巨大发展。鲁迅认为，版画要有民族特色、地方特色，方能走向世界。

1981年，年仅26岁的朱公瑾在版画界崭露头角。他的作品《捞鱼虾》在省市庆祝中国共产党成立60周年美术作品展览上获三等奖，并在《长江文艺》杂志封二刊登。

朱公瑾的早期作品，还有《织网》、《秋风里》和《秋趣》等，描绘的大多是乡间生活的景象。比如，《织网》描绘了几位渔妇埋头结网的情景，《秋趣》中，几只母鸡悠闲地漫步在稻草堆边觅食，动态各异……

进入21世纪以来，朱公瑾更钟情于表现洪湖岸边的风光。他一口气创作了《洪湖岸边》组画十余幅，唤起人们对洪湖的美好回想。

其中，《洪湖岸边之十一》尤有特色。在画面中有一男一女，整幅画意境深远，引人联想：他俩是恋人还是夫妻？是青年还是中年？是捕鱼还是捞虾？他们在谈论什么？莫非是有什么矛盾……

“这就叫作耐看！用一句戏剧语言来表达，便叫作有戏！”李允经评价道。

2009年之后，朱公瑾将创作重心转向了以人物为题材。他每年刻四五幅人物画，潜心创作。

他最爱刻画的，仍是洪湖人，他的《晚秋》《捞鱼虾》《满目秋色》《渔妇》等力作，都表现了洪湖人勤劳、朴实、坚韧、自信、乐观的精神风貌和优秀品质。

不断创作、展出、获奖，朱公瑾在国内版画界声名鹊起，逐渐披上了耀眼的光环：中国版画艺术界最高荣誉——“鲁迅版画奖”获得者、《中国百年版画》作品入选者、21件作品为中国美术馆等9家艺术馆收藏……

2006年，朱公瑾被聘为华中师范大学美术教育硕士生导师；2010年，获国务院政府特殊津贴；2013年6月，被聘为武汉纺织大学艺术与设计学院客座教授。他的大量作品被展出、收藏，并出版多本专著。

一个农民的儿子，一个从县城文化馆走来的艺术家，一个中学美术教师，已成为一颗冉冉升起的艺术新星。

一朵云推动另一朵云

朱公瑾是一位画家，同时也是一位教师。1993 年 2 月，他辞去监利县文化馆馆长职务，调到监利师范学校，正式成为一名教师。10 年后，他又被调到武汉市第十二中学。他的大半生，都在从事教育事业。

他爱教书，了解他的朋友说，他如果潜心创作，会在艺术上取得更大的成绩，获得更大的声誉；他如果有市场眼光，经营画室，早已赚得盆满钵满。

可他就是舍不得学生、离不开教学。他说："我只是一位普通的中学教师，版画艺术是我终身的追求；和学生在一起，坚持创作，我感到踏实。"

曾经，美术、音乐等美育课程在学校教育中沦落为无关"宏旨"的"副科"，朱公瑾以不变应万变：坚持上课、坚持创作。

到了今天，美术培训成了可以赚钱的生意。他却认为：美术教师不该沦为只想发财的"劫匪"。

有了解他的同事说：如果他自己开办培训机构，以他的好名声，每年收入不会低于 500 万元。

还有的培训机构找上门来，为的就是让他挂个名、照个面。可他就是不领这个"情"。有人说："有人赚钱无门，你却有门不开，真傻。"

他也办班，办的却是免费的美术培训班。2010 年夏天，他和弟子开班时，骄阳酷暑，他经常衣衫汗透，还有一天下起了倾盆大雨，把他的衣鞋淋透，但他仍然坚持上课。

他总是按照自己对美术教育的理解来安排他的人生、建构他的课程、设计他的教学。

从他进入武汉市第十二中学以来，给学生补过不少课。求助他的学生和家长，都视之为当然，没有谁想到过要付费，他也从没收过学生一分钱。

年考和校考是美术教育的指挥棒。为了让学生"多快好省"地通过年考，很多教师和培训机构以画照片等方式，替代目测基本功训练和临摹教学。而朱公瑾的教学却很"死板"，从来不让学生走"捷径"。

捞鱼虾

晚秋

朱公瑾以不变应万变：坚持上课、坚持创作

每一个学生必须拿着一支画笔从目测开始，一步一步往前走。

他说："要培养一个真正的艺术家，欲速则不达，不仅是不达，而且是欲速则毁。"

凡他所执教的班级，每年高考都取得优异的成绩。渐渐的，这种"迂腐的认识"和"死板"的教学，由遭受质疑到慢慢被认可，继而影响起身边的同事，成为坚持美术教学规律的正能量，影响了越来越多的美术老师。

朱公瑾爱学生。在他的眼里，"学生中没有差生"，"每个差生都有闪光点"，"文化成绩差不是智商低"。学生涂开宙，是一个调皮到学校要将他除名的学生，朱公瑾把他保了下来。两年时间，用真情感化。后来，涂开宙不仅考上大学，还评上学校先进个人。

在武汉美术教育界，朱公瑾的影响早已不限于他所在的市十二中和江汉区教育界。

目前，朱公瑾工作室的 26 人，获得全国、省、市级各种奖励的已达 160 人次。工作室签约者几乎全部成为市、区学科带头人和高级教师，有的还成了特级教师。

他对他们说，美术教师一定要有美育意识。"作为美术教师，如果我们的工作没有在潜移默化中帮助学生养成一种超越功名利禄、超越人我之见，甚至超越利害生死的境界，那么，我们的美术教育是有缺憾的。"

"朱公瑾是推动另一朵云的云，是摇动另一棵树的树，是一场润物催耕的春雨。"有人这样评价他。

笔者手记

艺术，可以让生活更美好。

艺术学习、艺术教育，最终的目的应该是这样，提升人生的价值。

艺术学习不应只是上大学的敲门砖，艺术教育也不应纯粹成为教育者的生财之道。

朱公瑾的故事提醒我们，要常常回味艺术和教育的本质和初心，不要为功利的浮云遮望眼。而他自己，正是这样实践的，始终把自己当作一位普通的中学教师，和学生在一起，坚持创作，把艺术当作终生的追求。

追求本身，就是一种幸福。

张龙，武汉市盲童学校教师，军运会志愿者形象大使。八年来带领“六点天使艺术团”“龙之队”在各类音乐、体育赛事多次斩获殊荣。

张龙

“看不见”的世界里，用音乐唤醒封闭沉睡的心灵

在那个“看不见”的世界里，她犹如光明使者，为盲童驱赶黑暗，带来阳光与生机。她用音乐照亮他们的人生之路，用爱心与温暖浇灌他们的梦想，用执着与真情守护这群特殊的孩子健康成长。她带领孩子们享受艺术、传递快乐，鼓励他们同样以艺术的方式回报社会，最终绽放出生命的花朵。

八年前一场“美丽的邂逅”，让她与盲童这个特殊群体结下了注定一生的缘分。

四年前她曾许下一个小小的愿望：新的一年里，多抽出一点时间陪陪自己的女儿。但是一转眼，她又成了同事眼中“恨不能日夜住在学校”的大忙人，所幸家人一如既往支持体谅。“我享受跟孩子们在一起的时光，我愿意忙！”

张龙在2015年度“全国最美教师”颁奖典礼上，讲述了自己与盲校孩子们朝夕相伴的感人故事，让在场观众热泪盈眶。

用音乐唤醒封闭沉睡的心灵

2011年，还在武汉市汉阳区七里小学任教的张龙带着学生到北京演出，偶然看到一群孩子表演的器乐演奏，让她觉得特别好听。后来，她才发现那些孩子竟然都是盲童。“就是那场表演，让我和这些特殊的孩子们结了缘。”

张龙想了解这群特殊的孩子。回去后她来到武汉盲童学校（以下简称“盲校”）当志愿者，在学校待了几天后，她被深深震撼了：“这里太安静了，静得让人想流泪。”她看到，孩子们下课后只是在教室里蜷缩着身体揉眼睛。在这里，她感受不到正常校园的生机和活力。

“这不是孩子应有的生活状态。这些孩子，需要我的帮助！”于是张龙放弃了原本轻松安逸的工作，怀揣着真情与爱心，毅然请调到武汉盲校，成为一名特殊教育音乐老师。

张龙到校的第一件事，便是组建了校园广播站，让安静的校园响起希望的声音。“他们虽然眼睛看不见，但是对音乐的感受能力很强。”于是她又组建了“六点天使艺术团”，开设表演组、声乐组、器乐组等门类。

然而一个月以后，艺术团里的孩子却越来越少了。刚开始张龙并不理解孩子们，以为是他们不领情、怕吃苦。但在她戴着眼罩体验盲人生活一天后，张龙终于明白了。“黑暗中有太多不可预知的东西，恐惧是最直接的反应。他们坐着不动，其实是寻求安全感。”她说，“是我太自大，太冲动，我从来没有停下脚步去看看这些孩子们，走进他们的内心世界。”

张龙找到武汉音乐学院的齐高峰老师，邀请他到学校教盲童们吹陶笛、吹葫芦丝。课余时间，她亲自教学生唱歌与朗诵。渐渐地，孩子们的艺术天分开始显现。

让盲孩子也能稳稳立足社会

通过老师的“苦教”与学生的“苦练”，六点天使艺术团的每个孩子都成功掌握了两种以上乐器。渐渐地张龙发现，对孩子们来讲，最大的困难不是学会这种乐器本身，而是实现演奏和肢体动作的统一。

新的问题孕育了新的想法。“盲人也应该追求美和享受美！”张龙尝试开设盲校形体训练课，这在全国亦是首创。孩子们看不见，只能通过触摸的形式感知肢体动作。于是她把自己当试验品，让学生不停地在自己的肩部、背部、颈部、腰部去触摸感受，找到正常人腰板笔直、头正胸挺的感觉。学生很多，张龙先给家长们上课，之后再由他们一对一教给孩子，从而提高学习效率。

“训练了一个多月，孩子们的形体动作变得优美多了。”张龙希望达到的效果，就是让他们像正常的孩子一样自信。2014 年 8 月，她带领艺术团的孩子们参加第三届亚洲陶笛赛斩获银奖。直到颁奖时，观众才知道这是一群盲童。

教孩子们弹奏、演唱，让他们享受音乐，是张龙进入盲校的初衷。但随着孩子们的音乐天赋被不断挖掘，张龙的野心也越来越大。她认为孩子们以后的路不应该只是按摩师，他们也可能成为钢琴演奏家、陶笛培训师、歌手等等。遵循着这个目标，张龙在教学之余，开始帮助孩子们寻找各种各样的展示平台。

“我是湖北省音乐家协会的会员，一直从事音乐教学，所以这方面资源还是比较多的。”张龙发动身边所有的关系，号召恩师、好友成为盲校志愿者，再经由他们牵线搭桥，为孩子们建立更大的“人脉圈”。

仅仅从 2014 年 6 月到 2015 年 9 月，短短一年多的时间，她带领武汉盲校的孩子们参加了十多场社会活动和比赛并屡屡斩获佳绩，为盲童这一群体赢得了巨大的社会关注。这群原本默默无闻的盲童，在张龙的奔走下，绽放出越来越闪耀的光芒。

“社会给了我们很多关爱，所以我们要通过自己的努力和执着，用艺术的方式回报社会。”“我们不需要别人的同情，我们需要别人的佩服。”张龙经常对孩子们说，每个人都有权利去追逐、实现自己的梦想。健康儿童能做的事情，盲孩子同样能做到。在她的带动下，武汉盲校的乒乓球、门球、花样跳绳等各项体育活动也都开展起来了。曾经寂静的校园如今朝气蓬勃，活力满满。

“他们迟早有一天会离开盲校这个小圈子，进入正常社会中。我做这件事情，就是希望孩子们到时候可以更好地融入社会。”

“最美教师”与她的孩子们

2015年6月，由中央电视台与光明日报社共同主办的“2015寻找最美教师”大型公益活动正式启动。张龙被一致推荐为湖北参加“全国最美教师”选拔的代表。

“央视8月底通知我参加颁奖典礼的录制，孩子们也要表演节目。我当时还在想，这么重量级的奖项，不可能轮到我吧？”得知消息后，张龙十分激动，但更让她兴奋的是可以将自己的盲童学生带上央视的舞台。

8月28日清晨5点，张龙带着孩子们踏上了赴京的旅途。“孩子们三点半就起床了，叽叽喳喳兴奋极了。”很多孩子是第一次坐飞机。在机场听着飞机引擎隆隆的声响，他们高兴地叫起来，虽然看不见，但仍然纷纷比出“剪刀手”留念。

抵达北京后，五个盲童第一次走进央视录影棚录制晚会主题曲。“小鬼们很放松，个个像老手！”张龙得意地说。孩子们第一次进规格这么高的录影棚，却一点都没有露怯，这给她长了不少脸。“他们看不见，但都夸央视的录影棚太大了，音响效果太好了。”可更让人惊喜的“第一次”还在后面。

晚会正式录制前，小女生们还试穿了张龙登台领奖时要穿的高跟鞋。第一次穿高跟鞋的女孩子们又笑又闹，对张龙说：“高跟鞋太恐怖啦！张老师好厉害！”有了孩子们的轻松调笑，原本有些紧张的她也放松了。

张龙为把孩子们带上全国最好的展示平台感到兴奋，同时她也有些许担心：“孩子们能不能完美地展现出他们的风采？”

“最美教师” 张龙和她的学生们

最终，节目成功录制完毕，孩子们的优秀表现让导演和制片人赞不绝口。“原来不仅我觉得他们优秀，在全国最牛的晚会导演面前，孩子们依然是那么优秀啊！”那一刻，张龙觉得“成就感爆棚”。

在颁奖典礼现场，五个盲童手拉着手走向舞台中央，高唱武汉盲校校歌《牵手》，歌颂他们的理想与希望。

颁奖结束后，武汉盲校的孩子们继续演唱了典礼的主题曲《最美的你》。他们将这首歌献给恩师张龙，献给全天下每一位恪尽职守、无私奉献的教师。“我们眼里你最美，我们心中你最好，温暖有你入怀抱，生命有你更美好！”

尽己所能继续发光发热

2014 年 11 月，在中央文明办揭晓的 10 月“中国好人”评选中，张龙荣获“敬业奉献好人”的荣誉称号。此后她时常受邀做先进事迹报告会，只要抽得出身她都会参加。“作为大家眼中的榜样，我理应发挥自身的光和热。”

2019 年，张龙以人大代表的身份在湖北省“两会”上建言献策。她综合了省内特殊学校具体情况，与全国其他省市特殊学校师生比政策，建议湖北省特教师生比提升至 1 ： 3，同时按需配齐教辅人员，包括资源教室的管理人员、随班就读指导老师、康复人员、医护人员、心理辅导老师等。

近年来，张龙先后获得了“中国好人”、全国模范教师、全国最美教师、全国艺术教育先进个人等荣誉称号，她的故事被评为中宣部 2017 年“十大最具国际传播力的中国公益故事”。但纷至沓来的荣誉并没有改变她的初心。八年前张龙带着真情与爱心来到盲校，现在的她依然热爱着这份事业。让孩子们都能享受艺术、传递快乐，就是她最大的幸福。

“张龙老师将自己的热情和关爱无私地奉献给了特殊学生，帮助特殊孩子实现梦想，让她们能够健康成长，她太了不起了。”教育部教师工作司负责人殷长春在武汉盲童学校调研时，对张龙给予了充分肯定。

“每个盲童都是会发光的星星，我想让他们找回自信，勇敢去追求梦想。”张龙动情地说。

笔者手记

盲童展现出的音乐水准震撼了她，盲童孤独无助的实际处境也深深震撼着她。张龙因此与盲童结下不解之缘，她用爱心为孩子们保驾护航，她坚信他们一定可以靠自己走出困境。

张龙用音乐打开盲童紧闭的心门，并为他们争取更大的舞台，让这些孩子在愈来愈多的欣赏目光中，更加意识到自己的价值。她积极投身社会活动，发光发热不遗余力，以此勉励孩子们回报这些年来不断收获的来自社会各界的援助。

“我们不需要别人的同情，我们需要别人的佩服。”张龙的这句话格外有力度，于她而言亦诠释了所有努力的落脚点——让盲童像正常人一样，健康快乐生活，立足社会，甚至可以绽放出更加耀眼夺目的生命光彩。

参考篇目

1.《赫赫而无名的人生》（《文汇月刊》）
2.《黄旭华：在深潜中实现人生价值》（《人民日报》）
3.《中国‘核潜艇之父’的传奇人生》（《湖北日报》）
4.《‘中国核潜艇之父’黄旭华 | 试问大海碧波，何谓以身许国》（《环球人物》）
5.《黄旭华：无言高歌以身许国》（《科学中国人》）
6.《赵梓森：兴趣成就的“中国光纤之父”》（《中国科学报》）
7.《赵梓森：四十年前无人相信“玻璃丝能通信”》（《长江日报》）
8.《从“一束光”到“一座城”赵梓森讲述光纤通信产业巨变》（《长江日报》）
9.《兴趣和毅力成就“中国光纤之父”一束光照亮一座城》（《湖北日报》）
10.《刘经南：“学生培养出来”的院士》（《广州日报》）
11.《刘经南院士：创新之路上的探索者》（昆山杜克大学官方微信公众号）
12.《昆山杜克大学校长刘经南：浮躁不是教育产生的，但会影响教育》（澎湃新闻）
13.《武汉大学刘经南院士透露北斗导航定位精度提升至厘米级》（《长江日报》）
14.《经天纬地业南山不老松——刘经南院士非凡七十年》(《南方测绘》)
15.《崔崑：用钢铁意志书写人生》（《光明日报》）
16.《92 岁院士一件衬衣穿 30 年捐全部积蓄 420 万帮贫困生》（《人民日报》）
17.《耄耋学者钢铁风骨——华科金属材料学专家崔崑院士》（《湖北日报》）
18.《三代学人眼中的“钢铁院士”崔崑》（华中科技大学新闻网）

19.《张培刚画册》（张培刚发展经济学研究基金会组编）
20.《张培刚传》（生活·读书·新知三联书店 2013 年版）
21.《张培刚的世纪传奇和半生遗憾》（《中国青年报》）
22.《张培刚的世纪传奇》（华中科技大学校史陈列馆）
23.《他只留下了一部著作，却足以传世——忆张培刚先生》（梁小民撰）
24.《著名科学家科研诚信和学术风范故事汇编》（中国科技出版社 2015 年版）
25.《张培刚：断裂的人生》（《南都周刊》）
26.《章开沅口述自传》（北京师范大学出版社 2015 年版）
27.《章开沅：治学不为媚时语独寻真知启后人》（《中国科学报》）
28.《章开沅请辞“资深教授”头衔》（《湖北日报》）
29.《新时期刑法的拓荒者：马克昌传》（江苏人民出版社 2013 版）
30.《马克昌：一生追求良知与善意》（《中国教育报》）
31.《仰之弥高，思之愈亲——深切怀念恩师马克昌先生》（莫洪宪撰）
32.《刘道玉回忆马克昌往事》（《长江商报》）
33.《朱九思全集》（华中科技大学出版社 2015 年版）
34.《朱九思评传》（华中科技大学出版社 2011 年版）
35.《朱九思不爱坐办公室清楚每位教授研究方向》（《长江日报》）
36.《一代教育家朱九思辞世他搭好了华中科技大学发展框架》（《长江日报》）
37.《武汉贡献的一座教育丰碑》（《长江日报》）
38.《往事钩沉》（华中科技大学出版社 2018 年版）
39.《杨叔子院士：机械制造与人文栖居》（《中国科学报》）
40.《于采集中升华境界——杨叔子院士资料采集心得》（《中国科学报》）
41.《杨叔子院士：没有人文的科学是残缺的》（《中国青年报》）
42.《杨叔子：工科院士的人文情怀》（《楚天金报》）
43.《李崇淮：一生赤诚报家国》（《中国教育报》）
44.《李崇淮：力排众议一句话武汉起飞看“两通”》（民建武汉市委员会网站）
45.《李崇淮：以学报国垂风范》（《湖北日报》）
46.《改革功臣首推李崇淮》（《武汉大学报》）

47.《李崇淮："两通起飞"的首倡者》（长江网）
48.《李德仁是怎样炼成的———双院士小传》（《南方测绘》）
49.《院士李德仁：顺时做"帽子"逆时做"垫子"》（《扬子晚报》）
50.《测绘人生路　创新无止境——记"两院"院士李德仁》（新华社）
51.《记中国测绘界领军人物李德仁：测世界绘人生》（《光明日报》）
52.《钢锁苍龙霸贯九州著名桥梁专家方秦汉院士逝世享年 90 岁》（《中国科学报》）
53.《钢霸远去——怀念桥梁专家方秦汉院士》（《桥梁建设报》）
54.《桥梁专家方秦汉——他是典型的科学家性格》（《湖北日报》）
55.《桥梁大师方秦汉院士逝世曾参与设计武汉长江大桥》（《长江日报》）
56.《"糊涂"一世的"钢霸"——方秦汉院士的纯正人生》（武汉科协网）
57.《武汉地铁往事》（关山大微信公众号）
58.《武汉地铁 4 号线一期开通运营 全国首创"连续换乘"模式》（人民网）
59.《我国首条穿越长江的地铁全线贯通 可望年内通车》（新华网）
60.《武汉地铁 2 号线隧道穿越长江成功贯通始末》（《人民铁道报》）
61.《今起，倒数 18 天，地铁开通！》（《湖北日报》）
62.《真正的中国脊梁：一生研究地质，病危写下"开发固热能，中国能崛起"》（《科技日报》）
63.《孜孜以求　勇攀高峰——追记构造地质学家李德威》（《人民日报》）
64.《挑战"板块构造假说"第一人　中国地大教授李德威辞世　弥留之际他用力写下 10 个字》（《长江日报》）
65.《李德威教授去世前的最后 17 天：病房成了学术会议室》（《长江日报》）
66.《地质学家李德威弥留时不忘国家 为科研事业奉献至生命最后一刻》（《长江日报》）
67.《爱在高原——追记构造地质学家、中国地质大学（武汉）教授李德威》（《光明日报》）
68.《武大"跪守课堂"教师肾移植成功 将重返课堂》（澎湃新闻）
69.《"新时代劳动者"余功茂：渴望重回讲台》（武汉大学新闻网）
70.《武汉大学教师余功茂：跪着也要讲下去》（《中国青年报》）

71.《余功茂：“假如离开讲台，我才真撑不住”》（《中国教育报》）
72.《武大余功茂：教师的尊严在讲台》（《光明日报》）
73.《杨小玲：聋哑孩子的梦就是我的梦》（中国文明网）
74.《武汉第一聋校教师杨小玲：无声世界里的幸福使者》（《中国教育报》）
75.《武汉第一聋校杨小玲：带领聋哑孩子“舞动”北京残奥会》（央广网）
76.《杨小玲：在无声世界里舞出奇迹》（《湖北日报》）
77.《40年三代师生“接力”科技扶贫，华农“五老”百名专家田间献余热》（《长江日报》）
78.《华农“五老”团队：农民身边的“贴心人”》（《湖北日报》）
79.《“时代楷模——武汉精神践行者”2018年度人物事迹》（《长江日报》）
80.《为富民，80高龄再逐梦——记“随县羊肚菌之父”罗信昌》（《随州日报》）
81.《“一线华农人”蔡礼鸿：退而不休的果树学教授》（南湖新闻网）
82.《艾路明：这才是企业家最终的归宿》（《支点杂志》）
83.《“博士村长”艾路明：做有情怀的创业者》（凤凰湖北）
84.《“艾路明：我是一个想做事、能做事的人”》（《中国慈善家》）
85.《艾路明的破与立》（《中国慈善家》）
86.《新任会长艾路明：未来三年，要扶稳阿拉善SEE会旗》（《中国慈善家》）
87.《当代集团以公益凝聚旗下6家上市公司》（《长江商报》）
88.《裘法祖：当之无愧的“中国外科之父”》（《科普中国》）
89.《裘法祖院士传奇一生》（《楚天都市报》）
90.《裘法祖的人生传奇：抗战回国效力与夫人携手60载》（《楚天金报》）
91.《裘法祖：中国外科的一把宝刀》（《人民政协报》）
92.《大师的生命余晖：亲自诊治地震伤员》（《湖北日报》）
93.《开放编年史/2004：桂希恩》（《经济观察报》）
94.《他第一个发现艾滋病村——记武汉中南医院桂希恩》（《文汇报》）
95.《感动艾滋的桂希恩：发现艾滋村并不难》（搜狐网）

96.《桂希恩：我是医生，我做该做的事情》（《南方人物周刊》）
97.《感动中国的“防艾”医生——桂希恩教授》（《人民日报》海外版）
98.《桂希恩何以“感动中国”》（39 健康网）
99.《一封信牵出位“语言处方”医生 40 分钟交谈重燃患者希望》（《武汉晚报》）
100.《蔡常春：“语言处方”点亮患者希望之灯》（央视网）
101.《谁是最美丽的人——“语言处方”医生蔡常春》（《工友》杂志）
102.《蔡常春：“语言处方”写就仁医大爱》（《湖北日报》）
103.《王争艳：抓住一切看病机会做好健康教育》（《长江日报》）
104.《“小处方”医生王争艳：开最便宜的药，达最好的效果》（二更视频）
105.《“小处方”医生王争艳：让病人用最小代价治好病》（新华社）
106.《“小处方”医生王争艳》（《人民日报》海外版）
107.《武汉开国内首个义诊直播间 全国道德模范王争艳主播》（中国文明网）
108.《小处方浸透生命的温度》（新华社）
109.《首个中国医师节：“B 超神探”等 80 位医师获颁“医师奖”》（澎湃新闻）
110.《家长里短中巧诊病》（《楚天都市报》）
111.《武汉女教师桂贤娣三问打动教育部长》（《湖北日报》）
112.《耿喜玲：18 年来做孩子们最温情的“心灵按摩师”》(《长江日报》)
113.《不灭的灯塔——记武昌实验中学教师耿喜玲》（《湖北教育》）
114.《她坚守冷门岗位三十六载，耿喜玲，学生心灵成长的守护神》(《楚天都市报》)
115.《心灵捕手——记湖北省武昌实验中学教师耿喜玲》（《中国教育新闻网》）
116.《“万玉霞：围着孩子转一生”》（《教育家》）
117.《“中国教育的微笑——鄂派教育家万玉霞”》（《教育名家》）
118.《“万玉霞：在教育中升华生命”》（《中国教育报》）
119.《“生命发展教育之歌——万玉霞印象”》（杨再隋撰）
120.《黑白艺术，彩色人生——美术教育家朱公瑾先生速写》

121.《从农家子弟到版画名家——〈朱公瑾版画艺术〉序》（李允经撰）
122.《最美教师张龙：用爱浇灌盲童梦想之花》（武汉文明网）
123.《全国“最美教师”张龙：用音乐照亮盲童梦想》（《武汉晨报》）
124.《记武汉盲童学校教师张龙：给孩子希望的光明使者》（《光明日报》）
125.《军运会志愿者形象大使张龙：出差都在“推销”军运会》（《长江日报》）
126.《武汉市盲童学校“中国好人”张龙：让每个盲童都充满自信》（《长江日报》）
127.《湖北省人大代表建议：提高特教学校师生比》（《长江日报》）